教育部哲学社会科学重大课题攻关项目“马克思主义文化理论发展研究”（11JZD003）资助出版

当代中国公民核心价值观教育研究

DANGDAI
ZHONGGUO GONGMIN
HEXIN JIAZHIGUAN
JIAOYU YANJIU

丁燕◎著

人民出版社

序 言

摆在读者朋友面前的这本《当代中国公民核心价值观教育研究》，是丁燕博士在其博士论文基础上加以修改完善而形成的一部学术专著。

显而易见，这部著作研究的是核心价值观教育问题。核心价值观问题是一个极端重要的问题。正如《习近平总书记系列重要讲话读本（2016年版）》在论述用社会主义核心价值观凝心聚力问题时所指出的，任何一个社会都存在多种多样的价值观念和价值取向，要把全社会意志和力量凝聚起来，必须有一套与经济基础和政治制度相适应并能形成广泛社会共识的核心价值观。核心价值观在一定社会的文化中是起中轴作用的，是决定文化性质和方向的最深层次要素，是一个国家的重要稳定器。因此，习近平总书记明确指出，"人类社会发展的历史表明，对一个民族、一个国家来说，最持久、最深层的力量是全社会共同认可的核心价值观"①。如果没有共同的核心价值观，一个民族、一个国家就会魂无定所、行无依归。在当代中国，我们的民族、我们的国家应该坚守的社会主义核心价值观，就是党的十八大提出要倡导的富强、民主、文明、和谐，自由、平等、公正、法治，爱国、敬业、诚信、友善。社会主义核心价值观把涉及国家、社会、公民三个层面的价值要求融为一体，深入回答了我们要建设什么样的国家、建设什么样的社会、培育什么样的公民的重大问题。习近平总书记指出，要"用社会主义核心价值观

---

① 中共中央宣传部：《习近平总书记系列重要讲话读本（2016年版）》，学习出版社、人民出版社2016年版，第189页。

凝魂聚力，更好构筑中国精神、中国价值、中国力量，为中国特色社会主义事业提供源源不断的精神动力和道德滋养”①。实现习近平总书记提出的这一要求，需要开展多方面的工作。其中，加强核心价值观教育，是基础性的工作，而开展并加强公民层面的核心价值观教育又尤其重要。这是因为，从逻辑结构的角度来看，公民个人层面的核心价值观是国家和社会层面核心价值观的基础，从稳定性的角度来看，公民个人层面的核心价值观易于形成也最为牢固。公民个人层面核心价值观的变化深刻影响着社会层面和国家层面核心价值观的变化，社会层面的社会主义核心价值观，抑或国家层面的社会主义核心价值观，实质都是公民个人层面的社会主义核心价值观的衍生品。因此，做好公民核心价值观教育具有更加特殊的重要性。

怎样做好公民核心价值观教育，是一个重要的问题，同时，也是一个复杂的问题。固然，解决这个问题，需要从多方面做出积极的努力，然而，开展对公民核心价值观教育的科学研究确是一项前提性、基础性的工作。遗憾的是，这方面的研究尽管取得一些有价值的成果，但是，总的来说，开展得并不尽如人意。而现实实践急需学界拿出更好更多既有理论价值又有现实意义的高水平的研究成果。丁燕博士选择这个问题加以研究，应当说是具有现实针对性和强烈现实意义的。

丁燕博士之所以选择这个问题加以研究，除了问题本身的价值或意义之外，还与她的学术背景和攻读博士学位期间的有关情况相联系。她本科和硕士研究生期间所学专业都是思想政治教育，并且已从事高校思想政治理论课教学十余年，长期进行马克思主义与当代社会发展、思想政治教育、核心价值观及教育等方面的教学和研究工作。这为她研究公民核心价值观教育问题提供了良好的学术背景和基础。也许正因为如此，在她考取我的博士研究生之后，我建议她根据原来的学术背景和当时学科前沿选择核心

① 中共中央宣传部：《习近平总书记系列重要讲话读本（2016年版）》，学习出版社、人民出版社2016年版，第190页。

价值观作为博士学位论文的研究主题,她欣然接受,并几经论证,最终确立了公民核心价值观教育这一选题。需要特别指出的是,这一研究主题同时被纳入由我主持的教育部哲学社会科学重大课题攻关项目"马克思主义文化理论发展研究"。该项目的重要内容之一,是对马克思主义文化理论发展中的重要问题尤其是现实问题的研究,其中,核心价值观教育问题便是拟研究的重要问题之一。研究主题确立之后,丁燕博士带着浓厚的研究兴趣开始了认真的研究。在此期间,她有幸获得到新加坡南洋理工大学做访问学者的机会。充分利用这个机会,她主动征求专家学者的意见,广泛搜集相关资料,为论文的写作丰富了研究内容,开阔了研究思路。在论文写作期间,她孜孜以求,勤勉不懈,努力丰富和充实研究基础,不断克服研究难题,形成一系列阶段性研究成果,先后发表了十篇学术论文。在此基础上,形成了论文初稿。之后,继续努力,经过十多稿的修改完善,最终完成了自己的博士学位论文。学位论文顺利通过答辩,并得到答辩委员会的充分肯定。博士毕业后,她的研究兴趣不减,针对答辩中专家提出的修改建议,继续关注学术界研究动态,并吸取研究中的新观点、新材料,对论文不断地加以修改、充实,最终成就了这部学术专著。

这部著作,对当前新形势下我国公民核心价值观教育这一问题的研究做出了积极的努力和有针对性的探索。研究从公民核心价值观教育的基本理论出发,分析解读了公民核心价值观教育的内涵、战略地位、马克思主义理论基础、传统文化资源和国外教育资源借鉴,进而整理综合了公民核心价值观教育的文化背景和发展现状,梳理和分析了公民核心价值观教育面临的机遇和挑战、取得的突出成绩及存在的主要问题。在以上研究基础上,最后落脚于对公民核心价值观教育的关系和原则、思路举措及主体诉求的阐述和探讨。

公民核心价值观教育作为一个在当前引起广泛关注的重大理论与实践课题,学界通过近年来的研究和探索取得一些成果。作者在学界已有的相关研究基础上，综合当前国内外公民核心价值观教育的理论与实践，以普遍意义上的全体公民为研究视角，在对古今中外多种不同类型核心价值观教育进行科学比较、辩证分析的基础上，致力于探求我国当前公民核心价值观教育的发展与创新，有针对性地提出了一些独到的见解和有新意的观点。

一是探索了公民核心价值观教育的一般规律。科学研究的本质在于揭示事物的规律。研究公民核心价值观教育不能不阐述其规律。本书中关于公民核心价值观教育中的关系和原则的概括分析，实质上是对公民核心价值观教育规律性的理解和把握。研究中对公民核心价值观教育中的重大关系和基本原则进行了详细的探讨和分析，揭示了公民核心价值观教育的一般规律。一方面，研究从公民核心价值观教育错综复杂的关系网中提取了"一元指导和多元共存的辩证关系"以及"中华民族传统文化、西方文化和马克思主义之间的辩证关系"两组重大关系并对如何把握好这些重大关系做出了分析。针对"一元指导和多元共存的辩证关系"，分析指出：要做到既保证马克思主义价值观的主导地位和指导作用又在尊重相互之间差异性中增进价值共识，必须保持一元化的指导思想和多元文化及价值观之间、多元价值观之间适度而合理的张力。针对"中华民族传统文化、西方文化和马克思主义之间的辩证关系"，提出了要在现代性与传统性相结合的基础上进行批判的继承与创新、在世界性与民族性相结合的基础上进行批判性的开放与包容；"中、西、马"是当前公民核心价值观教育的"两个不能丢"和"一个挡不住"，要实现三者的兼和并存、综合创新。另一方面，分析了公民核心价值观教育要坚持和把握好四个基本原则，即公民核心价值观与社会主义核心价值观协调统一的原则，公民核心价值观教育理论性和实践性相结合的原则，公民核心价值观教育实然性与应然性相一致的原则，公民核心价值观教育共识性和包容性相依存的原则。

二是探讨了公民核心价值观教育主体发展途径。研究认为，作为价值主体间的交往实践活动，公民核心价值观教育主体具有主客体一致性，是主体客体化和客体主体化的统一。在这一前提下,强调了公民核心价值观教育的主体诉求是在主体的内在价值和利益相协调的基础上求同存异,建立起自我认同与价值共识,从而实现和谐发展。研究着力探讨了公民核心价值观教育主体发展途径:在公民核心价值观教育的主体观念上,要帮助教育主体形成合理的自我认同;在公民核心价值观教育的范式选择上,要采取灌输与主体性培养相统一的教育方法;在公民核心价值观教育的价值取向上,要构建以集体主义价值观为核心的底线价值取向;在公民核心价值观教育的主体利益上,要夯实个体主体与群体主体相协调的利益基础。

三是系统梳理了公民核心价值观教育的思路举措。在公民核心价值观教育思路举措的梳理和建构方面,提出了涵盖教育视野之"四维空间"、教育环境之"四维合力"和教育过程之"多维渠道"的全面立体型体系结构,体系建构明晰、内容全面。尤其是较以往研究,拓展了在教育视野上"虚拟视野"、教育环境上"自我教育"、教育过程中的"突破渠道"等突出问题。具体来说:在教育视野上,分别从历史、现实、未来和虚拟生存的视角构建起公民核心价值观教育的历史空间、现实空间、未来空间和虚拟空间相结合之"四维空间",提出了深入了解历史、树立科学历史观的历史视野;把握客观现实、树立科学时代观的现实视野;面向未来发展、树立科学未来观的未来视野;关照虚拟生存、树立正确网络观的虚拟视野。在教育环境上,强调形成社会教育、家庭教育、学校教育和自我教育之"四维合力",其中:社会教育是培育良好的社会核心价值观风尚的重要途径;学校教育是公民核心价值观教育的主要渠道;家庭教育是公民核心价值观教育的长期阵地;自我教育是公民核心价值观教育的最高境界。在教育过程上,致力于全方位拓展和丰富公民核心价值观教育的"多维渠道",提出要建立起明确目标、丰富内容、创新形式的建构渠道;贴近大众、融入生活、塑造风尚的普及渠道;宣传引导、榜样示范、实践养成的培育渠道;重点人群、重点场所、重点时间的突破渠道;制度规范、评价激励、条件支持的保障渠道。

当然，诚如作者所言，由于问题本身的复杂性和课题内部逻辑关系的深刻性，仅仅一本著作难以完整、完全展现问题的全部。读毕全书，感到仍有一些问题有待于进一步深化和拓展。例如，在国外成果的借鉴上，是否可以形成更加系统的国外关于公民核心价值观教育的经验总结？如何切实解决公民核心价值观教育中打通“中、西、马”的可操作性问题？核心价值观教育的内容如何在不同层面中实现进一步的拓展？如此等等。对这些以及其他问题，相信作者会在今后的研究中予以关注，提出解决之策。

核心价值观教育问题是一个历久弥新的话题，尤其是一个与鲜活的社会生活紧密相连的话题，必将会随着中国特色社会主义实践的深入发展，不断提出新的问题，不断引起人们的关注，不断激发人们的研究热情。相信作者会再接再厉，继续发扬问题意识和探索精神，不断针对新问题做出新探索，拿出新的更高水平的研究成果。让我们共同期待着。

本书即将出版。作为作者的博士生指导老师，很为她感到自豪和骄傲。作为这部书稿形成的见证者和第一读者，有感而发，写了以上的话，谈了自己的看法，不一定对，仅供读者朋友阅读时参考，不妥之处，敬请批评指正。

权以为序。

周向军

2016 年 12 月于泉城

目　　录

导　论 …… 1

第一章　公民核心价值观教育的基本内涵及战略地位 …… 28
　第一节　公民核心价值观教育的基本内涵 …… 28
　　一、价值、价值观与核心价值观 …… 28
　　二、公民核心价值观教育 …… 34
　第二节　公民核心价值观教育的战略地位 …… 36
　　一、维护主流意识形态的主要阵地 …… 36
　　二、提升国家文化软实力的关键环节 …… 42
　　三、塑造民族精神家园的客观需求 …… 47
　　四、协调推进“四个全面”战略布局的内在要求和价值基础 …… 51

第二章　公民核心价值观教育的理论基础及思想资源 …… 56
　第一节　公民核心价值观教育的马克思主义理论基础 …… 56
　　一、辩证唯物主义基础 …… 57
　　二、历史唯物主义基础 …… 63
　第二节　公民核心价值观教育的传统文化资源 …… 71
　　一、仁爱诚信观 …… 72
　　二、公正法治观 …… 77

三、和谐观 …………………………………………………… 81
四、群己观 …………………………………………………… 85
五、德育观 …………………………………………………… 88
第三节　公民核心价值观教育的国外教育理论资源 ………… 91
一、丰富多样又行之有效的教育理念 ……………………… 91
二、与教育实践密切结合的教育理论 ……………………… 95

第三章　公民核心价值观教育的发展现状 ……………………… 101
第一节　多元文化是公民核心价值观教育新的文化背景 ………… 101
一、多元文化的兴起 ……………………………………… 102
二、多元文化的实质是价值观的多元化 …………………… 109
第二节　公民核心价值观教育面临的机遇和挑战 ……………… 119
一、公民核心价值观教育面临的重大机遇 ………………… 120
二、公民核心价值观教育面临的主要挑战 ………………… 123
第三节　公民核心价值观教育的突出成绩和主要问题 ………… 125
一、公民核心价值观教育取得的突出成绩 ………………… 125
二、公民核心价值观教育存在的主要问题及原因 ………… 129

第四章　公民核心价值观教育的重大关系和基本原则 ………… 135
第一节　公民核心价值观教育的重大关系 …………………… 135
一、一元主导和多元共存的辩证关系 ……………………… 136
二、中华民族传统文化、西方文化和马克思主义的辩证关系 … 144
第二节　公民核心价值观教育的基本原则 …………………… 160
一、公民核心价值观与社会主义核心价值观协调统一的原则 … 161
二、公民核心价值观教育理论性和实践性相结合的原则 ……… 162
三、公民核心价值观教育实然性与应然性相一致的原则 ……… 165

四、公民核心价值观教育共识性和包容性相依存的原则 ········· 167

第五章　公民核心价值观教育的主体建设 ································ 170
第一节　公民核心价值观教育的主体 ································ 170
一、公民核心价值观教育的主体 ································ 170
二、公民核心价值观教育的主客体一致性 ································ 172
三、公民核心价值观教育是主体间的交往实践活动 ································ 174
第二节　公民核心价值观教育主体发展的途径 ································ 178
一、教育主体观念:帮助教育主体形成正确合理的自我认同 ··· 179
二、教育范式选择:采取价值引导与自主选择相结合的模式 ··· 181
三、教育价值取向:构建以集体主义价值为核心的底线价值 ··· 184
四、教育主体利益:夯实个体与群体主体相协调的利益基础 ··· 186

第六章　公民核心价值观教育的思路举措 ································ 191
第一节　公民核心价值观教育视野之"四维空间" ································ 191
一、历史视野:深入了解历史,树立科学的历史观 ································ 192
二、现实视野:把握客观现实,树立科学的时代观 ································ 195
三、未来视野:面向未来发展,树立科学的未来观 ································ 197
四、虚拟视野:关照虚拟生存,树立正确的网络观 ································ 199
第二节　公民核心价值观教育环境之"四维合力" ································ 201
一、社会教育:培育良好的社会核心价值观风尚 ································ 202
二、学校教育:公民核心价值观教育的主要渠道 ································ 204
三、家庭教育:公民核心价值观教育的长期阵地 ································ 207
四、自我教育:公民核心价值观教育的最高境界 ································ 209
第三节　公民核心价值观教育过程之"多维渠道" ································ 212
一、建构渠道:明确目标、丰富内容、创新形式 ································ 212

二、普及渠道:贴近大众、融入生活、塑造风尚 …………………… 217
三、培育渠道:宣传引导、榜样示范、实践养成 …………………… 219
四、突破渠道:重点人群、重点场所、重点时间 …………………… 225
五、保障渠道:制度规范、评价激励、条件支持 …………………… 231

结　语 …………………………………………………………………… 235

主要参考文献 …………………………………………………………… 237
后　记 …………………………………………………………………… 262

导　　论

一、问题的缘起及研究对象

（一）问题的缘起

"'物之不齐，物之情也。'和而不同是一切事物发生发展的规律。世界万物万事总是千差万别、异彩纷呈的，如果万物万事都清一色了，事物的发展、世界的进步也就停止了"。① 现代社会是一个以政治民主化、经济市场化和文化多元化为典型特征的个性化社会。在从同质单一性社会向异质多样性社会转换的社会转型过程中，市场经济的发展和对外开放的深化使得社会经济基础领域发生了巨大的变化，从经济成分到社会成员间的利益关系，从社会组织形式到收入分配方式无一不显示出越来越多的多样性。就我国现阶段国情来说，以公有制为主体的社会主义经济基础的多样性带动了价值观念的多样性和多元化，人们思想活动的独立性、选择性及社会思想观念领域内的多变性和差异性愈加明显。

同时，"文明多样性是人类社会的客观现实，是当代世界的基本特征"②。随着全球化的发生与发展，尤其是信息技术的发展及计算机网络的

① 习近平：《在纪念孔子诞辰2565周年国际学术研讨会暨国际儒学联合会第五届会员大会开幕会上的讲话》，人民出版社2014年版。

② 习近平：《加强文化交流　促进世界和平》（2009年10月13日法兰克福），《人民日报》2009年10月14日。

出现，在各种思想和文化的激荡与交流中产生了多元文化和多元价值观，并广泛渗透到人们的物质生活实践、精神生活实践、社会交往实践等各个方面。多元文化是当今社会和人类发展不可逆转的大趋势和时代新境遇。多元文化发展中所呈现的多种价值观的充分张扬，无疑是社会进步的一种表现。但是，一个没有价值共识的社会是无法存在的。对于整个社会而言，如果社会成员个性张扬而共识缺失，乃至底线价值共识都无法达成，整个社会必将陷入一盘散沙、私利横行的失范状态，各种丑恶现象将普遍蔓延，信任危机将难以避免，社会基本秩序将难以保障，社会生活的西西里化将会成为一种常态。

在利益分化与价值多元的今天，积极构建一种体现社会发展趋势、时代精神与公民利益的合理价值共识，推动整个社会形成普遍的价值认同，增强发展的有效性与社会的凝聚力，促进人与人、人与社会之间和谐发展，成为一个关键性问题。在当前形势下，对公民核心价值观及其教育的重视和关注成为时代发展的必然趋势和要求，正如习近平指出的："培育和弘扬核心价值观，有效整合社会意识，是社会系统得以正常运转、社会秩序得以有效维护的重要途径，也是国家治理体系和治理能力的重要方面。"①

是以，在这一背景下探求公民核心价值观教育的创新与发展，在学界相关研究成果的基础上对公民核心价值观教育研究状况进行梳理和归纳，既是理论自身发展的诉求，又是时代赋予我们的新课题和新任务。

（二）研究对象

公民核心价值观教育研究的主要对象是我国当前时代和社会背景中公民应该树立的核心价值观的教育。公民核心价值观教育作为本研究的核心内容，是"公民核心价值观"的教育而非公民的"核心价值观教育"，是关于公民层面的而非最高层面的或者是具体的某个地域、某个群体的核心价值

---

① 《习近平在中共中央政治局第十三次集体学习时强调：把培育和弘扬社会主义核心价值观作为凝魂聚气强基固本的基础工程》，《人民日报》2014 年 2 月 26 日。

观教育。具体到我国当前,指的是对我国公民进行的关于社会主义核心价值观中公民个人层面的价值准则的教育。本书定位于公民核心价值观教育的发展状况、理论基础、关系原则、思路举措、主体建设等方面。以上研究将在后续内容中逐步展开。

二、研究意义

本书立足于多元价值选择中公民核心价值观教育的创新与发展,具有重要的理论意义和现实价值。

(一)理论意义

首先,公民核心价值观教育研究顺应了哲学、思想政治教育等社会科学价值观研究转向的理论背景和趋势。全球化进程中不同文明的多元共存带来了价值观念的多元化。各种"中心论"解体,多元文化和多元价值观的存在成为人文社会科学甚至是自然科学研究不可回避的一个课题和背景。新的时代背景下价值观教育研究范式的价值取向、研究方法和视野逐步展现在我们面前。公民核心价值观教育作为大教育的范畴之一,无论是理论研究还是具体实践都应关照多元价值观的问题。唯有此,才能提高其科学性和实效性并为社会所认同。

其次,公民核心价值观教育研究有利于深化和拓展价值观教育乃至思想政治教育学科研究和理论体系的完善,是关系到相关学科如何实现现代化的重要课题。全面、深入地审视与探讨公民价值观教育的未来出路,对公民核心价值观教育的特征、内容、方法论原则以及实现途径等从理论上做出系统而自觉的时代性回答与创新,是完善和拓展公民核心价值观教育理论体系的需要。同时,既拓展了其研究视野又赋予其新的时代内涵,对于深入理解、把握公民核心价值观教育相关理论,优化公民核心价值观教育的教育理论体系,培育公民核心价值观教育新的生长点以及丰富和完善思想政治教育理论有重要价值。

最后，公民核心价值观教育研究有利于完善对社会主义核心价值观和中国文化建设相关方面的理论研究。习近平指出，“坚守我们的价值体系，坚守我们的核心价值观，必须发挥文化的作用”。① 从关联性上来说，作为社会主义核心价值观和国家文化建设的一个重要组成部分，本研究对公民核心价值观教育理论的丰富和发展，有助于拓展社会主义核心价值观和文化建设理论的研究体系和研究视野。

（二）现实意义

理论研究要真正成为“自己时代精神的精华”，必须面向当代人类的现实实践活动，回答时代所提出的新问题。在全球化进程中，多元文化和价值观的语境下如何进行公民核心价值观教育，如何调适公民价值观念变革、建设民族的精神家园不仅是一个关乎当代人生存和发展的前沿性问题，还是时代赋予公民核心价值观教育的新课题和新任务。

首先，这一研究具有重要的社会价值和个体价值，是培育社会主义核心价值观和实现“现实的人”自由而全面发展的需要。多样化的价值观带给人的影响是双重的：一方面它使当代人获得了新的发展契机、交往方式、思维方式以及人的自由发展的新路径等，具有积极的影响；另一方面，人们和社会又不可避免地面对着来自各方面各种消极因素，如多元价值观冲突问题、非意识形态化问题、伦理道德问题、思想观念问题、人的异化问题等。因此，探讨公民核心价值观教育应对种种社会发展和个体发展契机与困境以及在这一新的背景下社会发展和人的发展之路，既有利于解决由此引发的社会价值观问题，也有利于公民个体价值观的培育和促进个体的全面发展向正确轨道迈进，从而推动社会与公民个体的共同和谐发展。

其次，这一研究有利于社会主义核心价值体系的建设，是文化大发展大

① 《习近平在省部级主要领导干部学习贯彻十八届三中全会精神全面深化改革专题研讨班开班式上发表重要讲话强调：完善和发展中国特色社会主义制度　推进国家治理体系和治理能力现代化》，《人民日报》2014 年 2 月 18 日。

繁荣、增强国家文化软实力、提升国家形象、建设文化强国的现实要求。习近平强调:“人类社会发展的历史表明,对一个民族、一个国家来说,最持久、最深层的力量是全社会共同认可的核心价值观。核心价值观,承载着一个民族、一个国家的精神追求,体现着一个社会评判是非曲直的价值标准。”①在建立和践行社会主义核心价值体系方面,党的十七届六中全会之后国家和社会都开展了大量的工作,但总体实效性相对尚需加强,本研究通过对优化公民核心价值观教育的规律、方法论原则等尤其是思路举措的分析,有助于社会主义核心价值体系的大众化和科学化,使之更大程度上真正能够融入社会现实。

最后,这一研究有利于增强公民核心价值观教育的实践路径探索。虽然公民核心价值观教育的实践一直存在,但是专门将其作为一个单独的实践体系来进行研究仍旧是近几年方才兴起,因此在实践体系架构上还存在许多需要进一步完善和深化之处。对于公民核心价值观教育的实践自身而言,保持其意识形态性,合理应对新时期的机遇与挑战,充分发挥公民核心价值观在主流意识形态塑造方面的积极作用,是其无法回避的时代性课题。因此,对这一课题的研究既是解决公民核心价值观教育相关领域实践体系建构问题的需要,也是其更新自身发展路径的现实诉求。

三、学界研究述评

(一)国内外研究现状

1.国内研究现状述评

“公民核心价值观教育研究”这一问题,就所及资料而言,相关领域的一些研究如“价值观教育”“核心价值观教育”“公民教育”等,已经形成了一定的研究基础。

---

① 习近平:《青年要自觉践行社会主义核心价值观——在北京大学师生座谈会上的讲话》,《人民日报》2014 年 5 月 5 日。

近年来，对于价值观的探讨学界一直都有所关注，国内教育界、哲学界对价值观问题的研究和实践也越来越重视。而真正开始对核心价值观教育的探讨，还是“社会主义核心价值体系”提出之后。除了多篇期刊学术论文之外，还有一些重大课题以及一些著作和宣传读本，如岑国桢编著的《青少年主流价值观：心理学的探索》，周向军、傅永军总主编的《全球化与当代文化发展研究丛书》，刘济良的《价值观教育》，欧阳康健主编的《文化反思与价值建构——全球化与民族精神》，戴木材的《中国特色核心价值观的传统、现实与前景》，袁贵仁的《价值观的理论与实践：价值观若干问题的思考》、冯建军的《差异与共生》、郭建宁的《社会主义核心价值观基本内容释义》、赵庆寺主编的《讨论式教学与大学生社会主义核心价值观认同》、新民晚报社主编的《扣好人生第一粒扣子　社会主义核心价值观篆刻读本》等；近几年，这一问题也成为国内国际许多研讨会的主题，如由 2014 年 12 月在广西大学举行的由中国社会科学院哲学研究所、越南社会科学翰林院哲学所主办的“中国—越南核心价值观国际学术研讨会”；[①]2015 年 9 月由中国社会科学院哲学研究所、天津社会科学院哲学研究所联合主办的“第二十六届全国社科哲学大会暨中华文化与社会主义核心价值观高端论坛”；[②]2016 年 5 月由中国人民大学《教学与研究》编辑部等联合主办的“习近平德育思想与社会主义核心价值观”学术研讨会[③]等都是一些从不同的主题对公民核心价值观教育展开研究和探讨的专题学术会议。综合近年学界的主要研究内容和研究趋势来看，相关主要研究成果可做如下概括：

第一，多元文化中的文化冲突与文化选择问题的研究。

---

① 胡玲、雷德鹏：《“中国—越南核心价值观国际学术研讨会”综述》，《哲学动态》2015 年第 5 期。

② 耿静波：《“第二十六届全国社科哲学大会暨中华文化与社会主义核心价值观高端论坛”综述》，《哲学动态》2016 年第 2 期。

③ 徐求真：《“习近平德育思想与社会主义核心价值观”综述》，《教学与研究》2016 年第 7 期。

关于这一问题的研究,国内学界研究主要体现在两对关系上。

一是如何处理传统文化与现代文化的关系问题。传统文化与现代文化的关系问题即传统性和现代性的问题,实质是如何对待传统文化的问题,学界在各个学科都从不同角度有所论证,是在关于多元文化的研究中较为重大和重要的课题。由儒学与中华文化复兴协同创新中心主办、山东大学儒学高等研究院承办的"社会主义核心价值观与中华优秀传统文化——学习习近平总书记系列重要讲话精神学术研讨会"、房广顺的《社会主义核心价值观的传统文化意蕴探析》、王泽应的《论承继中华优秀传统文化与践行社会主义核心价值观》、郭建宁的《传统"和"文化与现代新思维——文化哲学视野中的和谐社会》以及《马克思主义中国化与建设共有精神家园》等都提到了多元文化背景下,在文化冲突和文化选择中如何对待传统文化问题。其中以郭建宁的观点为典型,指出要"保持和发展本民族文化的优良传统,同时实现文化的与时俱进和开拓创新"①,实现"悠悠古韵与勃勃生机"的有机结合。在如何继承传统文化方面,学界研究在阐明方法论的基础上提出了一些具体的做法和路径,如:现代化,积极利用现代化的科技手段,与现代社会文明相适应;生活化,深入公民的日常生活,将中华民族优秀的价值观念和道德规范固化成日常社会生活中的基本准则;网络化,让中华文化上网,以更好地介绍和普及中华文化;教育化,使中华文化成为中小学的重要课程等。针对如何在多元文化中取得共识和相互吸收的途径,汤一介认为是"和而不同"②。费孝通则提出了"各美其美,美人之美,美美与共,天下大同"③。

二是如何处理民族文化与外来文化的关系。民族文化与外来文化的关

① 郭建宁:《提高文化软实力与建设共有精神家园》,《中国特色社会主义研究》2008 年第 1 期。

② 汤一介:《和而不同》,辽宁人民出版社 2001 年版,第 68 页。

③ 费孝通:《反思·对话·文化自觉》,《北京大学学报》(哲学社会科学版)1997 年第 3 期。

系即同质性与异质性的关系，实质上是如何科学对待外来文化的问题。刘景录撰文指出，从文化的角度看，在当前这个时代自然科学、社会科学、思想、道德等都已超越国界，成为一种世界性的文化现象，与世隔绝没有出路，要博采世界各国文化之长。综合起来看，在对待传统文化和外来文化方面，虽然有"复兴儒学"或"全盘西化"的声音，但并构不成主流。愈来愈多的人在对待传统文化和外来文化问题上持有更加理性和科学的态度。胡一在《全球多元文化发展中的文化自觉》中提到文化自觉在全球化背景下多元文化中包含认识和实践双方面的自觉，并且从文化自觉的视角分别在三个方面归纳了费孝通的观点，可以概括为：反思民族文化，尊重差异；认清自身优劣，扬长避短；参与多元文化新秩序，面向世界。[①] 宋英俊认为民族性和世界性是社会主义核心价值观的基本属性，要正确处理好西方文化价值观与社会主义核心价值观的关系；[②]云杉更是从谋划文化发展战略的高度，从文化自信的角度提到在全球化下频繁的文化交流、交融、交锋中，"做到文化自信，关键是不忘本来、吸收外来、着眼将来"[③]。

第二，关于价值观和核心价值观教育的研究。

由于本研究属于"价值观教育"大框架的一个组成部分，因此有必要对"价值观教育"作出梳理。在中国知网（CNKI）检索结果中，可以看出国内对价值观教育研究的成果主要集中在近十年，自 2007 年始，学界开始掀起核心价值观教育方面研究的热潮。可检索到带有"核心价值观教育"字段的文章最早发表于 2007 年。国内学界对价值观教育的研究对象主要由集中在青少年尤其是高校学生群体逐步扩展到军人、农民及全体公民视角，研究的具体内容主要集中在关于社会主义核心价值观的培育和建构等方面。

---

① 胡一：《全球多元文化发展中的文化自觉》，《闽江学院学报》2010 年第 1 期。

② 宋英俊：《培育和践行社会主义核心价值观需要处理好几个关系》，《科学社会主义》2016 年第 1 期。

③ 云杉：《文化自觉 文化自信 文化自强：对繁荣发展中国特色社会主义文化的思考》，《红旗文稿》2010 年第 17 期。

笔者将另行专门论述学界关于社会主义核心价值观的研究状况。综合各方面研究成果,其中比较有代表性的主要有:

一是价值观和价值观教育内涵的界定。价值观的含义从心理学、教育学、社会学等不同角度有许多或差异性或一致性的解释。从心理学意义上来看,比较有代表性的观点如黄希庭等把价值观看作是一种带有判断标准功能的"心理倾向系统"①。总体看来,国内对于价值观在内涵界定上更多地倾向于将其认定为一种发挥价值判断意义的社会思想观念总和,这种社会意识承担着对人们行为的价值导向和价值规范作用。换言之,价值观不是经验事实和科学判断,而是揭示一种意义关系。在这一点上,国内学界观点是趋于一致的。鉴于在价值观内涵界定上的一致性,国内学者对于"价值观教育"的观点分歧亦不大,大多都认为价值观教育是教育主体通过一定的教育手段和途径,提高教育客体的价值判断能力、培养教育客体的价值信念、树立与特定的社会或人自身发展需求相符合的价值观的教育过程或教育活动。刘济良在《价值观教育》中的观点颇具代表性。②

二是核心价值观及核心价值观教育含义的研究。国内对于核心价值观及核心价值观教育的相关研究主要兴起于党的十六届六中全会之后。在研究对象上与一般价值观及价值观教育相似——主要定位于青少年尤其是高校学生这一群体,另外在警察、军人、政法干警等群体也有部分涉及,这主要与近几年对这几个特殊职业的核心价值观的凝练有关。从一般意义上讲,都脱离不开社会主义核心价值观及社会主义核心价值观教育这一大的范畴。在提法上,也有人称之为"主流价值观"或"主导价值观",如徐金超认为核心价值观教育或主流价值观教育指的是社会或社会群体通过向社会成员施加该社会的主流价值观,从而实现社会稳定和推动社会发展的社会实

① 黄希庭:《当代中国青年价值观与教育》,四川教育出版社 1994 年版,第 12 页。

② 刘济良:《价值观教育》,教育科学出版社 2007 年版,第 2 页。

践活动，具有个体性与社会性、现实性与超越性、普遍性与特殊性相统一的特征。[①] 而也有的观点则认为核心价值观“是一个人、一个集团、一个民族长期秉承的一整套根本原则”[②]。从对核心价值观以及核心价值观教育内涵的认识上来看，学界基本能够达成共识的主要观点有：马克思主义的基本原理是包括社会主义核心价值观及其教育在内的核心价值观及教育的理论源泉；社会主义核心价值观及其教育要反映社会主义的本质；核心价值观是在共同体中存在的多元价值观中占有主导地位的价值观，是社会价值观中的主流部分；公民核心价值观及其教育为社会主流意识形态服务，受到社会主流意识形态的约束。

三是对公民核心价值观问题的表现及其根源的探讨。关于这一问题，学界从不同维度展开了研究，既有整体研究又有具体视角的探讨，如话语体系建构、生活化、大众化、信息化等。系统阐述这一问题的代表性观点如何中华在《多元文化时代的价值困境及其出路》中的论述：在多元文化的时代，商品经济构成它的世俗基础，全球化趋势和意识形态方面的原因进一步促成了文化多元格局的形成。它导致了绝对价值的遮蔽和消解，其历史后果主要表现为人际交往的障碍、社会整合度的下降、人的精神焦虑、道德感的脆弱。面对文化多元时代的挑战，未来的选择应当是恢复对永恒之物的敬畏、捍卫精神价值的至上性、重建人的价值坐标。[③] 也有学者指出，随着现代化进程的不断深入，社会主义核心价值观遭遇多重现代性困境：传统文化与现代文化的断裂、多元价值观与核心价值观的冲突、诚信危机的扩散、个人道德实践的忽视、中国问题研究的封闭性。[④] 关于公民价值观问题的

① 徐金超：《当代中国主流价值观教育探析》，《湖北社会科学》2011 年第 4 期。

② 余伟：《“社会主义核心价值观”管窥》，《理论导报》2009 年第 12 期。

③ 何中华：《多元文化时代的价值困境及其出路》，《烟台大学学报》（哲学社会科学版）2004 年第 2 期。

④ 翟澜杰：《浅谈社会主义核心价值观建设的困境及未来趋势》，《改革与开放》2016 年第 10 期。

主要表现，学者们分别从不同角度进行了分析和归纳。有学者从交往实践观的视角出发，指出当前核心价值观教育在现代社会中的缺陷也越来越明显，使得价值观教育陷入主体性丧失、与生活疏离、交往缺失的困境之中。①在当前价值观上存在着如下矛盾：价值主体的主体意识明显增强，但在价值判断与选择上的困惑和矛盾依旧存在；公民价值观在越来越趋于多元化的潮流和态势下也逐步在多元价值选择中呈现更多的理性化；在个人价值观和社会价值观两者之间的关系中，虽然仍旧存在一定的矛盾和碰撞，但总体发展趋势是合理化及和谐化。总体来看，在这方面以描述性和归纳性研究为多。这一部分内容在关于社会主义核心价值观研究综述里面也有论述，这里不再做过多重复。关于公民核心价值观问题产生的根源，目前研究主要涉及以下几个方面：社会变革带来的利益冲突；市场经济的趋利性；文化的多样选择性；网络的时空压缩性、虚拟性、匿名性、开放性等特点；生态价值观念的缺失；地域文化与全球文化的冲突；传统文化与现代文化的对接；公民核心价值观教育自身理论发展的滞后和不完善；公民核心价值观教育主体的道德情操、心理素质、知识结构、文化素养等，在此不再一一赘述。

四是公民核心价值观教育体系的构建及具体实施问题研究。概括而言，经过不断的探索和研究，在公民核心价值观教育具体的方法论和教育途径上，也逐步经历了由实践探索到理论总结，由具体措施到体系架构的发展过程。研究成果大多集中于多元价值观共存与一元价值观主导之间关系的认识与应对，公民核心价值观教育的主、客体界定以及两者关系的处理，公民核心价值观教育的内容、方法与途径，公民核心价值观教育的体系建设等方面。也有学者从核心价值观教育具体操作方面提出了各种观点。如有的学者提出要提高核心价值观教育的吸引力和感染力；加强网络干预，增强核心价值观教育的时代感和有效性等。还有的从道德教育角度出发认为要加

---

① 黄鹏红：《马克思交往实践观视域下的社会主义核心价值观教育》，《现代教育科学》2011年第2期。

强公民道德主流价值观教育，进一步树立公德道义。具体来说，如有学者认为要坚持认知层面晓之以理，注重理论穿透力；情感层面动之以情，体现情感亲和力；意志层面立之以志，突出内在涵化力。[①] 又如徐金超在教育原则、教育方法、教育中的情感因素等多个方面做出了探讨，指出要遵循方向性原则、民主性原则、层次性原则、开放性原则和渗透性原则；[②]教育的方法主要有理论教育法、典型教育法、实践教育法、疏导教育法、咨询辅导法和自我教育法；[③]要做到以境育情、以意育情、以情育情、以知育情；要处理好“情”与“实”、“情”与“理”、“情”与“法”、“情”与“利”的关系等。[④]

第三，社会主义核心价值观的相关研究。

自党的十六届六中全会首次明确提出，至随后在党的十七大报告和党的十七届三中、四中全会《决定》中又进一步阐述，“社会主义核心价值体系”这一科学命题的理论体系逐步完善。而关于“社会主义核心价值观”，党的十八大报告中更是明确提出了“二十四字”的“三个倡导”。自党的十八大以来，习近平总书记发表了一系列涉及社会主义核心价值观的重要讲话，提出了许多关于社会主义核心价值观的新论断和新思路。近年来，社会主义核心价值观及其相关研究作为一个不断创生和发展的历史范畴成为中国哲学社会科学工作者有待努力深化研究的一项重要任务。研究的问题主要集中在以下几个方面。

一是关于社会主义核心价值观与社会主义核心价值体系的关系研究。在社会主义核心价值观相关研究中，“观”与“体系”的关系是厘清其他问题的前提和基础。总体而言，对社会主义核心价值观与核心价值体系的关系分析，学界观点分歧甚微。代表性的观点主要有三种：其一是“内核与基础

---

① 许海：《培育践行社会主义核心价值观的方法论探》，《前线》2014 年第 9 期。

② 徐金超：《浅论社会主义核心价值观教育应遵循的原则》，《学校党建与思想教育》2014 年第 23 期。

③ 徐金超：《社会主义核心价值观教育方法探析》，《人民论坛》2014 年第 34 期。

④ 徐金超：《社会主义核心价值观教育中的情感因素探析》，《人民论坛》2015 年第 21 期。

说”,主张“观”是“体系”的内核,“体系”是“观”的基础和前提,其中以戴木才的观点为代表。[①] 其二是“整体与部分说”,这种观点建立在历史唯物主义之“社会存在决定社会意识”理论基础上,认为“观”是“体系”的组成部分,代表性观点依据逻辑递升顺序将“体系”中的多种价值观进行排列,并把核心价值观置于这一体系的顶层。[②] 其三是“融合说”,部分学者指出“观”与“体系”关系之界分很难厘定,问题更关键地在于其本身是否符合马克思主义,[③]因而强调“内核与基础说”与“整体与部分说”两者是交融在一起的。也有学者,如罗映光则从两者的联系和区别上来界定其关系[④],而韩振峰则着重强调两者之间的区别[⑤]。

二是关于社会主义核心价值观与中国梦的关系研究。在这一问题上,学界普遍认为二者具有多方面的内在统一性,统一于中国特色社会主义的伟大实践。在中共中央政治局就提高国家文化软实力研究进行第十二次集体学习时,习近平强调:“中国梦的宣传和阐释,要与当代中国价值观念紧密结合起来。中国梦意味着中国人民和中华民族的价值体认和价值追求,意味着全面建成小康社会、实现中华民族伟大复兴,意味着每一个人都能在为中国梦的奋斗中实现自己的梦想,意味着中华民族团结奋斗的最大公约数,意味着中华民族为人类和平与发展作出更大贡献的真诚意愿。”[⑥]有学

---

① 戴木才、田海舰:《论社会主义核心价值体系与核心价值观》,《中国党政干部论坛》2007年第2期。

② 张利华:《试析中国特色社会主义核心价值体系的结构与内涵》,《中国特色社会主义研究》2007年第4期。

③ 禹国峰:《社会主义核心价值观研究述评》,《道德与文明》2008年第2期。

④ 杨增崇:《聚焦社会主义核心价值观研究的若干前沿问题——“全国思想政治教育高端论坛(长春)暨社会主义核心价值观学术研讨会”综述》,《社会主义核心价值观研究》2015年第1期。

⑤ 韩振峰:《社会主义核心价值体系与核心价值观是一回事吗?》,《光明日报》2011年1月24日。

⑥ 习近平:《建设社会主义文化强国　着力提高国家文化软实力》,《光明日报》2014年1月1日。

者通过话语阐释、主体阐释、文化阐释、哲学阐释，指出社会主义核心价值观为实现中国梦构筑了价值共识，激发中国精神、凝聚中国力量，两者在牵引互动中推进中国特色社会主义事业不断进步；①也有学者指出，社会主义核心价值观是中国梦的价值内核、力量源泉和思想保证，中国梦是社会主义核心价值观的形象表达和信念支撑；②也有学者谈到中国梦和社会主义核心价值观是中国特色社会主义事业的目标维度和价值维度，中国梦承载社会主义意识形态与价值取向，使国家、民族、个人三重价值高度统一，核心价值观为中国梦凝练价值内核、坚定中国道路，构筑价值共识、凝聚中国力量，提供价值准则、激发中国精神，它们共同构成了引领社会进步的旗帜，在互动中推进中国特色社会主义事业。③

三是关于确立社会主义核心价值观的必要性研究。综合来看，关于该问题的研究学界一般从理论和实践两个层面展开探讨。有的从理论和实践总体上探讨，也有的专门探讨某一方面的具体意义。从理论层面看，主要从推动相关学科发展和社会功能两方面进行了探讨。如郭祖炎提出了“三个有利于”，即有利于：价值哲学研究，意识形态的建构，政治文明、科学社会主义和唯物史观的研究。④ 而从实践层面，学界也从不同维度对确立社会主义核心价值观的意义进行了许多研究，综合学界主要观点可以归纳为以下几点：一是适应社会转型的需要，二是中国特色社会主义健康发展的需要，三是文化建设的需要，四是建构社会主义和谐社会的需要，五是对个体进行积极的、科学的核心价值观教育的需要。总言之，当前学术界对于构建社会主义核心价值观的必要性方面有深入的认识和解读，为人们对社会主

① 李静：《中国梦与社会主义核心价值观相关性探析》，《人民论坛》2015 年第 11 期（中）。

② 项久雨、吴海燕：《论社会主义核心价值观与中国梦的内在联系》，《思想政治教育研究》2016 年第 4 期。

③ 董军明：《社会主义核心价值观与中国梦的内在逻辑论析》，《内蒙古社会科学（汉文版）》2014 年第 3 期。

④ 郭祖炎：《论社会主义核心价值观及其意义》，《延安大学学报》（社会科学版）2007 年第 6 期。

义核心价值观建设之重要性及迫切性的理解确立了清醒而深刻的认识根基。

四是关于社会主义核心价值观的基本内容研究。这一问题国内学界经过了不断的探索、争鸣和交流。有的学者从社会制度角度，有的学者从社会主义初级阶段的国情视角，有的学者从人的发展视角等提出了十分有借鉴意义的观点。学界在社会主义核心价值观的提炼中体现出以下特点：第一，内涵概括上主要有两条线，一是结合西方现代文明，二是结合中国传统文化；第二，凝练的出发点上主要遵循两个点，有的学者从社会制度和社会主义初级阶段的宏观视角出发，有的学者从人的个体发展的微观视角出发；第三，在形式上主要表现为两个思路——两个字的表述和四个字的表述。在党的十八大报告中提出了对于培育社会主义核心价值观的新要求："富强、民主、文明、和谐""自由、平等、公正、法治""爱国、敬业、诚信、友善"。由此，许多专家、学者将社会主义核心价值观解读为此分三个层次表述的二十四字，此后的相关研究也便集中在不同视角下对此三个层次的解读和阐释上。

五是关于社会主义核心价值观培育中的方法论研究。对于方法论研究，是最近学界研究社会主义核心价值观的一个新的生长点，大多数学者认为培育社会主义核心价值观必须走马克思主义中国化的方法路径。这就涉及三对关系：一是如何处理传统文化与现代文化的关系问题，主要是如何对待传统文化的问题。学术界虽然有不同的声音，但是总体的认识比较一致，认为中国传统文化为构建社会主义核心价值观提供了重要理论源泉，社会主义核心价值观是在新的时代形势和国情下对优秀传统资源的时代性转换。郭建宁教授认为"在当代中国的社会发展和文化建设中，儒学既不能缺位，也不能越位；既不要自卑，也不能自大，而要自信、自觉"①。二是如何处理民族文化与外来文化的关系，主要是如何对待外来文化的问题。多数

① 郭建宁：《当前理论研究热点的冷思考》，《前线》2011年第3期。

学者都承认需要进行综合创新,抛弃中西对立、体用二元的僵化思维模式,如季正聚指出培育社会主义核心价值观必须坚持先进性与广泛性、民族性与世界性、稳定性与开放性的统一原则。[①] 三是中国特色社会主义核心价值观与马克思主义的关系。中国特色社会主义核心价值观也必须要遵循马克思主义基本规律和方法论,从具体社会、历史现实出发来确立。

六是对习近平关于社会主义核心价值观系列重要讲话的研究。学界通过梳理习近平关于社会主义核心价值观系列重要讲话,对习近平论社会主义核心价值观系列讲话精神进行了多方位的探讨和多视域解读,主要体现在以下两个方面:一是对习近平关于社会主义核心价值观系列重要讲话的梳理。如《党建》杂志的《习近平论社会主义核心价值观——十八大以来重要论述选编》[②]《习近平论中国传统文化——十八大以来重要论述选编》[③],中国共产党新闻网的专题报道《习近平谈治国理政》[④],新华网的《"平语"近人——习近平谈社会主义核心价值观》[⑤],人民网的《新设计师习近平·文化篇》[⑥],共产党员网的《习近平论社会主义核心价值观》[⑦],杨桂华的《习近平关于核心价值观的论述》[⑧]等都从不同视角对习近平关于社会主义核心价值观的论述做了文献梳理。二是对习近平关于社会主义核心价值观系列讲话精神的解读。综合来看学界主要在社会主义核心价值观的重大意

① 季正聚:《全面把握社会主义核心价值观的特点》,《思想政治工作研究》2012 年第 12 期。

② 《习近平论社会主义核心价值观——十八大以来重要论述选编》,《党建》2014 年第 4 期。

③ 《习近平论中国传统文化——十八大以来重要论述选编》,《党建》2014 年第 3 期。

④ 中国共产党新闻网:《习近平谈治国理政》,2015 年 7 月 27 日,见 http://cpc.people.com.cn/xuexi/n/2015/0723/c397563-27350777.html。

⑤ 新华网:《"平语"近人——习近平谈社会主义核心价值观》,2016 年 12 月 8 日,见 http://news.xinhuanet.com/politics/2016-12/08/c_129395314.htm。

⑥ 人民网:《新设计师习近平·文化篇》,2014 年 11 月 15 日,见 http://politics.people.com.cn/n/2014/1115/c1001-26032453.html。

⑦ 共产党员网:《习近平论社会主义核心价值观》,见 http://www.12371.cn/special/xjpzyls/xjpthxjzhg/。

⑧ 杨桂华:《习近平关于核心价值观的论述》,《学习时报》2014 年 11 月 24 日。

义、时代背景、渊源依据、基本内涵、特点表现、地位作用、逻辑关系、实施路径等诸多方面的内容作出了深刻论述，取得了不少理论成果，产生了许多新思考、新论断。如韩振峰在《习近平关于社会主义核心价值观的十个基本思路》中概括归纳了习近平关于培育践行社会主义核心价值观的思想十个方面的基本思路，包括：重要意义论、重要地位论、基本内容论、思想渊源论、培育目标论、培育原则论、培育重点论、培育载体论、培育方法论、培育环境论；[①]王学俭、郭绍均通过对习近平关于社会主义核心价值观系列讲话的学习阐释了社会主义核心价值观的战略意义和建设要求。[②]

归纳以上几个方面来看，社会主义核心价值观是当前学界研究高度关注的课题，在近些年的相关研究中取得了丰硕成绩。学界继续深入研究“为什么构建社会主义核心价值观”等基本理论问题的同时，在现实实践中“如何践行社会主义核心价值观”也将是下一步需要研究的重点问题。

2.国外研究现状述评

经过综合查询施普林格全文数据库、EBSCOhost 学术期刊全文数据库、美国 HeinOnline 法律期刊全文数据库、JSTOR 人文社会主题数据库、美国学术期刊全文库、LexisNexis 学术大全数据库、美国教育资源信息中心、美国 ProQuest 数字化博硕士论文文摘数据库、约翰威立在线图书馆、泰勒弗朗西斯网上平台、Kluwer 电子期刊全文数据库等文献检索平台，依据当前对外文原版资料的检索结果，资料显示在国外学界的研究中，能够检索到的相关文献中单独关于多元文化或公民教育、德育、价值观教育等方面的成果占据大多数。截至 2013 年 12 月，通过标题检索英文“核心价值观教育”相关项得到 1900—2013 年的记录 6000 余条，其中 1900—1950 年间 70 余条，1950—1980 年间 500 余条并出现了一些实证研究，1980—1991 年间 300 余条，1991—2000

① 韩振峰：《习近平关于社会主义核心价值观的十个基本思路》，《前线》2015 年第 4 期。

② 王学俭、郭绍均：《关于社会主义核心价值观的几个重点问题——学习理解习近平总书记关于社会主义核心价值观的系列讲话》，《社会主义核心价值观研究》2016 年第 1 期。

年间 1100 余条,2001—2013 年间 4800 余条。通过英文标题"公民教育"检索可得到自 1900 年以来的记录 5700 余条,而关于"道德教育"则可以检索到近 7000 条记录,"伦理教育"的检索结果有 5500 余条。综合检索结果来看,其中多与心理学、教育学相关,另外由于"价值"本身包含商业价值的意义,因此在检索中也出现了相当一部分与经济领域相关的结果。

总体上,从研究人员的构成结构维度,可以从三条线索梳理:国内学者对国外学术资源的研究、海外华人学者的研究以及其他国外学者的研究成果。

随着文化交流的增加,不少学者开始把研究视野转向借鉴国外公民教育、价值观教育和核心价值观教育上来,出现了一大批介绍国外有益经验的成果,从发表于国内学术期刊的研究成果来看,代表性的论文如戚万学等的《何谓有效的品格教育——美国及其教育的基本原则》、艾政文的《美国学校核心价值观教育的方法途径及启示》、高进的《新加坡共同价值观教育对我国德育的启示》、梁永艺的《美国学校价值观教育及其对我国青年学生社会主义核心价值观教育的启示》、张伟的《国外加强社会核心价值观建设的做法及启示》等,著作诸如唐克军的《比较公民教育》、李建平的《当代国外思想政治教育比较》、陈立思的《当代世界的思想政治教育》、王学风的《新加坡基础教育》等。相关研究的对象主要集中在美国、新加坡、日本、英国、澳大利亚等几个国家,尤其以新加坡和美国居多。对新加坡侧重于实践中成功经验的研究,而之于美国则以对教育理论的介绍和评价为多数。从对国外价值观教育研究的方式和途径来看,以进行一些介绍、评价和比较研究居多,更深层次的系统整合与理论发掘则相对较少。

同时也有一些优秀的海外华人学者,他们基于世界视野,大多从比较哲学和跨文化的角度对中西文化和价值观进行审视和研究。具有代表性的如杜维明的《东亚价值与多元现代性》《杜维明:文明的冲突与对话》《现代精神与儒家传统》《文化多元、文化间对话与和谐:一种儒家视角》、论文《儒家视野中的全球社群的核心价值》,张隆溪的《走出文化的封闭圈》,张旭东的著作《全球化时代的文化认同西方普遍主义话语的历史批判》,李晨阳则提出了“文化的价值组合配置”并著有《多元世界中的儒家》等。另外,成中英、沈青松、倪培民、郑永年等学者的研究中也有相关论述。

而对其他国外学者相关研究成果的获得则主要集中在多元文化(主义)、跨文化(主义)、道德教育、公民教育领域内,如沃特森的《多元文化主义》、亨廷顿的《文化的重要作用:价值观如何影响人类进步》等。检索结果中可以看出,关于专门的“道德教育/价值观教育/公民教育”的出版物分类中最早可以检索到1912年的记录,19世纪30年代之后,关于公民教育的研究明显增多,尤其是涉及民主价值观方面的教育,同时也开始出现了专门针对跨文化(多元文化)价值观研究。19世纪70年代也出现了一些关于价值观教育与文化的论著和研究报告。具体就研究内容来说,可以做以下梳理:

第一,关于多元文化方面的研究。

“多元文化”的提法起源于西方,突出强调要尊重弱势民族、种族的文化。随着文化多元化进程的不断加速,“多元文化的含义逐渐的由民族和国家文化上的差异,进展到既有文化上的差异又有价值规范、价值取向等的差异。”①时有发生的文化碰撞在20世纪50年代的美国促生了一门新的独立学科——跨文化交际学,拓展了西方多元文化研究的视野。多元文化不可避免的伴随着文明的冲突,但多元文化带来的冲突只是文化发展在一定历史阶段上的表现。在亨廷顿看来,随着后冷战时代的到来,文明的冲突将主宰全球政治,以文化和文明来划分世界格局的意义要远超政治和经济。②而艾森斯塔特则提出了“多元现代性”③的概念。随之也催生了关于文化多样性维度下相关教育理论的研究,如班克斯的《文化多样性与教育:基本原

① 郑金洲:《多元文化教育》,天津教育出版社2004年版,第3页。

② [美]亨廷顿:《文明的冲突与世界秩序的重建》,周琪等译,新华出版社1998年版,第155页。

③ [美]艾森斯塔特:《反思现代性》,旷新年、王爱松译,三联书店2006年版。

理、课程与教学》[①]。

第二,价值观及价值观教育的相关研究。

一是价值观的理论研究。国外学界对价值观的研究相对于国内来说起步要早,19世纪二三十年代就有关于价值观相关研究。在价值观含义的研究上,国外学界主要集中在心理学、教育学和伦理学领域,最突出的还是在心理学领域中,但是在具体观点方面也是众说纷纭。其中比较具有代表性的观点主要有:克拉克洪(Kluckhohn,1951)的观点是"值得说",强调"值得的"(the desiered)。这一界定在西方心理学界的影响极为深远,是人们在探讨价值观问题时经常引用到的观点。他把价值观看成与"想要的"(the desired)相关联的"值得的"(the desiered)看法,是一种与人的态度、动机、目的等相关联的既包含外显的也包含内隐的特征。[②] 加布里埃尔(Gabriel,1963)则持有"向导说"的观点,突出强调其在人们行为中起到的向导作用。[③] 而罗克奇(Rockeach,1968)的观点是"信仰说",把价值观看作是"持久的信仰"[④]。舒伯(Super,1980)的观点是"目标说"[⑤]。施瓦茨(Schwartz,1992)则是"标准说",将价值观界定为"判断和选择的标准"[⑥]。而对于价值观的构成上,国外学者的研究也是各有千秋,他们依据不同的标准对价值观的构成做出了不同的划分。如佩里(Perry,1926)、奥尔波特和阜农

---

① [美]班克斯:《文化多样性与教育:基本原理、课程与教学》,荀渊等译,华东师范大学出版社2010年版。

② Kluckhohn.*Values and Value Orientations in the Theory of Action:An Exploration in Definition and Classification*//Parsons T, Shiles EA.*Toward a General Theory of Action*. Cambridge. Mass: Haward Univ.Press,1951:395.

③ Gabriel,R.H.*Traditional Values in American Life*.New York:Harcourt Brace,and World,1963:63.

④ Milton Rokeach.*Beliefs,Attitudes and Values:A Theory of Organization and Change*.San Francisco:Jossey-Bass,1968:16.

⑤ Super.D.E."A Life-span,Life-space Approach to Career Development".*Journal of Occupational Psychology*,1980(52):129-148.

⑥ Schwartz,S.H."Universals in the Content and Structure of Values:Theory and Empirical Tests in 20 Countries".In M.Zanna(ed.),*Advances in Experimental Social Psychology*(Vol. 25).New York:Academic Press,1992:1-65.

(Allport & Vernon,1931)、弗斯(R.Firth,1951)等都是从人的社会生活方式维度把价值观各分成了不同的六种类型。罗克奇(Rockeach,1973)的《价值观调查量表》则从宏观上划定了终极价值观和工具性价值观两大维度,在这两大维度之下又分别界定了 18 项价值观范畴。[①] 施瓦茨(Schwartz,1992,1994,1995)的施瓦茨价值观调查通过量表的形式描绘了一个包含 57 项具体价值观、4 个价值观维度、10 个普遍价值观动机类型的世界范围的价值观地形图,并揭示他们之间的结构关系。克拉克洪和斯托特柏克(Kluckhohn &Strodtbeck,1961)概括出了五种各包括三种类型的价值取向。[②]

二是价值观教育的有关研究。由于在对价值观的内涵及价值观构成上观点的分歧,国外学界对价值观教育内涵和内容的理解亦存有诸多分歧,加之价值观教育本身也囊括了大量文化、道德、精神、伦理等领域内容,因而目前国外研究中在理论上难以达成共识。但是,从整体纵向发展历程上看,以西方为代表的国外价值观教育在理论和实践上经历了一个由价值相对主义转向核心价值观教育的历程。西方学界在 20 世纪 50 年代达成了关于价值观定义的基本共识——个体对"值得的"与"想要的"区分,显然这是建立在克拉克洪(Kluckhohn,1951)的理论基础之上的。随后,建立于价值相对主义的理论基础之上、强调价值观平等的价值澄清学派在 20 世纪六七十年代的道德教育尤其是价值观教育研究中占据了主要地位并且达到了自身的顶峰,其核心观点将道德教育之目标放在了价值"选择能力"而非价值"认同能力"上。但是,价值澄清学派自身存在着共同价值观欠缺的问题,这也就致使了道德价值实践中的"真空"及无序。由是,在 20 世纪 70 年代后期学界和社会对价值澄清学派的质疑和批评也就在所难免。随着 20 世纪七八十年代各种价值观调查量表研究方式的兴起,西方学界对价值观教育研究分析和测量的内容无论是在深度上还是广度上都有了更进一步的延展。

---

① Milton Rokeach.*The Nature of Human Values*.New York:free press,1973:358-361.

② Kluckhohn E,Strodtbeck F.*Variations in Value Orientations*.New York:Row,Petersen,1961.

三是品格教育与核心价值观教育的研究。20 世纪 80 年代之后,品格教育开始在美国出现并逐步发展,到 90 年代之后在西方尤其是其发源地美国已经占据了道德教育的主流地位,并且形成了两大专门的品格教育的组织——品格关注联盟和品格教育联盟。著名的代表人物是发展心理学家托马斯·里克纳(Thomas Lickona),除了后来成为美国教育部推荐读物的《美式课堂:品质教育学校方略》和《美式家庭:品质教育家长对策》[①]之外,其代表性著作还有《品格教育》《培养品格》等。又如英国莫尼卡·泰勒(Monica J.Taylor)的《价值观教育与教育中的价值观》。[②] 大量研究成果中既有理论基础研究,也有实践应用研究;在教育范围上涵盖了社会、学校、家庭、自我发展等教育的各个方面;在教育内容上兼顾了知识、情感、能力、心理、道德等多项范畴;在教育阶段上统筹了婴幼儿、小学、中学、大学、终身教育等各个阶段。但是在具体的研究目的、研究方略方面也因国情而有所差异。品格教育认可多元价值观中共享价值观的存在,这一点恰恰弥补了价值澄清学派的缺陷。品格教育学派认为多元价值观社会里必须要有一定共享的、能够发挥核心引导作用的价值观和道德规范,并且以此为个体品格形成的基础。事实上,这种价值观就是核心价值观。品格教育从其本质上来说是关于核心价值观的教育。因此,在国外,尤其是美国学界对核心价值观教育的主要研究成果还是集中在品格教育研究领域。

四是公民核心价值观教育相关实践的研究。在全球化语境下,各种文化、思想相互激荡,各种价值观念相互影响,维护主导价值观和主流意识形态是各国都不可忽略的一项战略任务。强化公民核心价值观教育,使社会

---

① 这两部译著由海南出版社于 2001 年出版。《美式课堂:品质教育学校方略》译者为刘冰、董晓航、邓海平;《美式家庭:品质教育家长对策》译者为喻佑斌、罗文盛。作者托马斯·里克纳(Thomas Lickona)为美国著名发展心理学家、品格教育运动的先驱人物及代表人物,其品格教育思想对多元价值观中的道德教育和价值观教育的理论和实践都具有积极的贡献。

② 该文载于《教育研究》2003 年第 5、6、7 期,作者莫尼卡·泰勒(Monica J.Taylor)为英国《道德教育》杂志的主编,同时也是《中国德育》编委会成员之一。

主导价值观念在公民中形成认同和内化已成为各国面临的共同问题。在公民核心价值观教育的研究和实践中形成自己的特色也越来越成为各国关注的焦点。一些国家，如美国的公民教育、澳大利亚的素质教育、日本的道德教育等，尤其要特别指出的是新加坡公民教育的研究与实践已经非常成熟和完善。纵观国外研究状况，我们更能从国外公民核心价值观教育、道德教育等教育实践中获得有益借鉴。国外在公民核心价值观教育领域的研究和实践中取得成果主要体现在：教育内容上，将国家精神、社会责任与个体发展相结合，兼顾三方利益；教育原则上，注重民族性、时代性；教育手段上，综合应用法治、道德、宗教等多种手段；教育途径上，整合学校、社会、家庭、社区的力量，学校教育中整合课内学习与课外活动；教育形式上，由于是整个社会的核心价值观教育，因而大都是政府主导、民间参与、学术研究相结合等。

综合以上内容我们可以看出，国外相关学科对多元价值观中公民核心价值观教育的研究具有理论体系比较完善、教育管理体系相对完备、实践途径丰富多样、社会适应性强等特点，在一些国家的实践也具有较强的实效性，对其合理的借鉴和扬弃可极大助益我们公民核心价值观教育的理论研究和实践发展。

（二）研究存在的问题、薄弱点及研究趋势

在肯定成果的同时，我们也要看到目前研究中存在的问题。从国内外相关研究成果的对比看，国外对于多元文化问题、核心价值观问题的研究起步较早、更新速度较快，基本同步于世界全球化下多元文化发展的趋势；研究领域多范围、宽领域，实践探索与理论研究相辅相成，理论研究中实证研究、应用研究、基础研究密切配合，能够为实践探索贡献出具有可操作性的具体规范。而这一方面在当前国内学界的总体研究态势中，理论层面进行的探讨相对较多，同时也已经有一些与具体部门的实践相结合而开展的研究，并且取得了一定的卓有成效的实践成果，但在有效性、规范性、可操作性等方面仍需进一步加强探讨和研究。因此,虽然目前关于公民价值观及核心价值观教育研究的学界成果可谓硕果累累,但仍然存在如下问题与薄弱点。

1.研究视角

从对“公民核心价值观教育”的研究看,由于文化全球化、文化多元化和社会生活方式的信息化、网络化,人们往往在相关问题尤其是精神层面的一些问题上还缺乏深入而清晰的理解和把握。具体来说:一是部分成果属于“重复建设”,这类成果在研究中大多就公民核心价值观教育中的具体问题展开具体探讨,或者是单纯从公民核心价值观教育的视角就事论事;二是部分研究在探寻未来公民核心价值观教育的现实实践路径时,研究视角往往更多地偏重于从“社会”出发,走的是一条“由社会到人”的单向道路,而非从“人”和“社会”双向关系研究,相对忽略了个体与群体间的双向互动。

2.研究对象及研究方法

在研究对象上,目前学界对于公民核心价值观教育问题的相关研究较多集中在针对大学生、青少年、警察、军人等个别特殊群体进行分析,或进行具体地域性的研究,难以涵盖公民核心价值观教育主体的全体,所以对普遍意义上的“公民”主体研究不够;同时,随着文化交流和传播方式日新月异,尤其是信息网络技术的不断更新,多元文化和价值观对公民核心价值观教育的影响也越来越深远,因而仅对如上特定群体的研究显然是不够的。

在研究方法方面,目前国外关于公民核心价值观教育的相关研究主要侧重于具体应用,个案研究和实证研究居多;而国内则主要侧重于理论探讨,往往忽视了与典型个案研究相结合,实地调查与实证分析相对较少。

3.具体观点

首先,关于多元文化对公民核心价值观教育的影响,学界研究大多都能够看到多元文化及多元价值观带给公民核心价值观教育的挑战和消极因素,并且能够做出相对深入的分析,但是在对多元文化之于公民核心价值观教育的机遇和积极因素的探寻相对薄弱。部分研究能够从多元文化自身蕴含的特征、实质及其所赋予价值主体的多样性选择等方面来看待多元文化"多样化"的丰富空间。但对于公民核心价值观教育在众多价值选择面前所面临的挑战及公民核心价值观教育的创新探讨则相对不足。

其次,对社会主义核心价值体系和社会主义核心价值观的研究相对较多地集中在理论研究层面和先进文化的层面,而顾及公民核心价值观的普遍性和大众化的研究相对较少,缺少在全社会有影响的、易于为普通公民所能接收和理解的公民核心价值观教育理论体系建构,理论上的欠缺导致了实践上难以奏效。

十多年来尤其是近五年来,国内学界的相关研究经历了由"公民价值观教育"到"公民核心价值观教育"的转变。随着文化交流和传播的日益迅速和广泛,以及提高国家文化软实力和建设文化强国问题在当今时代的逐渐凸显,以文化建设视角为切入点探讨公民核心价值观教育,从文化自觉、文化自信、文化自强的层次上来认识公民核心价值观教育的转向呼之欲出。因此从文化发展的视角探讨公民核心价值观教育的未来发展,必将成为公民核心价值观教育理论界的一大研究热点和趋势。

四、研究方法与基本思路

(一)研究方法

1.逻辑与历史相一致的方法

逻辑与历史相一致的研究方法是最基本的方法。在研究过程中通过梳理公民核心价值观教育的发展轨迹,揭示其内在的发展逻辑和规律性,探寻公民核心价值观教育的发展之道,既强调关注公民核心价值观教育和其他价值观、公民核心价值观教育内部各要素之间的辩证逻辑体系和关系,又要尊重公民核心价值观教育的客观实际。不仅在研究方法上,在研究内容上也体现出了逻辑与历史相统一的观点。

2.理论与实践、分析与综合相结合的方法

公民核心价值观教育本身是一个理论与实践密切结合的课题。研究中努力占有大量文献资料，包括从马克思、恩格斯、列宁、毛泽东、邓小平等的经典原著及改革开放以来的重要文献到中华民族传统文化资源和西方教育学、心理学等相关研究的理论成果，在大量文献占有的基础之上进行分析和综合。通过对文本的解读，分析公民核心价值观及其教育的内在逻辑和发展脉络，并结合现实实践，关注公民核心价值观教育实践的新变化，注重面向实践带来的新课题总结经验教训，探索其未来之路。

3.比较研究的方法

公民核心价值观教育面临复杂的一元指导思想与多元价值共存的关系。在处理这些关系的时候，采取了比较研究的方法。将公民核心价值观教育放置于历史的、动态的维度来研究。既有现实横切面上的中外核心价值观之比较，又有历史纵切面上的传统核心价值观与现代核心价值观之对照。在纵横比较中，拓展公民核心价值观教育的研究视野，并以此为基础积极进行借鉴与批判、继承与扬弃，尝试进行公民核心价值观教育有效实践路径的探索。

4.多学科综合的方法

本书立足于马克思主义立场，以马克思主义的思想政治教育学为指导，在马克思主义文化学的视野之下，兼顾理论研究与实践研究，集合和借鉴了哲学、心理学、教育学、传播学、接受学和社会学等多个学科和领域的相关研究成果，在研究方法上也尝试“中、西、马”相结合的角度开展研究，力图从多学科整合的意义上更加全面和科学地展开对公民核心价值观教育面临的新课题及实现路径的探讨。

（二）基本思路

本书从公民核心价值观教育的基本理论出发，分析解读了公民核心价值观教育的内涵、战略地位、马克思主义理论基础、传统文化资源和国外教育资源借鉴，进而整理综合了公民核心价值观教育的文化背景和发展现状，梳理和分析了公民核心价值观教育面临的机遇和挑战、取得的突出成绩及存在的主要问题。在以上研究基础上，最后落脚于对公民核心价值观教育的关系和原则、思路举措及主体诉求的剖析和探讨。

本书基本思路如下：

公民核心价值观教育及其战略地位（从理论和实践意义出发）——→公民核心价值观教育的马克思主义理论基础和思想资源（理论探讨）——→公民核心价值观教育的文化背景和发展现状（现实分析）——→公民核心价值观教育的现实探索：关系原则、主体建设和思路举措（理论与实践的结合）。

具体章节布局如下：

第一部分：基础问题研究（导论、第一章、第二章）。重点解读选题意义及相关的基本理论问题和资源。在这一板块的研究中，主要对公民核心价值观教育所涉及的一揽子基础性及前提性的关键问题、基本理论作出了说明和铺垫、分析与阐释。

第二部分：问题展开分析（第三章）。意在阐明公民核心价值观教育的文化背景和现状。在探讨了公民核心价值观面临的机遇和挑战的基础之上，有针对性地梳理、归纳了公民核心价值观教育取得的突出成绩、存在的主要问题及其成因，为解决问题奠定基础。

第三部分：问题解决思路（第四章、第五章、第六章）。探讨公民核心价值观教育发展和未来之路。本书不是定位于公民核心价值观教育体系的全面构建，而是就突出问题进行研究，主要涉及公民核心价值观教育的关系原则、主体建设、思路举措的问题。

第一章 公民核心价值观教育的基本内涵及战略地位

加强公民核心价值观教育，维护主导价值观成为我国当前一项日益严峻的任务。对公民核心价值观教育的基本内涵及其战略地位的认识是有效把握公民核心价值观教育的基本问题和基本前提。

第一节 公民核心价值观教育的基本内涵

很明显，我们研究公民核心价值观教育，必须要从价值观开始探讨。无论在日常生活中还是学术研究上，"价值"都是一个应用非常广泛的概念，价值问题也是贯穿人类生活始终的重要问题。

一、价值、价值观与核心价值观

（一）价值

在对文献梳理的过程中发现，概括起来看，无论是东方还是西方，关于价值(value)的概念我们大致可以从以下三个角度来分析。首先，从词源上来看，现代汉语中"价值"的使用范围经常和"意义"相当；英语中"价值"源于拉丁语 valere，有"是好的"之义，按照我们常规的理解，好的一般都为有用途的或积极的、正面的。Value 一词作为名词本身也具有"重要性""有用性”“益处”等含义，在人们日常生活中也常常会把一些值得肯定的事物称作为“有价值的”或是具有某种“价值”。如“古希腊三贤”之一，著名哲学家苏格拉底就曾经这样认为：“未经省察的人生是没有价值的，未经思考的生活是不完善的。”其次，作为一个学术概念，“价值”最初使用的范围是经济学领域。用作经济学术语的“价值”是与商品经济相联系的一个范畴。如恩格斯所言：“经济学所知道的唯一的价值就是商品的价值。”①而在学术概念上对经济学中“价值”概念的经典界定还是马克思在《资本论》里关于劳动价值理论中的论述，作为从商品交换中抽象出来的一个范畴，马克思这样看待价值，“现在我们来考察劳动产品剩下来的东西。它们剩下的只是同一的幽灵般的对象性，只是无差别的人类劳动的单纯凝结，即不管以哪种形式进行的人类劳动力耗费的单纯凝结。这些物现在只是表示，在它们的生产上耗费了人类劳动力，积累了人类劳动。这些物，作为它们共有的这个社会实体的结晶，就是价值——商品价值”②。“价值是凝结在商品中的无差别的一般人类劳动，即人类脑力与体力的耗费。价值是商品所特有的社会属性。”③作为商品二重属性之一，“价值”体现着商品生产者之间的社会关系，这一经典概念在政治经济学中得到广泛使用，现今大多数辞典中对于“价值”的词条中都收入有这一释义。第三种理解，也就是我们在本书中所重点使用的理解是哲学意义上的“价值”。18 世纪休谟和康德先提出了“价值判断”的说法，在 19 世纪末被新康德主义的巴登学派哲学家洛采（H·Lotze）、布尔查诺（B·Bolzano）、文德尔班（Windelband）等引入哲学。文德尔班建立了价值哲学，后来的人格主义学家舍勒（M·Scheler）进一步发展了价值理论。在 20 世纪西方哲学中，价值论成为极其受到重视的一门新兴

①　《马克思恩格斯选集》第三卷，人民出版社 2012 年版，第 694 页。

②　《马克思恩格斯选集》第二卷，人民出版社 2012 年版，第 98 页。

③　逄锦聚：《马克思主义基本原理概论》，高等教育出版社 2007 年版，第 125 页。

学科。[①] 许多学者和思想家对价值这一范畴的内涵、基础、本质及一般特征等基本问题进行了不同视角的深入研究，对价值的认识也在不断拓展，形成了林林总总的各类价值学说。因此，对于价值的一般概念，从不同的视角有不同的界定，对于价值的认识也不尽相同。

但是从总体上来说，对于哲学范畴的价值概念，作为对不同领域和形式的具体价值的一般抽象和概括，大多数研究都认可价值表达了一种客体对于满足主体需要的效用和意义。“所有研究价值问题的哲学家，不管怎样都通过‘意义’的概念确定价值范畴”，[②]马克思本身就把价值当作一种主客体间的关系，认为价值源自物对人的需要的满足关系，指出“价值这个普遍概念是从人们对待满足他们需要的外界物的关系中产生的”。[③] 也就是说，价值体现了在社会生产生活实践中，假设价值客体的这种意义或效用是有益的或积极的，那么我们就可以认为客体对主体是有价值的或者是具有正价值，反之就是没有价值的或者具有负价值。客体对于主体价值大小的评判也是恰恰在于这种意义对主体需要的满足程度之大小，而且客体对于主体需要的这种满足程度不是一成不变的，要受到主体需要和客体属性的制约。主体需要和客体属性会在不同的社会、历史、自然条件下发生变化或转移。因此，价值本身是一种多样性的关系范畴，同一主体在不同状态中的诉求和愿望是不一样的，同样在不同条件下针对不同的主体，同一客体的满足程度亦有差别。

（二）价值观

而价值观，简言之，就是关于价值的观念。再言之，就是人们关于事物对人的意义和功效的观念。具体来说从哲学、社会学、心理学、教育学等不同角度对价值观的含义有许多不同的解释。国外学者从心理学和教育学方

① 何新：《中国文化史新论》，黑龙江人民出版社1987年版，第27页。
② ［苏］斯托洛维奇：《审美价值的本质》，中国社会科学出版社1984年版，第60页。
③ 《马克思恩格斯全集》第十九卷，人民出版社2008年版，第406页。

面对此探讨比较多。无论是克拉克洪的“值得说”，加布里埃尔的“向导说”，罗克奇的“信仰说”，舒伯的“目标说”，施瓦茨的“标准说”还是国内学界认为的“心理倾向系统”或“思想观念总和”，总之价值观不是经验事实和科学判断，揭示的是一种意义关系。

也就是说，价值观首先是一种社会意识形式的存在，是一种“观念”，是包括思想、认识、看法在内的人们对客观事物的主观映像。这种主观映像既有具体的、片段的也包含狭义上抽象的、根本的映像综合体系，这种映像一旦形成则具有相对稳定性。其次，价值观有客观性。价值观所反映的是客观事物，是以社会客观存在和社会实践活动为基础的。“思想、观念、意识的生产最初是直接与人们的物质活动，与人们的物质交往，与现实生活的语言交织在一起的。人们的想象、思维、精神交往在这里还是人们物质行动的直接产物。……意识[dasBewuβtsein]在任何时候都只能是被意识到了的存在[dasbewuβte Sein]，而人们的存在就是他们的现实生活过程。如果在全部意识形态中，人们和他们的关系就像在照相机中一样是倒立成像的，那么这种现象也是从人们生活的历史过程中产生的，正如物体在视网膜上的倒影是直接从人们生活的生理过程中产生的一样。”①人们正是在具体的社会历史环境下和长期的社会生产生活实践过程中于内心形成了关于外部世界的观念系统。而且这种系统无论人们有没有觉察到它的存在，都会在人们的行为和思想中持续发挥作用。最后，价值观具有意义属性，它体现了一种判断标准。换言之，价值观揭示的是客观事物对于人的生存、发展和享受的价值及意义的反映，是现实生活中人们区分善恶美丑、好坏优劣、益损利弊、是非对错、荣辱得失、正义与邪恶、符合或违背自己意愿等的标准，体现的是主体对客体所趋或所避的一种态度和见解。同时，价值观所体现出来态度会自觉不自觉地引导人们的行为。

① 《马克思恩格斯选集》第一卷，人民出版社2012年版，第151页。

而对于价值观的构成上，依据不同的分类标准可以划分出不同类型的价值观。人类价值实践活动的多样性和复杂性决定了价值观是一个多样性和复杂性的综合体系。按照价值主体不同可分为个体价值观、群体价值观（包括社会价值观和类价值观），在内容上有政治价值观、经济价值观、文化价值观、生态价值观、宗教价值观、审美价值观等区分，不同时空里有传统价值观、当代价值观和外来价值观等。这些价值观在同一时空里交织共存，在五花八门的价值观里面，无论在哪一个时期、哪一个社会形态、哪一个地区和国家的价值观系统中，必然会有主流价值观和非主流价值观之分。主流价值观或主导价值观也就是核心价值观。

（三）核心价值观

"核心价值"（core value）并不是一个新鲜的概念，其最初应用范围非常广泛，在很多领域内都有所使用。相比较而言，最初在经济学、管理学中出现的频率非常高，尤其是在与企业文化相关的一些理论中更是常常被提及。1994年美国学者吉姆·柯林斯和杰里·波勒斯（Jim Collins & Jerry I. Porras）在企业管理专著《基业长青：企业永续经营的准则》中指出"核心价值"或"核心价值观"作为公司的"遗传密码"，是企业内部永恒的指导原则，是"组织长盛不衰的根本信条"，它不受流行趋势、市场行情、外界理性的影响，"不需要理性或外界的肯定，也不会随着当时的趋势和流行摇摆，甚至不会跟着市场情势的变化而改变"①。作为企业管理领域的"核心价值"在随后这些年里得到了人们越来越多的关注和运用。但是"核心价值"在道德领域中的运用却是另一番景象，其含义也稍有改变。20世纪80年代，品格教育论者首先使用了"核心价值"一词。基于道德相对主义和道德形式主义造成的价值观混乱，品格教育主张针对个人道德生活有必要传递社会

① [美]吉姆·柯林斯、杰里·波勒斯：《基业长青：企业永续经营的准则》，真如译，中信出版社2002年版，第240—241页。

公认的、基本的、普遍的价值观，即核心价值观。① 而我国国内，道德教育领域内“核心价值观”及相关概念成为“热词”并得到广泛研究主要还是兴起于党的十六届六中全会提出“社会主义核心价值体系”这一命题之后，这里的“核心价值”就是指的价值哲学里面的“核心价值”，即主导价值或主流价值。哲学意义上的“核心价值”对各种具体意义上的核心价值进行了一般的抽象和概括。

从以上对核心价值概念的分析我们可以看出，无论在哪一种范围内界定其含义，从本质上讲，核心价值体现的都是一种可以共同遵守的、内在的、基础的价值。因此，所谓核心价值观，就是指在一定的社会历史时期内，由统治阶级所倡导的决定社会意识性质的，能够为社会大多数成员认同与遵循的，涵盖社会发展、符合社会发展潮流的，在社会生活中处于主导和支配地位的，起着主要影响的价值观。

核心价值观与非核心价值观相比，具有典型的独特品格。

首先，核心价值观具有时代性和现实性。核心价值观作为社会的精神灵魂总是能够体现出某一具体历史时期社会发展的价值目标，表征着人们的实际需求和利益，反映他们主流的思想观念及价值取向状况，因而不同主体不同时空里的核心价值观是有所差别的。

其次，核心价值观具有相对恒定性。在同一历史时期、同一社会共同体内部核心价值观一旦形成并得到大多数社会成员的认可和遵循，作为价值观体系中最基本的价值观，它便相对固定而成为社会成员个人和共同体所长期秉承的处理各类价值问题时的核心理念和基本价值准则，可以也必须能够在较长的时期内发挥作用。

再次，核心价值观具有统领性。作为一个社会文化系统和思想体系的

① 冯建军：《差异与共生——多元文化下学生生活方式与价值观教育》，四川教育出版社 2010 年版，第 209 页。

内核，核心价值观是一个社会或共同体区别于其他“非我”之本质所在，在社会价值观体系中对其他非主流、非核心价值观起着统领和引导的作用，引领其他各类价值观和社会思潮的发展方向，决定着整个社会的价值导向。

最后，核心价值观具有普适性。核心价值观体现的是统治阶级的统治意志和利益需求，但是这种意志只有为广大社会成员所接受和认可才能变成现实。核心价值观如果不能表达大多数社会成员的利益和需求并且在社会成员中达成共识，是不可能成为全社会共同遵循的道德规范和价值准则的。若失去了感召力，其对多元价值观念的统领作用也就难以发挥。因此，核心价值观不能是一种“小众”的存在。

二、公民核心价值观教育

教育从它出现的那一刻起，就不可避免地包含着传输价值观的内容和作用。价值观教育也是任何历史时期都要面对的课题。从一定意义上来说，公民核心价值观教育是公民教育和价值观教育共同涉及的范畴。

价值观教育是一个与社会、文化、精神、美德等密切联系的概念。西方价值观教育研究和实践主要经历了从价值相对主义到核心价值观的过程。20 世纪 50 年代之后以价值相对主义为理论基础的价值澄清学派，不主张共同的价值观的指导，而是强调个体价值观的平等，认为价值观教育的主要任务和功能是加强道德选择能力的培养，帮助受教育者选择而不是向受教育者教授某种价值观。20 世纪 70 年代后期因共同价值观指导的缺失最终导致了道德价值的混乱，品格教育开始兴起。与价值澄清学派相反，品格教育学派认为普遍道德规范和多元价值观共同存在，并且强调一定的普遍共享的价值观存在的必要性，也就是认可这种起引导作用的核心价值观的存在。因此，品格教育的实质也就是核心价值观教育。而国内一直以来对于价值观教育和核心价值观教育的分歧不大，大都认可价值观教育是教育者引导受教育者确立正确价值观的一种教育过程或教育活动。相应地，核心价值观教育也就是依据一定社会发展的要求和人自身发展的需要，社会或共同体通过一定的教育手段和途径，对共同体成员有组织、有计划地开展一系列的教育和影响，提高教育客体的核心价值判断能力，培养教育客体的核心价值信念，确立符合本社会或共同体需要的、体现主流意识形态的价值观念的活动和过程。

“公民教育”是一个跨领域、跨学科的综合概念，源自古希腊，最早见于亚里士多德的《政治学》，柏拉图的《理想国》里面也有丰富的公民教育思想。19 世纪末，德国教育家凯兴斯 · 泰纳（Georg Kerchens Teiner）提出“公民教育”理论，指出教育的目的是教育有用的国家公民，要激发“公民责任感及对祖国的热爱”、培养学生的职业智能、养成公民应有的道德品质。最早实施公民教育的是法国，其公民教育也最具代表性。在 1789 年法国制宪会议通过的《人权与公民权宣言》中，以及在 1791 年颁布的第一部宪法中，都提出了公民教育的思想。同年颁布的《塔来朗法案》规定了学校应传授公民义务、法律及道德规范等公民教育的内容，规定“学校应向学生讲解公民应尽的共同义务，讲解每个公民必须了解的法律相道德行为规范”①。初期和早期的公民教育旨在培养公民义务，往往与爱国主义、品格教育等道德教育相结合。随着时代的发展，现代意义上的公民教育伴随现代民主政治诞生，自 19 世纪以来美国、法国等西方国家逐步在学校开设公民教育课程，此后公民教育几乎遍及现代世界各国。公民教育主要开展有关包括社会、政治、经济、文化、道德、环境等与社会公共生活相关内容的教育，用以培养公民良好的民主法治精神、道德人格和爱国情感。因此，公民教育广义上指的是国家对其公民进行的一种政治思想教育。我们在这里所讨论和使用的就是广义上的公民教育。显然，核心价值观教育也是公民教育中一项不可忽视的内容。

---

① 朱晓宏：《公民教育》，教育科学出版社 2003 年版，第 4—5 页。

毋庸置疑，所谓公民核心价值观教育，是指现代国家在一定时期内，依据国家治理的需要，对广大公民进行核心价值观教育，其目标是使公民形成对国家主流价值观念的认同，并最终树立与成为一个国家合格公民需要相符合的行为规范、理想信念、道德情操、价值取向等，进而内化为公民的内在价值观念。

第二节　公民核心价值观教育的战略地位

在社会发生多方面深刻变化、各种思想文化相互激荡、前所未有的机遇和挑战并存的新境遇下，积极推进公民核心价值观教育是适应社会转型需要而提出的迫切任务。新形势下公民核心价值观教育的创新与发展，具有极其重要的战略地位。

一、维护主流意识形态的主要阵地

引领社会思潮，维护主流意识形态是公民核心价值观教育的标志性意义。公民核心价值观教育是维护社会主流意识形态的主要阵地。意识形态是现代社会的重要政治现象，尤其是在当今文化全球化趋势中，更是不容忽视。亨廷顿曾经在《文明的冲突与世界秩序的重建》一书中谈到19世纪是民族国家的冲突，20世纪是意识形态的冲突，而21世纪则是文明的冲突。实际上文明的冲突背后最终还是意识形态和核心价值观的冲突。

意识形态从其历史形态上看有虚假意识、统治意识和革命意识三个层面的表现：[①]第一，虚假意识。虚假意识被看作是用来掩盖真相的纯辩护伎俩，它从根本上颠倒了社会存在和社会意识、生活和观念的关系，不是从现

① 侯惠勤：《马克思的意识形态批判与当代中国》，中国社会科学出版社2010年版，第236—238、298页。

实的生产、生活和实践出发，而是从幻想的观念出发，甚至以观念代替活生生的现实。这种颠倒性无疑含有价值判断上的否定意义，但是这里所说的“假”并不仅简单地等同于“错误的观念”。相反，意识形态的颠倒性根源于社会存在，故而对于其颠倒性的批判必然最终导致对于现实社会的实践的批判。亦正是在此意义上，马克思通过对德意志意识形态的批判揭示了现实资本主义社会的颠倒性。第二，统治意识。统治意识是指统治阶级的思想，即在一个时代占统治地位的统治阶级思想。意识形态本身不仅是现存经济关系在观念上的表现，而且是现存统治关系中的一个“制度化的思想体系”，这一体系作为价值系统发挥作用并引导人们认同现存社会制度，因此也就谈不上“虚假”与否了。作为统治阶级思想的意识形态，是一种较为客观的判断，不隐含任何价值上的否定意义。第三，革命意识。革命意识指的是任何一个革命阶级的借以冲破思想牢笼并上升为统治阶级的阶级意识，它是每一种革命得以成功的舆论基础。“因为每一个企图取代旧统治阶级的新阶级，为了达到自己的目的不得不把自己的利益说成是社会全体成员的共同利益，就是说，这在观念上的表达就是：赋予自己的思想以普遍性的形式，把它们描绘成唯一合乎理性的、有普遍意义的思想。”①“它之所以能这样做，是因为它的利益在开始时的确同其余一切非统治阶级的共同利益还有更多的联系，在当时存在的那些关系的压力下还不能够发展为特殊阶级的特殊利益。”②调整新生产方式之代表阶级的相应社会关系是任何革命意识形态的绝对要求。任何革命意识形态的强大力量总在于其广泛的群众基础，革命意识形态也因此越来越具有人类性和普遍性，其总体趋向是“劳动者的解放”和整个“人类解放”。一旦全人类普遍利益真正成为现实，意识形态的虚幻性也就不复存在了，由此，也就有了列宁“科学的意识形态”之说。

---

① 《马克思恩格斯文集》第一卷，人民出版社 2009 年版，第 552 页。

② 《马克思恩格斯文集》第一卷，人民出版社 2009 年版，第 552 页。

意识形态这三种基本含义也会随着社会的变迁而发生变化。某一特定阶级在其革命时期,其特殊的阶级利益在革命初始仍旧存在着与其他各非统治阶级共同的利益诉求,此时,这种表现为革命意识的意识形态便作为群众共同利益的代表而得到群众的拥护和支持。然而当这一阶级成功地上升为统治阶级之时,革命意识形态便转换为了统治意识形态。但由于剥削阶级自身的局限性,在上升为统治阶级之后,随着其特殊利益的不断扩展和蔓延,所谓的"社会普遍利益"并不能够真正代表大众利益,进而必然与社会中其他非统治阶级的利益形成巨大反差甚至尖锐对立,此时意识形态所维护的是一种过时的社会制度和反动的阶级利益,表现为一种"虚幻的观念体系",即由统治意识形态变为了虚假意识形态。虚假意识形态呼唤新的革命阶级的出现并通过批判改造现存的现实世界,将被颠倒的现实世界再颠倒过来,从而以体现新的革命阶级利益和诉求为特征的新的革命意识便应运而生,由此意识形态的革命进入了另外一个螺旋式上升的循环。

鉴于此,意识形态在社会历史视野中经历了这样的一个转换过程:先进的意识形态(革命意识)——客观的意识形态(统治意识)——落后的意识形态(虚假意识)——更先进的意识形态(新的革命意识)……在同一个循环中,三种不同形式的意识形态是同一阶级意识形态在不同历史发展阶段上的呈现。它们之间的共同点是"都作为社会某一时期的主流意识,都有相应的制度和阶级依托,都不仅仅通过观念、更通过主导的生产方式和生活方式向社会各个层面渗透,从而支配人们的思想、巩固自身的统治等"。[①] 从中我们不难看出意识形态的本质——一种支配性的阶级意识。意识形态的特点就在于它不是纯粹的主体意识,而是与具体历史实践相联系的历史主体意识,说到底就是阶级意识。意识形态所具有的支配力,其实就是统治

① 侯惠勤:《马克思的意识形态批判与当代中国》,中国社会科学出版社 2010 年版,第 54 页。

阶级实现社会统治的思想政治形式。①

由此我们不难看出,“意识形态工作是党的一项极端重要的工作”,“能否做好意识形态工作,事关党的前途命运,事关国家长治久安,事关民族凝聚力和向心力”。② 意识形态在人类社会任何时期都是存在的,意识形态的斗争一直也从未停止过,只不过是随着经济社会发展的需要而呈现出的适应性表现形式不同而已。尤其是在世界全球化大潮中,全方位的全球化往往使人们忽略了全球化的意识形态性。实际上,全球化不仅没有终结意识形态,反而给不同意识形态之间的斗争罩上了新的更加神秘的盖布,试图将其隐形。

意识形态的本质决定了它代表的是建立在不同经济基础之上的不同统治阶级的利益,因此从本源上,具体的意识形态本就应该是千差万别甚至是对立冲突的,这一点全球化和多元文化是消解不了的。不仅如此,在带给人们未曾有过的福祉的同时,全球化语境下多元文化的发展也带给了我们更加复杂的意识形态万象。当今全球化是西方主导的全球化,在输出资本、市场、技术等的同时也试图用西方意识形态和核心价值观同化世界,只不过这种价值观和意识形态的输出不是那么赤裸裸地强攻思想阵地。所谓的“终结”,无非只是换了一种形式,披上了文化的外衣而已。意识形态斗争的形式发生了新变化。不同于20世纪冷战时期东西方两大阵营“真刀明枪”的针锋相对,而是无声细流般的渗透。借助于各种主义、文化、生活方式的全球流动,把西方核心价值观经过“世界化”“全球化”“多元化”粉饰和包装,罩着多彩多元的文化外衣,在世界上招摇过市、迷惑大众,打着“普世价值”的幌子宣扬和美化西方资本主义的自由、民主、平等;在市场经济的掩盖之下输出“新自由主义”“现代主义”;假借“人权”的名义贩卖以个人主义为

① 侯惠勤:《马克思的意识形态批判与当代中国》,中国社会科学出版社2010年版,第39、49页。

② 《习近平在全国宣传思想工作会议的讲话》,《学习活页文选》2016年第41期。

核心的西方人本主义;炮制否定民族历史、主张抛弃民族传统而完全接受另一种文化系统或价值系统的“历史虚无主义”;鼓吹马克思主义是多元意识形态中的一元,社会主义国家意识形态应当多元化;鼓噪阻碍中国和平崛起的“中国威胁论”;各种形式的唱衰中国等。总之,以“普适性”的名义借助普世价值的外壳,制造出一系列全世界携手共进的意识形态幻象,其背后的实质则是虚假的意识形态,是颠倒了的意识形态,用幻想的观念代替了客观现实,充其量只不过是维护某些利益集团的利益或统治的工具而已。意识形态一旦蒙上了多元文化的浪漫主义色彩,其核心价值观和政治的辨识度就降低了。自社会主义诞生以来,与其根本对立的资本主义制度就从未放弃过在意识形态上的斗争与渗透,近年来更是借着全球化和文化多元化发展的东风,普世价值、新自由主义、历史虚无主义、民主社会主义、宪政民主等社会思潮你方唱罢我登场,致力于将其核心价值观散播于世界各地,占领文化话语体系的制高点,试图不断蚕食和包围社会主义意识形态的阵地。

另外,在这一过程中,其手段和途径也更加隐蔽、快捷和多样化。在全球化和多元文化的促动之下,世界范围内的交往增加。西方丰富多样的物质产品在全世界范围内流动,囊括了生产生活的多个方面,在这个过程中夹带着生活方式、生活习惯、消费文化也在全球得以传播并迅速扎根,如今我们随处可见的肯德基、麦当劳、可口可乐就是最直接的例子。相对物质层面,精神文化领域更具有隐蔽性和多样性,甚至是欺骗性,主要借助于文化消费、学术研究、宗教活动、民间交流、影视作品、信息技术等渠道,各种新媒体和传统媒体有效地承担了信息与价值观传输的任务,如美国好莱坞的电影,想尽一切办法“从出现在铁幕上的任何裂缝中培养自由的种子”,直接影响了世界话语体系和社会思潮,并试图将之变成为世界所认同的“被证明为正确的世界观、信念体系或信条”①。

---

① [美]丹尼尔·贝尔:《意识形态的终结》,张国清译,江苏人民出版社2002年版,第54页。

文化渗透、文化输出，更严重些或者说是文化霸权主义、文化侵略，这些仍旧是一些相对表层的现象，其最终的“司马昭之心”是对“文化”背后的社会主义意识形态的颠覆、“分化”和“全盘西化”。这个颠覆的突破点就是多元文化掩盖下的核心价值观，这使意识形态建设的灵魂和核心面临复杂而严峻的挑战。正如美国前总统尼克松在《1999 不战而胜》中声称的：“如果我们在意识形态斗争中打了败仗，我们所有的武器、条约、贸易、外援和文化关系都将毫无意义。”①对此，早在 20 世纪 80 年代邓小平就一针见血地指出：“可能是一个冷战结束了，另外两个冷战又已经开始。一个是针对整个南方、第三世界的，另一个是针对社会主义的。西方国家正在打一场没有硝烟的第三次世界大战。所谓没有硝烟，就是要社会主义国家和平演变。”②苏联给我们提供了前车之鉴，苏联试图用“新思维”和民主社会主义理论取代马克思主义，抛弃了社会主义意识形态，文化认同感的缺失最终蔓延到了政治认同感方面。在西方“以接触促演变”的攻势下，思想的接触“有朝一日将结出和平演变之果”③，整个国家的基石就会坍塌。

显然，在激流暗涌、复杂多变的意识形态攻势下，主流意识形态的地位必须要得到维护和巩固。价值观是意识形态的核心，要维护主流意识形态首先要维护对主流文化的认同感，而决定主流文化性质的是核心价值观。从整体意义上来说，社会思潮是具有可引领性的，多样化的社会思潮能够在主流意识形态引导和规范下，“朝着核心价值体系确立的方向转化和流变”④。对此，我们不妨也可以理解为公民核心价值观教育为意识形态立法。公民核心价值观教育本来就承担着维护意识形态的任务，广大公民是维护和践行社会主流意识形态的主体，在全球化及多元文化背景下面临复

① ［美］尼克松：《1999 不战而胜》，杨鲁军等译，中国人民大学出版社 1988 年版，第 114 页。
② 《邓小平文选》第三卷，人民出版社 1993 年版，第 344 页。
③ ［美］尼克松：《1999 不战而胜》，杨鲁军等译，中国人民大学出版社 1988 年版，第 18 页。
④ 梅荣政：《用马克思主义引领社会思潮》，武汉大学出版社 2008 年版，第 64 页。

杂多变的意识形态冲突和斗争，作为与统治阶级之占统治地位的意识形态相一致的价值观，公民核心价值观教育的意义也更具有现实性和战略高度。“培育和弘扬核心价值观，有效整合社会意识，是社会系统得以正常运转、社会秩序得以有效维护的重要途径，也是国家治理体系和治理能力的重要方面。历史和现实都表明，构建具有强大感召力的核心价值观，关系社会和谐稳定，关系国家长治久安。”①站在维护国家文化安全和主流意识形态的视角，加强公民核心价值观教育，充分发挥公民核心价值观引领社会思潮的积极作用，制约和规范意识形态的内容，凝聚意识形态力量，把握意识形态发展方向，是主动规避意识形态领域风险的必然要求和产物。

二、提升国家文化软实力的关键环节

表面上文化确乎很“软”，但却是一种不可忽略的伟力。研究多元文化，“文化软实力”是绕不开也不可能绕开的一个关键词。近年来，无论在世界上还是在中国，“软实力”是个热词。软实力不仅是学界研究的热点，更是世界各国制定文化战略和国家战略的一个重要参照系。“软实力”(soft power)是一个地地道道的舶来词，最早来自于美国全球战略问题研究专家、哈佛大学教授约瑟夫·奈(Joseph S.Nye Jr)。② 软实力是相对于硬实力而言的，除了经济、科技、军事领域体现出来的硬实力，一个国家的综合国力还包括因文化、价值观等吸引力表现出来的软实力。“如果一个国家可

① 习近平:《在中央政治局第十三次集体学习时的讲话》，《人民日报》2014年2月24日。

② 由于power一词兼有实力、力量、权力、势力等含义，因此也常被翻译成为“软权力”“软力量”“软权势”等，如郑永年、庞中英就更倾向于译为“软力量”。本书中笔者采用了比较普遍的“软实力”的译法。另外，关于这一概念提出的时间，学界大多都以著作发表时间，即1990年为准，但由于《注定领导:美国权力性质的变迁》一书撰写于1989年，因此有学者如童世骏也主张其提出时间为1989年，详见《文化软实力》(童世骏著，重庆出版社2008年版，第8页)。此后，约瑟夫·奈又陆续在《硬实力、软实力》《美国实力悖论:为什么世界唯一超级大国无法独步天下》《软实力:世界政坛成功之道》等著作中陆续阐述了“软实力”的理论，2006年在《波士顿环球报》上谈到“巧实力”为将硬实力和软实力结合起来实现战略制胜的方式。

以使其权力被他国视为合法，则它将遭受更少对其所期望的目标的抵制。如果其文化与意识形态有吸引力，其他国家将更愿意追随其后。如果该国能够建立与其社会相一致的国际规范，则它无需被迫改变。如果该国支持使得他国按照主导国家的预期采取行动或限制自身行为的制度，它可能无需以高昂代价运用强制性权力或硬权力。”①对此，奈列举了许多美国的例子来说明软实力的一个源泉是其价值观念，如“好莱坞、有线电视网和互联网的影响无所不在。美国的电影和电视节目宣传自由、个人主义和变革（还有性和暴力）。笼统地说，美国文化的全球影响力有助于增强我们的软权力——即我们的文化和意识形态的号召力”。② 美国《新共和》杂志特别记者、卡内基国际和平基金会特约研究员约书亚·科兰兹克（Joshua Kurlantzick）在《中国的魅力攻势：中国的软实力如何改变世界》③中认为软实力依靠的是外交、贸易、文化和教育交流等各类的方法。在这个基础上，我们深入分析一下便不难发现，不管是奈还是约书亚对软实力的界定，除了文化本身之外，无论是政治价值观还是外交政策、教育交流等等都是与文化密切关联，都与核心价值观分不开。软实力更多意义上是指涉的文化软实力——一种通过文化本身而非“大棒”式的强迫或“胡萝卜”式的收买等方式来吸引他人或他国的力量。这种力量诉求的是“文化和观念”，是用塑造人的价值取向和构建核心价值观认同来达己所愿。

文化软实力作为社会重要精神支柱的作用在推进社会发展历程中愈来愈受到重视。文化作为软实力在现代社会中的作用愈加彰显并不是一种简

---

① ［美］约瑟夫·奈：《硬权力与软权力》，门洪华译，北京大学出版社 2005 年版，第 107 页。

② ［美］约瑟夫·奈：《美国霸权的困惑：为什么美国不能独断专行》，郑志国、何向东、杨德、唐建文译，世界知识出版社 2002 年版，第 5 页。

③ *Charm Offensive: How China's Soft Power Is Transforming the World.* Joshua. Yale University Press, 2007. 该书中文版于 2014 年 6 月出版（《中国的魅力攻势：中国的软实力如何改变世界》，［美］约书亚·科兰兹克著，陈平译，中央编译出版社 2014 年版）。作者约书亚·科兰兹克，美国《新共和》杂志特别记者，《美国新闻和世界报道》和《经济学家》杂志的特约记者，美国卡内基国际和平基金会特约研究员，其作品经常出现在《外交事务》《纽约时代周刊》等许多出版物中。

单的潮流，它有着深刻历史渊源和现实必然性。人类社会是一个由政治、经济、文化等多个方面构成的发展系统，在这个系统里面的任何一个组成部分都相辅相成、相互影响，没有哪一个可以独自存在。文化作为这个系统里面的一个重要因素，当然也不例外。文化实践是人类社会实践的一部分，文化软实力作为人类社会实践活动中客观存在的建立在物质生产实践基础上的一种特殊力量而存在。文化力量的发挥不仅丰富社会生活，而且也会创造出与政治、经济等不同的新的发展促动力。“一定的文化（当作观念形态的文化）是一定社会的政治和经济的反映，又给予伟大影响和作用于一定社会的政治和经济。”①一方面这种力量直接参与了物质生产的过程，人们的思想观念、智慧情感、价值取向凝结物化成物质成果；另一方面，这种力量本身是以一定社会生产方式为基础的社会精神的生产过程，实践主体的核心价值观通过社会实践而对象化，在这个过程中创造出丰富的精神产品，价值观以文化的形式为载体而存在并且对实践客体发挥着非强制性作用。文化软实力就是在这种以社会生产为基础的主客体的相互作用过程中产生并存在的。所以马克思说“在一个超越于利益的分裂（正如同在经济学家那里利益是分裂的一样）的合理制度下，精神要素当然就会列入生产要素中，并且会在政治经济学的生产费用项目中找到自己的地位”②。在社会实践领域，文化的本质是一种创造价值的价值实践活动。文化软实力本质上就是以核心价值观为核心的精神生产力。以价值观为核心的文化通过伦理规范、思维方式、风俗习惯以及思想观念等要素在影响精神生产及其产品的同时影响社会实践的主体及其对物质生产要素的作用，为其提供精神动力、智力支持和思想保证，进而影响社会的发展和建构并且在其中占有一席之地。此正谓马克思在《思想如何变成物质的力量？》中所说的：“理论一经掌握群

① 《毛泽东选集》第二卷，人民出版社 1991 年版，第 663 页。
② 《马克思恩格斯全集》第一卷，人民出版社 1956 年版，第 607 页。

众,也会变成物质力量。”①

随着多元文化态势在全球的进一步展开,文化成为综合国力的一部分是历史发展到一定阶段的必然产物,是人类文明进步的体现。国家之间由原始的武力和物质力量的博弈逐步转移到文明程度较高的思想文化的博弈上来,文化软实力在综合国力中所占的份额越来越高。文化不是孤立存在的一个社会领域,随着人类社会实践深度和广度的增加,文化与政治、经济等其他社会领域之间的互动和交融也越来越多,文化领域的科技创新、制度创新、理论创新等成为推动社会综合发展的重要力量,而且文化本身力量的发挥也是衡量一个国家力量的重要标志,成为各国博弈新的主战场。尤其是在多元文化背景下,世界历史已经不仅仅是“战争是政治的继续”②,而是“文化是战争的继续”。文化多元的世界里,单纯依靠政治或军事已经很难完全保障各共同体在世界秩序中主导地位的任务,文化战略成为实现国家利益的有效途径。另外,就人类的整体需求来说,伴随时代进步及生产力的日渐提高,低层次的物质需求已经不能够满足现代人的需要,精神文化的高层次需求成为新趋势。因而,在各种不同的文化样式中如何发挥本民族文化的内在驱动力和外在吸引力成为制胜的关键因素。当今时代,文化在综合国力竞争中的地位日益重要。谁占据了文化发展的制高点,谁就能够更好地在激烈的国际竞争中掌握主动权。在建党95周年庆祝大会的重要讲话中,习近平更是指出“文化自信,是更基础、更广泛、更深厚的自信”③。在山东曲阜考察孔府和孔子研究院时,习近平也强调“一个国家、一个民族的强盛,总是以文化兴盛为支撑的,中华民族伟大复兴需要以中华文化发展繁荣为条件”④。

---

① 《马克思恩格斯选集》第一卷,人民出版社2012年版,第9页。

② 《列宁选集》第二卷,人民出版社2012年版,第737页。

③ 习近平:《在庆祝中国共产党成立95周年大会上的讲话》,人民出版社2016年版,第13页。

④ 《习近平在山东考察时强调:认真贯彻党的十八届三中全会精神　汇聚起全面深化改革的强大正能量》,《人民日报》2013年11月29日。

考量文化软实力之间较量结果的是认同。这种认同的根本是对凝结于文化中的核心价值观的认可和接纳。文化的力量本质上是核心价值观的凝聚力、感召力和辐射力。核心价值观是文化软实力中的深层次要素和力量，左右着文化软实力的性质。多元文化背景下文化软实力的博弈归根结底是不同文化样式下的核心价值观的博弈，而能否构建起高认同度的核心价值观则是衡量文化软实力的根本标准。“核心价值观是文化软实力的灵魂、文化软实力建设的重点。这是决定文化性质和方向的最深层次要素。一个国家的文化软实力，从根本上说，取决于其核心价值观的生命力、凝聚力、感召力。”①文化软实力是现代化治国理政的重要方面，“推进国家治理体系和治理能力现代化，要大力培育和弘扬社会主义核心价值体系和核心价值观，加快构建充分反映中国特色、民族特性、时代特征的价值体系”。② 提高国家文化软实力，要努力夯实国家文化软实力的根基，要“深入开展社会主义核心价值体系学习教育，广泛开展理想信念教育，大力弘扬民族精神和时代精神”③。因此，加强公民核心价值观教育，培育公民核心价值观，构建社会核心价值体系，形成涵盖不同利益和阶层的全体公民的共同价值追求，是提升国家文化软实力的关键环节和路径。公民核心价值观教育实质上就是一个通过其导向、激励、规范、整合等功能在全体公民中间将核心价值观“内化于心，外践于行”的过程，以增强对异质文化的吸引力和辐射力，从而秀于多样文化之林并建立起与真正大国崛起之物质条件相匹配的文化基础。“没有文化的军队是愚蠢的军队，而愚蠢的军队是不能战胜敌人的。”④一个

---

① 《习近平在中央政治局第十三次集体学习时强调：把培育和弘扬社会主义核心价值观作为凝魂聚气强基固本的基础工程》，《人民日报》2014 年 2 月 26 日。

② 《习近平在省部级主要领导干部学习贯彻十八届三中全会精神全面深化改革专题研讨班开班式上发表重要讲话强调：完善和发展中国特色社会主义制度　推进国家治理体系和治理能力现代化》，《人民日报》2014 年 2 月 18 日。

③ 习近平：《建设社会主义文化强国　着力提高国家文化软实力》，《光明日报》2014 年 1 月 1 日。

④ 《毛泽东选集》第三卷，人民出版社 1991 年版，第 1011 页。

国家、民族或其他的共同体,其人口和面积的扩张只能说明“大”,经济实力的增长只能说明“富”,要想“强”必须充分发挥核心价值观这一最根本和最难以替代的力量的作用。“提高国家文化软实力,必须努力传播当代中国价值观念。当代中国价值观念,就是中国特色社会主义价值观念,代表了中国先进文化的前进方向。”①公民核心价值观教育则是抛弃“卑谦的强权”,建设文化强国,不战而屈人之兵的保证。

三、塑造民族精神家园的客观需求

既然提到精神家园,那么我们需要首先厘清何谓“精神”。精神是与物质相对的思维、意志、观念等。② 精神和人类的意义世界密切关联。无论是否意识到,无论是建立还是破坏,人类的存在总是和意义世界纠缠在一起。人类是在这种对“灵魂对外部世界的关系”的思考中即精神世界中去探寻人类存在的根本意义,获得对个体生命和世界的完整把握。而“家园”直观意义上是和“归宿”联系在一起的,深层次引申为认同感或思想上的一致性。对意义的追寻过程便是寻找精神家园的过程。综合起来看,精神家园指征的是文化共同体或个人在文化认同基础上经过长期积淀而确立的由不同层次的精神要素联结而成的价值观念系统,是精神主体得以安身立命的文化世界、价值世界、意义世界的总和。就民族共同体而言,精神家园是民族共同体的精神支柱,是建立在共同体成员对民族文化的认同并以之为精

---

① 习近平:《青年要自觉践行社会主义核心价值观——在北京大学师生座谈会上的讲话》,《人民日报》2014 年 5 月 5 日。

② 精神有多种不同的含义。我们在这里主要研究哲学意义上的精神。《马克思主义哲学大辞典》中把精神界定为与“物质”相对的“人类的一切精神现象,包括思维、意志、情感等有意识的方面,也包括人的一般心理活动等无意识的方面”(引自金炳华:《马克思主义哲学大辞典》,上海辞书出版社 2003 年版,第 188 页)。《新编思想政治工作辞典》则更为具体地列举了属于精神范畴的内容:人们在实践基础上产生的认识、思想、观点、理论、路线、方针、政策、计划、办法、人生观、世界观、社会意识形态等都属于精神范畴,日常生活中讲的目的、动机、意志、理想、信念、传统、风尚、文化等也是精神的东西(引自:徐永利主编:《新编思想政治工作词典》,中国经济出版社 1990 年版,第 681 页)。

神归宿和心灵寄托的基础之上。

对精神家园的追寻是人类不朽的人生哲学命题。马克思指出,“人双重地存在着:主观上作为他自身而存在着,客观上又存在于自己生存的这些自然无机条件之中”。[①] 公民个人作为一种有意识的存在,不仅需要一个客观存在的生存空间和物质上丰富性的需求,更需要一种精神意义上的空间和家园。而对于一个民族,“不仅要在物质上强大起来,而且要在精神上强大起来”[②]。无科技不足以强国,无精神则足以亡种。张岱年在《爱国主义与民族精神》一书中一语中的地点明了精神家园对共同体的意义:“在历史上,民族精神得到发扬的时代就是治世或盛世;民族精神因种种原因而不能发扬的时代就是乱世或衰世。”国学大师钱穆之子钱逊先生在谈到中华民族的精神家园的时候指出,“民族精神不只是抽象的,只存在于文献中的,而是贯穿于我们民族整个历史发展过程之中,渗透到我们社会生活的一切方面;它是支持我们民族克服无数艰难险阻,屹立于世界民族之林的精神力量,是世代中国人安身立命的精神支柱”。[③] 对于这种精神的来源,钱逊先生随后给出了答案——“这种精神从何而来?就在中华文化。它就源于中华文化所追求的核心价值”[④]。“在5000多年文明发展中孕育的中华优秀传统文化,在党和人民伟大斗争中孕育的革命文化和社会主义先进文化,积淀着中华民族最深层的精神追求,代表着中华民族独特的精神标识。我们要弘扬社会主义核心价值观,弘扬以爱国主义为核心的民族精神和以改革创新为核心的时代精神,不断增强全国各族人民的精神力量。”[⑤]

---

① 《马克思恩格斯全集》第四十六卷,人民出版社1979年版,第491页。

② 习近平:《在同全国劳动模范代表座谈时的讲话》,《人民日报》2013年4月28日。

③ 钱逊:《弘扬儒学核心价值,培育民族精神》,《国际儒学研究》第十六辑,九州出版社2008年版,第74页。

④ 钱逊:《弘扬儒学核心价值,培育民族精神》,《国际儒学研究》第十六辑,九州出版社2008年版,第74页。

⑤ 习近平:《在庆祝中国共产党成立95周年大会上的讲话》,人民出版社2016年版,第13页。

民族的存在不单纯是生物学意义上物种的繁衍，使之得以存续和传承的内在动因和标志是得到认同的民族文化。这里面包含了民族共同体可持续发展的文化 DNA——共同尊崇和追求的核心价值观，这是共同体文化自信的前提和基础。人类的精神世界是客观多样的，不同的族群在发展过程中都形成了各具特色的以核心价值观为核心的民族价值观和民族精神。对此，马克思生动地描述道："你们赞美大自然令人赏心悦目的千姿百态和无穷无尽的丰富宝藏，你们并不要求玫瑰花散发出和紫罗兰一样的芳香，但你们为什么却要求世界上最丰富的东西——精神只能有一种存在形式呢？"①不仅如此，当今时代鲜明的文化多元化特征，也从外部增加了不同民族精神的差异性和多样性。在我们可以预见的将来，带给我们的将会是一个精神家园亦是"多元化"的世界，每一个共同体都不得不在里面找到自身精神的栖居地。

每个共同体的精神家园都既不是与世隔绝的世外桃源，也不是一片永久和谐的交响篇章，这里面有交流交融也有胶着和交锋。一方面，人类社会的发展演进是一个从蒙昧到文明不断进步的过程，在这个过程里人们逐渐摆脱原始的生物性特征，对精神生活的需求越来越高。人类越是往文明前进一步，对物的绝对依赖性就越小，相应地就越多地需要精神的支撑。物质世界的迅猛发展在彰显了工具理性的同时，也对人的全面发展和人类精神世界提出了新的要求，呼吁价值理性、人文精神的张扬。另一方面，随着全球化推动下的文化多元化进一步向纵深发展，无论在文化共同体之间还是其内部，精神生活的形势复杂而多变，机遇与挑战并存。在以上各种因素的影响下，共同体精神家园的建设极易出现混乱和迷失的局面，从而影响人们共同的理想、信念和精神凝聚力。如涂尔干所言："如果社会缺乏统一性……那么社会只不过是一盘散沙而已，一丝震动或一阵微风就足以使它

① 《马克思恩格斯全集》第一卷，人民出版社 1995 年版，第 111 页。

烟消云散。因此,在现有的条件下,首先我们必须努力取得对共同理想的信念。"①而其根本解决之道便是树立共同的价值目标。

"梨虽无主,我心有主。"王国维也曾说过,"人之心力不寄于此则寄于彼,不寄于高尚之嗜好,则卑劣之嗜好所不能免矣"。② 任何一个个人或共同体,要想拥有真正得以安身立命的精神家园,做到有"主"和"高尚之嗜好",就必须要认同并接受核心价值体系的调控,也就是一个开展核心价值观教育的过程。公民核心价值观教育之于塑造民族的精神家园不仅必然,而且可行。我们常说思想政治教育是经济工作和其他一切工作的生命线,而公民核心价值观教育则是思想政治教育这一生命线的生命线,是"团结全党和全国各族人民实现党和国家的各项任务的中心环节"。建构信仰体系,塑造人的精神家园是公民核心价值观教育的终极使命和主要功能。

具体说来,体现在以下方面:首先,一个国家或民族的核心价值观是一个国家的精神支柱与民族的象征,是民族认同、民族识别的一个重要内涵。正如习近平所说:"人类社会发展的历史表明,对一个民族、一个国家来说,最持久、最深层的力量是全社会共同认可的核心价值观。""核心价值观,承载着一个民族、一个国家的精神追求,体现着一个社会评判是非曲直的价值标准。"③核心价值观本身就包含着共同体精神家园的核心内容,是共同体精神家园的直接源泉,积极开展公民核心价值观教育也就是最直接的建构民族精神家园的过程。其次,公民核心价值观教育可以起到对精神家园内部黏合剂作用。公民核心价值观教育通过对核心价值观和价值体系的引导与规范、塑造与培养使广大公民在一个文化生态复杂多样、多元价值差异共存、精神需求千姿百态的内外环境下,认同、尊崇和追随民族价值观和民族

---

① [法]涂尔干:《道德教育》,陈光金等译,上海人民出版社 2001 年版,第 102 页。

② 王国维:《王国维文集》,北京燕山出版社 1997 年版,第 261 页。

③ 习近平:《青年要自觉践行社会主义核心价值观——在北京大学师生座谈会上的讲话》,《人民日报》2014 年 5 月 5 日。

精神,在共同体内部形成具有共同利益的价值目标,并内化为理想信念、固化为风俗习惯和道德规范、外化为行为方式等,为其提供具有导向性、规范性的价值体系支撑,建立起精神家园的认同基础和归属感;使其既能对内增加聚合力,又能对外提升感召力。最后,公民核心价值观教育是塑造共同精神家园的调节器。荣格说,“一个由扭曲的个人组成的社会群体显然不可能是一个健全的有生命力的社会组织;只有一个既能保持其内在凝聚力和集体价值,同时又为个人提供了最大限度的自由可能的社会,才能有望具有持久的生命活力”。[①] 公民核心价值观教育通过激励与整合、疏导与调适等功能来调节和保障精神家园建设,从根本上解决当代社会在价值层面上的公民自我意识和整体性精神归属间的张力问题,帮助公民形成正确的理想信仰和价值观念并以此来凝聚社会,激发公民个体的自动力,确立其内在的自我价值选择及教育之动力机制,从而构建和谐的精神家园。

公民核心价值观教育是文化认同的根本方式。一个社会是否和谐,一个国家能否实现长治久安,没有共同的理想信念,没有良好的道德规范,是无法实现社会和谐的。公民核心价值观教育通过以核心价值观为基础的内在认同力的塑造来提升文化的向心力和吸引力,保持共同体文化在世界多元文明中的独立性和自主性,树立高度的文化自觉、文化自信、文化自强。总言之,在文化和价值观念多样化的背景下,公民核心价值观教育承担的是精神家园里园丁的角色,是提升社会公民的精神境界、构建个体及共同体精神家园的重要途径。弘扬中华文化,建设中华民族共有精神家园,这正是新的历史条件下文化自觉的体现,是走向文化自信和文化自强的前提和基础。

四、协调推进“四个全面”战略布局的内在要求和价值基础

全面建成小康社会、全面深化改革、全面依法治国、全面从严治党的战

① [瑞士]荣格:《荣格文集》,冯川、苏克译,改革出版社 1997 年版,第 504 页。

略布局立足于复杂国际国内形势下我国治国理政的具体实际，是主动解决当前社会发展中突出矛盾和问题的现实需要。“四个全面”层层递进，构成了一个包含“目标系统、动力系统、保障系统、调控系统”在内的相互渗透、相互关联的有机的过程的集合体。① “四个全面”是新常态下中国破解发展难题，“应对艰与险”“把握时与势”的指导原则和战略引领，协调推进“四个全面”是实现“两个一百年”奋斗目标和中华民族伟大复兴中国梦的战略指引，是实现国家治理能力现代化的有效途径。

对协调推进“四个全面”战略布局从哲学视野上的把握要求我们用辩证唯物主义的思维来看待“四个全面”之间以及它们内部之间的关系。公民核心价值观教育在这一系列关系中具有重要的战略地位。公民核心价值观教育与“四个全面”的战略布局在逻辑上和实践上是一致的，是协调推进“四个全面”战略布局的内在要求和价值基础。

一方面，公民核心价值观教育是协调推进“四个全面”战略布局的内在要求。无论是从“四个全面”整体的意义上来说还是单独来看，公民核心价值观教育都是贯穿其中的重要组成部分和题中之义。我们可以从两个层面上来做出阐释。

从国家发展长远和全局的层面来看，“两个一百年”的奋斗目标和中国梦的实现不能仅仅是物质财富的积累和增长，而是也要有社会成员精神生活水平方面量的丰富和质的提高；不仅要建立起制度、理论和道路三个方面自信，更要建立起文化自信这一支撑和基础。核心价值观自信下的主流意识形态自信恰恰就是社会精神文明和文化自信的灵魂和精髓。而且核心价值观在国家和社会层面所体现出来的价值诉求也正是与“两个一百年”奋斗目标和中国梦的实践追求相呼应和相一致，同时“两个一百年”和中国梦的实现和国家治理的现代化也是由无数个“爱岗、敬业、诚信、友善”的合格

① 曲青山：《从哲学高度认识和把握“四个全面”》，《光明日报》2015年4月1日。

公民的共同奋斗来完成的。广大公民个体价值世界的塑造是社会整体核心价值观培育的前提和根本。因此,公民核心价值观教育也是实现“四个全面”总体目标的必经之路。

从“四个全面”具体的战略要求层面来说,培育公民核心价值观是每一个“全面”都蕴含的重要内容。一是关于全面建成小康。全面小康之所以区别于总体小康,就在于其全面性,要求促进现代化建设各个方面、各个环节相协调,文化的大发展大繁荣是其中一个与其他各个方面相互协调的重要组成部分。社会主义核心价值体系深入人心,公民文明素质和社会文明程度明显提高是全面小康社会关于“文化软实力显著增强”的首要要求。核心价值观是文化建设的核心部分,公民核心价值观的教育状态决定着文化发展和建设的性质、方向和程度。同时全面建成小康的目标也包含着公民在国家和社会层面的价值诉求。二是关于全面深化改革。进入攻坚期和深水区的改革,“是各领域改革和改进的联动和集成”,文化领域的改革是“五位一体”布局不可或缺的一部分。改革必须解决好核心价值观问题。冲破思想观念障碍,充分发挥文化的作用构建起我们特有的价值体系、坚守核心价值观、树立良好的社会风气是现代化社会治理体系的一个重要内容。同样,广大公民遵纪守法、勤勉工作、爱岗敬业,方能肩负起推进全面改革前行的责任。三是关于全面依法治国。促进社会公平正义、法治,是全面依法治国的核心价值追求,“坚持法治国家、法治政府、法治社会一体建设”,①必须要大力促进国家法律体系、体制的完善,用法治思维、法治方式开展各项工作,增强广大公民的法治意识和能力。因此,全面依法治国不仅契合了核心价值观的社会层面,也包含了对广大公民个体核心价值观方面的要求。四是关于全面从严治党。全面从严治党,包含内在和外在两个方面的因素和要求,除去建立和完善制度治党的外在约束机制之外,还要加强思想建

① 习近平:《关于〈中共中央关于全面推进依法治国若干重大问题的决定〉的说明》,《人民日报》2014 年 10 月 29 日。

党，两者同时、同向、同力贯穿于全面从严治党的全过程，内在的精神追求是破除沉疴积弊的根本良药。因此，加强对共产党人的核心价值观教育，做好党内意识形态工作，树立起坚定的理想信念和正确的价值观念是全面从严治党的题中应有之义。

另一方面，公民核心价值观教育同时又是协调推进"四个全面"的价值基础。协调推进"四个全面"的战略任务艰巨而繁重，新的历史特点下面临着许多前所未有的新境遇、新挑战和新问题，经济下行压力增大，思想文化多种思潮鱼龙混杂。要突破藩篱、跨越障碍、破解难题，不断在实践探索中处理好一系列复杂关系，保持改革发展过程中的精神独立性，必须通过公民核心价值观教育这一价值基础"培育发展动力，激发社会活力，凝聚社会合力"①。

公民核心价值观教育为协调推进"四个全面"提供了积极的价值认同。社会思潮、价值判断、利益诉求的多样化已经成为"四个全面"进程当中的新常态，随着"四个全面"的不断展开和协同推进，一方面各种突出社会矛盾急需解决；另一方面，道德多元主义、民主社会主义、去社会主义化、去共产党化等异端思潮不可避免地会发出各种声音，尤其是随着经济体制改革深入和依宪治国的提出，"新自由主义"和各种形式的宪政观等思潮以不同的形式沉渣泛起，是我们需要切实预防的"西方分化陷阱"。

加强公民核心价值观教育，抓住价值体系的制高点，将治国理政置于核心价值观的统摄之下，积极寻求社会共识的最大公约数，为"四个全面"提供了最基本的价值遵循和价值尺度，有助于确立合理的价值秩序、形成有效价值认同、增强公众的凝聚力，是把广大公民的思想和行动凝聚到"四个全面"上来，预防颠覆性错误的出现的价值基础。从而确保正确、准确、有序、稳妥地推进改革，提升社会或者国家等共同体的文化治理能力，实现社会治

① 习近平：《在福建调研时的讲话(2014年11月1日—2日)》，《人民日报》2014年11月3日。

理能力与公民的价值观水平同步发展。“人民有信仰、民族有希望、国家有力量”，[①]方能够真正实现全面谋小康之业、扬改革之帆、行法治之道、筑执政之基。

① 习近平:《人民有信仰民族有希望国家有力量　锲而不舍抓好社会主义精神文明建设》,《人民日报》2015 年 3 月 1 日。

第二章　公民核心价值观教育的理论基础及思想资源

任何一种思想、理念的产生发展都不是空穴来风，其产生和发展都扎根于深厚的哲学底蕴。“哲学是关于认识的认识，关于思想的思想”①，我们要从哲学意义上去寻找公民核心价值观教育的理论基础和现实出发点。公民核心价值观教育的实践必须立足于一定的理论基础和思想资源，从马克思主义理论基础、传统文化资源和国外教育理论资源多方面的综合审视对于正确认识公民核心价值观教育的理论内部架构和实践理路具有关键和基础性意义。

第一节　公民核心价值观教育的马克思主义理论基础

马克思主义哲学是被证明了的正确的、科学的世界观和方法论，从马克思主义哲学视野对公民核心价值观教育的哲学基础及现实出发点进行全面分析和把握，是科学理解公民核心价值观教育的基础。因此，公民核心价值观教育的理论与实践离不开马克思主义哲学的指导。马克思主义哲学是公民核心价值观教育的理论之源，辩证唯物主义和历史唯物主义对公民核心

① 张楚廷：《高等教育哲学》，湖南教育出版社2004年版，第4页。

价值观教育完整体系的形成做了充分的理论奠基，为公民核心价值观教育提供了正确的世界观和方法论，是公民核心价值观教育思想发展、完善的灵魂。

一、辩证唯物主义基础

在马克思主义理论体系中，唯物主义和辩证法互相渗透密不可分。辩证唯物主义是把唯物主义和辩证法有机地统一起来的科学世界观和逻辑理论思维形式，是建立在“世界的真正的统一性在于它的物质性”①基础之上的人类认识发展史的科学总结和最完整深刻而无片面性弊病的关于发展的学说，既是彻底的唯物主义，又是彻底的辩证法，是人们科学认识世界和改造世界的强大思想武器。

自诞生之日起，人类就一刻也未停止过对自身及客观世界的探索和认识。认识论是从总体上探讨人们认识的来源、结构、发展规律和过程以及认识的本质的哲学原理，同时也是人类认识客观世界的成果之一。辩证唯物主义认识论是科学的认识论，其理论前提是辩证唯物主义的可知论，承认客观存在及其规律是可以认识和反映的，从实践出发来反观和理解客观存在并且将辩证法引入其中，合理阐释了人们认识的过程及规律。总的来说，辩证唯物主义认识论同其他认识论一样仍旧是着眼于思维与存在来解决人与客观世界的关系问题，以此为发端，形成了一系列的观点，具体来看：首先，实践的观点是整个辩证唯物主义认识论的基础和首要观点。它主张实践是社会赖以存续的基石，尤其是物质生产实践决定了包括观念体系在内的全部社会领域，一切观念的活动都能够在实践中找到其终极根源。就像在《神圣家族》中马克思、恩格斯指出的那样：“思想本身根本不能实现什么东西。思想要得到实现，就要有使用实践力量的人。”②以实践为中介和基础，

① 《马克思恩格斯选集》第三卷，人民出版社2012年版，第419页。
② 《马克思恩格斯文集》第一卷，人民出版社2009年版，第320页。

人与客观世界形成了认识和改造的实践关系，实践决定了认识的发生和发展全过程。其次，认识对实践具有反作用。人的认识一旦产生，便具有相对独立性，认识主体对于客体的这种反映是一个以实践为中介而实现的能动的创造性过程，毛泽东将其称之为“自觉能动性”[①]。作为一种有特定目的追求的活动，这种创造性活动是人类有计划、有预见的能动性活动，时时处处都有人类意志的烙印。“人是唯一能够挣脱纯粹动物状态的动物——他的正常状态是一种同他的意识相适应的状态”，[②]因此人们在尊重客观规律的基础上“通过实践创造对象世界，改造无机界，人证明自己是有意识的类存在物”[③]。最后，实践与认识两者的相互作用最明显的体现在理论这一认识的高级形式与实践的辩证统一上面。认识主体常常要经过多次“实践——认识——实践”的反复才能实现，这是一个在实践基础上认识由低级到高级的无限发展过程。在这个过程里，主体对客体的认识依据是一定的时间、地点、条件下不断发展变化着的具体实践。只有坚持实践为理论之基础，理论以实践为指导，两者有机结合，才能透过现象看到本质，实现主体对客观世界的正确认识和合理改造，并且同时在这一过程中不断改造实践主体的主观世界。

通过以上对于辩证唯物主义认识论的分析，毫无疑问，“马克思以实践为基石的唯物史观给我们研究价值问题以重要启示，价值问题本质上是人类社会历史实践活动中的问题”，[④]从本源上看任何价值的形成或发展皆源自人的社会实践，公民核心价值观教育也难以脱离实践这一根本基础。辩证唯物主义认识论深深影响了公民核心价值观教育的理论、思想及各个具体方面。人类对客观世界的认识不仅仅是可感知的客观物质世界。更与此

---

① 《毛泽东选集》第二卷，人民出版社 1991 年版，第 477 页。

② 《马克思恩格斯选集》第三卷，人民出版社 2012 年版，第 845 页。

③ 《马克思恩格斯选集》第一卷，人民出版社 2012 年版，第 56 页。

④ 冯平：《重建价值哲学》，《哲学研究》2002 年第 5 期。

同时生成一个与其他生物不同的具有文化价值表征的意义世界，公民核心价值观作为人类对客观世界和人类自我主观世界认识成果的重要组成部分，在其内容上无时无刻不体现着与客观实践的紧密关联性。不同时代、不同社会历史条件、不同群体的核心价值观诉求都会随着人类社会实践的不同而不断变化着，不同的核心价值观、核心价值观体系及其教育随应人类不同时期、不同地域实践而肩负着不同的历史使命孕育而生，它们只为自己所依赖的实践基础服务。公民核心价值观及其教育中的一切问题都应该回到社会实践中寻找源头。正如马克思在《关于费尔巴哈的提纲》一文中所言"全部社会生活在本质上是实践的，凡是把理论引向神秘主义的神秘东西，都能在人的实践中以及对这种实践的理解中得到合理的解决"。[①] 公民核心价值观及教育并非是脱离人类实践活动的先验的或超现实的存在，也不是什么神秘的虚幻的东西，其依存点仍旧在于实践——价值实践活动。在价值实践为中介和基础上产生的作为主体的人与自然界、社会等客体的一种特殊的认识和改造的相互关系，就是价值关系。一定时期的价值实践决定了这一时期以核心价值观为主的价值认识和发展的全过程，是公民价值观尤其是公民核心价值观及其教育的基本来源、直接促动力和最终目的，并且是检验一种价值观在某一历史时期是否成为核心价值观的根本标准。公民核心价值观是主流意识形态的体现，对公民核心价值观教育的认识及公民核心价值观教育自身的实现状况主导和影响着一定历史时期的价值特性、价值取向与价值实现的情况。因此，公民核心价值观教育对价值实践活动及整个人类社会实践具有能动的反作用，符合实践要求的公民核心价值观教育对社会实践起到积极的推动作用，反之，则消极阻滞。而且公民核心价值观教育本身也是一种价值实践活动，其教育理论的发展过程也是经历从感性认识到理性认识，再由理性认识到应用于价值观教育实践多次反复

① 《马克思恩格斯选集》第一卷，人民出版社 2012 年版，第 135 页。

的辩证过程，是理论与实践相结合的产物，是提炼自实践又反映和指导现实价值实践活动。

简言之，公民核心价值观教育不是孤立的、虚幻的彼岸存在，归根结底是人类社会实践活动的一种特殊形态。显然，公民核心价值观教育的哲学对象必然也是以现存世界为基础的人类实践活动，其哲学任务也离不开解答公民核心价值观实践活动中人与世界、主体与客体、主观与客观的关系，从而为培育公民核心价值观提供实践基础。公民核心价值观教育必须要立足于实践来反观和透视现存世界，把公民核心价值观教育中的对象、现实、感性当作实践去理解。同样，没有价值观等价值认识，价值实践活动也无法顺利开展。而辩证唯物主义的认识论与理论和实践相统一的教学原则，也是公民核心价值观教育实践中所要遵循运用的具体方法论原则之一。

作为与孤立的、静止的、片面看问题的形而上学相对立的理论形态，唯物辩证法既是“关于普遍联系的科学”①，又是“最完备最深刻最无片面性的关于发展的学说”②，是马克思恩格斯奉献给无产阶级的“最好的工具和最锐利的武器”③，是“马克思主义中有决定意义的东西”④。“普遍联系”和“永恒发展”是我们所面对的世界的基本存在方式，承认普遍联系和永恒发展的客观存在是我们正确认识包括客观世界和主观世界在内的整个世界的认识前提。

对立统一律是马克思主义唯物辩证法逻辑体系的核心。辩证唯物主义的一个主要特征就是承认物质世界是一个矛盾的统一体，认为矛盾关系作为普遍联系中的一个特殊关系是普遍存在的，矛盾双方相互依存、相互斗争并相互转化，矛盾及其斗争性是推动事物的变化发展的原动力。由处于普

---

① 《马克思恩格斯选集》第三卷，人民出版社 2012 年版，第 841 页。

② 《列宁选集》第二卷，人民出版社 2012 年版，第 310 页。

③ 《马克思恩格斯选集》第四卷，人民出版社 2012 年版，第 250 页。

④ 《列宁专题文集　论辩证唯物主义和历史唯物主义》，人民出版社 2009 年版，第 343 页。

遍联系中的事物矛盾运动出发，又延伸和辐射出了一系列辩证法的规律、关系、范畴和要素等，如由原因和结果、偶然性与必然性、可能与现实、形式与内容、现象与本质构成的经典五大范畴，一些思维方法如分析与综合、一般与个别、抽象与具体、历史与逻辑，以及一些关系如连续与间断、个体与整体、实践与认识、同一与差异，还有一些新的要素如有序和无序、和谐和优化、要素与系统等。对立统一、质量互变、否定之否定三条根本法则同其他范畴结合在一起，形成了一个完整的深刻的唯物辩证法的系统。

唯物辩证法体系既担负世界观的任务又具备方法论的功能。列宁在《黑格尔辩证法(逻辑学)的纲要》中表示，"唯物主义的逻辑、辩证法和认识论[不必要三个词，它们是同一个东西]都应用于一门科学，这种唯物主义从黑格尔那里汲取了全部有价值的东西并发展了这些有价值的东西。"①恩格斯也多次谈过这一问题，《反杜林论》中将辩证法定义为"关于外部世界和人类思维的运动的一般规律的科学"，②苏联著名的马克思主义哲学家和伦理学家 B.Π.图加林诺夫从唯物辩证法中划分出四种基本职能：本体论的、认识论的、逻辑的和方法论的。③ 显然，唯物辩证法既是关于人类认识过程及规律的认识论，也是关于思维方法和规律的逻辑学。

公民核心价值观教育作为处理价值关系的一种特殊教育形式，与任何社会事物一样也是处在普遍联系和永恒发展之中，在其实践和理论发展历程里也同样不可避免地存在多样复杂的矛盾，尤其是多元文化视野中的公民核心价值观教育所面临的矛盾更加多样和复杂。公民核心价值观教育的任务就是要处理好多元文化与核心价值观教育之间以及公民核心价值观教育内部的各种既有对立又有统一的矛盾关系。公民核心价值观教育的过程也是一个主客体间矛盾运动的过程。这个过程从一般意义上来讲也必然存

① 《列宁专题文集　论辩证唯物主义和历史唯物主义》，人民出版社 2009 年版，第 145 页。
② 《马克思恩格斯选集》第四卷，人民出版社 2012 年版，第 249 页。
③ ［苏］图加林诺夫：《历史唯物主义范畴的相互关系》，汤侠生译，三联书店 1957 年版。

在普遍联系、永恒发展、对立统一、质量互变和辩证否定。因为“个别一定与一般相联而存在。一般只能在个别中存在,只能通过个别而存在。任何个别(不论怎样)都是一般,任何一般都是个别的(一部分,或一方面,或本质)”①。因此,公民核心价值观教育实践和理论的发展离不开唯物辩证法。这一点,我们可以从以下两个方面来探讨。

首先,从世界观和认识论的角度。公民核心价值观教育本来就是改造人的思想的活动,是帮助人们确立正确的人生观、价值观和世界观的过程。而唯物辩证法首先被看成是以批判的方式对待“思维与存在的关系问题”②的科学,是马克思主义世界观的重要组成部分。世界观体现了人们对世界的最一般的观点和看法,它是带有普遍性的关于人和世界的物质关系和精神关系的知识综合。马克思主义辩证法“是关于‘一切物质的、自然的和精神的事物’的发展规律的学说,即关于世界的全部具体内容的以及对它的认识的发展规律的学说,即对世界的认识的历史的总计、总和、结论”③。毋庸置疑,唯物辩证法的世界观功能和公民核心价值观教育所要承担的世界观功能是相吻合的。人们只有掌握了正确的世界观并确信其真理性,才能在改造外界和自身的过程中形成信念。公民核心价值观方面存在的许多问题从认识论根源上来讲,都和偏离唯物辩证法有关,特别是在多元文化环境中,更是如此。唯物辩证法奠定了公民核心价值观教育中人们对教育概念、教育范畴、教育规律、教育命题、教育关系、教育矛盾运动等一揽子基本问题的认识基础,并促使人们对其进一步反思。在这里,唯物辩证法既是公民核心价值观教育体系的内容之一,同时又具备了其在公民核心价值观教育中作为理论基础对实践的指导意义。

另一方面,从方法论的角度。唯物辩证法不光是观念上的存在,还在其

① 《列宁专题文集　论辩证唯物主义和历史唯物主义》,人民出版社 2009 年版,第 150 页。
② 《马克思恩格斯选集》第四卷,人民出版社 2012 年版,第 229 页。
③ 《列宁专题文集　论辩证唯物主义和历史唯物主义》,人民出版社 2009 年版,第 131 页。

作为科学理论体系的基础上向公民核心价值观教育提供了最一般的普遍适用的认知、研究和行为方法。不同于某个具体实践领域内针对具体问题的解决方法，唯物辩证法“所提供的只是总的指导原理”，①是人们理解和把握公民核心价值观教育的思维方法，也就是为其在思维方式上提供了工具智慧。具体说来，与形而上学的看待事物的方法相反，唯物辩证法要求我们在处理公民核心价值观教育矛盾运动中的问题时，要自觉运用马克思主义辩证的世界观，始终从普遍联系和永恒发展出发考察其变化发展过程，透过现象认识本质，全面把握多元与一元、原因与结果、个别与一般、渐进与飞跃、内容与形式等各个方面，从而做出全面而深刻的理解与解释，提高对公民核心价值观教育的认识和驾驭能力等。

毫无疑问，唯物辩证法体现了世界观和方法论的有机统一，既包含了对世界的观点和看法又可以转化为认识世界的方法与态度，两者共同构成了公民核心价值观教育的方法论基础。

二、历史唯物主义基础

无论哪一种理论主张都必须要回答的一个基本问题，即世界上一切存在的本原问题，对世界源自物质还是精神的回答构成了其内在的哲学基础，公民核心价值观教育也不例外。马克思主义唯物论从本体论的视角向我们阐释了人类存在的本原与本质。马克思主义的本体论认为，在自然史观上世界具有物质统一性。物质是第一性的，精神是第二性的，物质决定意识，包括精神在内的一切存在归根结底都是要回归到物质来解释其存在资格本身及其本质；同样，反映和延伸到社会历史上，形成了辩证唯物论和历史唯物论相互统一的马克思主义唯物史观。

马克思主义唯物史观认为在纷繁芜杂的社会历史领域里存在着一个简

① 《列宁专题文集　论马克思主义》，人民出版社2009年版，第96页。

单的事实——社会存在决定社会意识,即物质生产是本原性的存在,由此为基础社会的物质资料生产方式决定包括精神生活在内的社会生活全过程。社会意识和社会存在是最基本的范畴,这是马克思唯物史观对人类的全部生活过程之实质做出的科学而精辟的概括。恩格斯在《路德维希·费尔巴哈和德国古典哲学的终结》中谈到宗教时也指出:“任何意识形态一经产生,就同现有的观念材料相结合而发展起来,并对这些材料作进一步的加工;不然,它就不是意识形态了,就是说,它就不是把思想当做独立地发展的、仅仅服从自身规律的独立存在的东西来对待了。人们头脑中发生的这一思想过程,归根到底是由人们的物质生活条件决定的,这一事实,对这些人来说必然是没有意识到的,否则,全部意识形态就完结了。”①同样,作为社会意识形态之一的公民核心价值观亦不例外,它是上层建筑的重要方面,是社会意识形态的“硬核”和社会意识形态领域的“风向标”,不能也不可能是脱离社会存在之外的特殊王国。“思想的历史除了证明精神生产随着物质生产的改造而改造,还证明了什么?”②公民核心价值观它只能也必然是对一定时代背景下的社会经济形态及社会发展状况等社会存在的自觉体现,是对其赖以存在的社会客观价值关系或价值事实的能动反映,是特定历史阶段上社会价值观关于整体社会发展对上层建筑尤其是意识形态提出的根本性要求的回应。因此,关于公民核心价值观的生成、变迁和发展我们应该追本溯源到物质生产方式中而不是在人的观念世界和自然界中去寻找解释,而公民核心价值观教育的内容和功能也必然要服务于社会生产方式对社会意识形态的要求并且在价值体系乃至社会意识形态中起到核心和引领作用。

当然,马克思主义唯物论不是简单的单向决定论。虽然社会存在对社会意识的性质及发展方向起决定作用,但是作为能动的反映,一经产生,社

---

① 《马克思恩格斯选集》第四卷,人民出版社 2012 年版,第 261 页。
② 《马克思恩格斯选集》第一卷,人民出版社 2012 年版,第 420 页。

会意识对社会存在、上层建筑对经济基础、生产关系对生产力便具有一定的反作用和相对的独立性，那些适应社会存在、经济基础和生产力的社会意识、上层建筑和生产关系如果符合社会历史发展的趋势，便会起到积极的推动作用；反之则会起到消极的阻滞作用。可见，那些适应、反映社会存在要求的公民核心价值观及其教育会对社会发展起到有效的推动，否则也就不可能成为一定社会历史时期的核心价值观。另外，社会意识和社会存在、经济基础和上层建筑、生产关系和生产力的发展之间还具有不完全同步性，同时它们的发展变化状况还受到自身的继承发展状况和社会政治因素等其他因子的影响，从而具有某些独立特性。因此，公民核心价值观在反映和适应社会存在发展状况的同时，本身的发展变化相对于社会存在的发展变化可能会有一定的超前或滞后，并且当时代的公民核心价值观本身无论在形式上还是内容上也会带有历史继承的痕迹。同时在社会价值关系领域，还会存在除了占据社会意识形态主导地位的公民核心价值观之外的其他社会形态的超前的或落后的价值观，这也是多种价值观在同一社会发展阶段并存的缘由所在。所以对于公民核心价值观教育来说，一项关键任务就是要引领社会意识形态的发展方向，在全社会培育和树立与社会发展要求相符合的公民核心价值观。

在一定的历史阶段，社会意识形态的发展方向并不是随机性的，作为社会的观念上层建筑而是要受到社会经济和政治发展状况的制约，这种制约在存在阶级的社会里面体现为一定阶级的利益和要求。意识形态属于“统治阶级意识”的范畴，是一种被统治阶级利益主导的同时却又以体现全社会利益的面貌而出现的政治思想，并且作为“社会意识形式”而出现并发挥上层建筑的作用。因此，在这一层面上对意识形态的认识需要超出纯意识层面，深入到意识形态背后的社会经济结构和阶级利益基础。意识形态作为一定时代的特殊精神现象，不是凝固的，而是随着时代和实践而不断转换。某一阶级成功上升为统治阶级之时，其曾经作为革命意识的意识形态便也随着社会实践中阶级关系的变动和经济基础的变更上升为占统治地位的阶级意识，由此成为占统治地位的物质关系。在这种意义上，意识形态本身不仅是现存经济关系在观念上的表现，而且是现存统治关系中的一个“制度化的思想体系”，这一体系作为价值系统发挥作用并引导人们认同现存社会制度。同一时代存在的各种价值观由于同经济基础联系的密切程度不同，导致了不同价值观在社会价值体系中的地位差异。这一系统里面最为关键的便是公民核心价值观。公民核心价值观及其教育作为这一社会历史时期的主导价值观，除了体现统治阶级的利益和维护其在意识形态领域的领导权地位之外，再也没有别的了。处于主导和核心地位的公民核心价值观的性质和地位取决于其赖以存在的社会形态的性质，并且集中体现了统治阶级的利益和意志。依据人类社会发展规律，最先进、最高形态的核心价值观为代表人类普遍利益的共产主义的核心价值观。

通过以上分析我们不难看出，马克思主义唯物史观是公民核心价值观教育的重要哲学基础，是我们把握和开展公民核心价值观教育的基本前提和基本理论向度。从其哲学本质上来讲公民核心价值观教育是对社会存在的能动反映，其本质和一切发展变化最终都要到相应的社会物质生产方式中去寻求答案。按照人类社会形态的更替，存在着奴隶社会核心价值观、封建社会核心价值观、资本主义核心价值观、社会主义核心价值观及共产主义核心价值观，相应地对公民核心价值观教育的内容和功能要求亦有所不同，在每一个具体的社会形态中或社会历史发展阶段里，从宏观社会历史发展的角度来讲，公民核心价值观教育的根本任务和现实出发点必须是维护社会主流意识形态，在社会生活中树立和弘扬与统治阶级利益要求相一致的核心价值观，有效制约和引导非核心价值观的发展，为占统治地位的物质力量服务，其进步与否及在现实社会中发挥力量的大小就在于对社会主流意识形态维护的力度和促进社会发展的程度。

社会发展的历史是人民群众实践活动的历史，人民群众是历史的创造者。历史唯物主义关注历史的主体——人的发展。自马克思主义诞生之初,“人的解放”和“全面自由发展”便是其最高目标和不可或缺的要素。就马克思主义创始者马克思本人来说,在《青年在选择职业时的考虑》的中学毕业论文中就表达了其关注“人类的幸福和人自身的完美”的情怀——“在选择职业时,我们应该遵循的主要指针是人类的幸福和我们自身的完美”。[①] 此后,从大学时期加入青年黑格尔派,到博士论文《德谟克利特的自然哲学和伊壁鸠鲁的自然哲学的差别》中对“人的自由”的自然哲学论证,到《黑格尔法哲学批判》中关于“人的本质”的理解,到《德法年鉴》提出“人的解放”,到《1844 年经济学哲学手稿》中对“人的本质”“人的异化”“人的解放”及“人的发展”的集中阐发,到《德意志意识形态》对“人的需要”的系统论述及“人的全面发展”的提出(“人以一种全面的方式,也就是说,作为一个完整的人占有自己全面的本质”[②]),到 1848 年在《共产党宣言》中对理想社会的描述——自由人联合体,即“代替那存在着阶级和阶级对立的资产阶级旧社会的,将是这样一个联合体,在那里,每个人的自由发展是一切人的自由发展的条件”,[③]一直到在《政治经济学批判》中认为共产主义社会中“建立在个人全面发展和他们共同的、社会的生产能力成为从属于他们的社会财富这一基础上的自由个性”,[④]无一不体现着其对“人”本身的关切,并最终形成了一系列有关于“人”的理论和学说。就马克思主义理论本身来说,毫无疑问其研究对象就是人本身,是关于人的解放的历史学说。同样在马克思主义的实践中,无论是无产阶级开展的轰轰烈烈的消灭阶级剥削和压迫的革命,还是为了消灭落后和贫困而进行的社会主义建设和改革都是为了人的解放,人的生存和人的发展。

---

① 《马克思恩格斯全集》第一卷,人民出版社 1995 年版,第 459 页。
② 《马克思恩格斯全集》第四十二卷,人民出版社 1979 年版,第 123 页。
③ 《马克思恩格斯选集》第四卷,人民出版社 2012 年版,第 647 页。
④ 《马克思恩格斯文集》第八卷,人民出版社 2009 年版,第 52 页。

从哲学意义上来讲，马克思主义是以“人”为研究对象，在对人的存在和发展、人的需求和价值等问题进行考察和反思的基础上，以“人的自由全面发展”为最高价值标准和社会终极发展目标，从哲学意义上对人的本质及人的发展规律作出全面、系统、科学的阐述和辩证思考的科学理论，其实质上是“关于作为整体的人及其本质的科学”[①]，是“关于现实的人及其历史发展的科学”。[②] “人”成为马克思主义的理论出发点的同时也是其理论归宿。

这里的“人”是“现实的个人”，是个体的人，“人们的社会历史始终只是他们的个体发展的历史，而不管他们是否意识到这一点”。[③] 但是与此同时，也在追求“人的完整图景与本质”，认为人的本质“在其现实性上它是一切社会关系的总和”，[④]强调其社会性。人的本质作为社会关系的总和是人类社会实践活动的结果，这种结果作为特定历史条件下人们活动的前提，也如实映照了人的现实本质。任何历史条件下，人类在社会实践活动中所创造的任何对象性存在都是对人的本质力量的现实展现。在这种本质力量的展现过程中，个体的发展离不开与之交往的其他人的发展，人是有意识的类存在物。由是，在这里提到的“本质”便不再是作为“个体的人”的本质，而是作为整体的人的本质——“类本质”或“类特性”。

人类社会发展的历史进程是人逐步从“人的依赖性关系”和物的异化中解放出来，获得自由而全面的发展的过程。这种合乎人性的“完全的复归”是以“人的解放和自由全面发展”为终极价值目标与价值尺度。而所要达到的“真正解决”的状态正是贯穿其中的核心思想——“人的自由而全面的发展”，这也是马克思主义所追寻的未来理想社会最根本的核心价值观

① 黄楠森、夏甄陶、陈志尚编：《人学词典》，中国国际广播出版社 1990 年版，第 1 页。
② 《马克思恩格斯选集》第四卷，人民出版社 2012 年版，第 247 页。
③ 《马克思恩格斯选集》第四卷，人民出版社 2012 年版，第 409 页。
④ 《马克思恩格斯选集》第一卷，人民出版社 2012 年版，第 135 页。

念。人类获得解放、自由和全面发展的程度与人的需求的满足程度紧密相连，社会发展过程中人的发展的实现程度归根结底仰赖于社会对人的需求的满足程度。因此，人的需要是社会发展的动因，是“构成历史的真正的最后动力的动力”，①社会进步的过程是一个不断满足人们的物质精神需求的过程。马克思关于人的需要的“三级阶梯”②理论，从人的需要的社会体系和历史序列相统一的角度，划分了生存或生理需要、谋生或占有需要、自我实现和全面发展的需要三个层次和三个阶段，从而构成了“人的需要体系”。人的需要成为社会实践活动初始动因和最终目的，人们在这些动因和目的的促动下所从事的社会实践活动中结成了各式各样的社会关系。这些包含了人与自然、人与社会、人与人（这里的人既包含他人也包含自我）之间的所有的人与“非我”和“自我”的、丰富的、多层次的社会关系不同于脱离了人的“物——物”关系。人们在进行生产生活资料的实践中以劳动为中介或手段将“物”从“自在之物”转化成了“为我之物”，将“人”由“一般的人”转化成了“社会的人”。对于“人”来说，“他们的需要即他们的本性”③，“人以其需要的无限性和广泛性区别于其他一切动物”。④

鉴于以上论述，我们不难看出，需要的发展是“人的本质力量的新的证明和人的本质的新的充实”，⑤无论是“自在之物”，还是“一般的人”，一旦失去“人的需要”这个扭结，便也只能是一种“自在的存在”了。这些“自在的存在”只有基于这种劳动实践基础上对需要的满足，才能体现人本质力量、证明其意义所在。这种“意义”所具有的能满足人的需要的属性就表现为“价值”，正是在这一满足需要的过程中，产生了价值关系。同时在这个

① 《马克思恩格斯选集》第四卷，人民出版社 2012 年版，第 255 页。

② 姚顺良：《论马克思关于人的需要的理论——兼论马克思同弗洛伊德和马斯洛的关系》，《东南学术》2008 年第 2 期。

③ 《马克思恩格斯全集》第三卷，人民出版社 1960 年版，第 514 页。

④ 《马克思恩格斯全集》第四十九卷，人民出版社 1960 年版，第 130 页。

⑤ 《马克思恩格斯全集》第四十二卷，人民出版社 1979 年版，第 132 页。

过程里，随着劳动实践的发展，人们的需求和对价值的认识也在不断地发生和更新着。人的生存和发展需求的丰富多样性意味着其价值目标的多样性，因此也就有了人们用来衡量客观世界对价值目标满足程度的标准——各种价值尺度。在运用各种价值尺度进行价值评价的长期过程中，现实生活中的价值运动在社会成员个体、社会共同体乃至整个社会中通过长久的劳动实践和文化积淀沉积下来，并最终反映在人们思想中形成了价值观念，反之也不断形成新的价值目标和价值评判标准。源于人的需求的多样性，衍生出了价值目标、价值取向、价值尺度、价值手段、价值关系、价值实践等多方面的差异，这些差异长久积聚并延续下来形成了价值观念的差异，显然其中对核心价值观的追求也有所不同。

从整个人类社会历史发展的视角来看，"人的依赖关系"——"物的依赖关系"——"自由个性"三阶段的历史进程是"人"不断扬弃异化、逐步实现对自我本质的全面占有的过程。毋庸置疑，这种"合乎人性的""完全的复归"就是以"在其现实性上，它是一切社会关系的总和"而超越了费尔巴哈抽象的"现实的个人"和人的现实劳动实践活动为起点，以"人的解放和自由全面发展"为终极价值目标与价值尺度。而所要达到的"真正解决"的状态正是贯穿于马克思主义学说的核心思想——"人的自由而全面的发展"，这也是马克思主义所追寻的"在保证社会劳动生产力极高度发展的同时又保证每个生产者个人最全面的发展"①并"以每一个个人的全面而自由的发展为基本原则"②的未来理想社会最根本的核心价值观念。

公民核心价值观教育作为一种人和社会在认识和实践活动中建立起来的以人的核心价值观形成发展规律为尺度的一种与人的本性、需求及目的相符合、相一致的主客体关系，归根是做人的工作。"人"是公民价值观教育的出发点和落脚点，而"人"作为现实性与超越性相统一的存在物，是无

① 《马克思恩格斯选集》第三卷，人民出版社 2012 年版，第 730 页。
② 《马克思恩格斯选集》第二卷，人民出版社 2012 年版，第 267 页。

限开放的。公民核心价值观教育要做好人的工作，就必须面向人，面向人的生存和发展环境，把握好人的需要这一内在价值尺度，解决好人的存在和发展问题。尤其是在当前全球化和多元文化背景下，人的生存方式、人的自由发展与个性解放等问题互相交织并持续地以各种新的形式突显出来，公民核心价值观教育的目标必须和人的需求相吻合，因此公民核心价值观教育只有在"人的全面而自由发展"这一终极价值理想目标的主导下，才能达到实践基础上充分发挥人的社会化本质和丰富完美人的个性两者具体的历史的统一。一言之，而促进"现实的人"的自由而全面发展，作为一个价值标准与历史现实标准相融合的价值目标是公民核心价值观教育的又一现实出发点和最终归宿。

第二节　公民核心价值观教育的传统文化资源

"中华优秀传统文化是中华民族的精神命脉，是涵养社会主义核心价值观的重要源泉，也是我们在世界文化激荡中站稳脚跟的坚实根基。"①"泱泱中华，历史悠久，文明博大。中华民族在几千年历史中创造和延续的中华优秀传统文化，是中华民族的根和魂。"②虽然是处在全球化、市场化和文化多元化的现代场域中，但物换星移中中华民族传统文化却有着宝贵而且永恒的教育方法、道德规范和价值准则，仍旧可以给我们当代的公民核心价值观教育提供许多有借鉴意义的文化资源和启示，是其可以汲取丰富营养的重要源泉。"中国传统文化博大精深，学习和掌握其中的各种思想精华，对树立正确的世界观、人生观、价值观很有益处。学史可以看成败、鉴得失、知

---

① 习近平：《在文艺工作座谈会上的讲话》，人民出版社 2015 年版。

② 习近平：《在庆祝澳门回归祖国 15 周年大会暨澳门特别行政区第四届政府就职典礼上的讲话》，2014 年 12 月 20 日，见 http://www.gov.cn/xinwen/2014-12/20/content_2794531.htm。

兴替;学诗可以情飞扬、志高昂、人灵秀;学伦理可以知廉耻、懂荣辱、辨是非。”①当前的公民核心价值观教育中有许多内容都可以在传统文化中找到源头。

其主要内容可以概括为以下几个方面。

一、仁爱诚信观

仁爱诚信是传统文化中与中华民族传统的伦理道德规范密切联系的核心价值观,最能够体现公民核心价值观的中华民族文化和价值观特色,是公民在基本德行和人生价值方面的价值共识和伦理诉求。仁爱诚信,在以儒家文化为代表的中华民族传统文化中常常是可以分开来讲的。“仁”是传统儒家伦理思想中的一个最基本的范畴,也是孔子所认为的最高道德标准。通过对“仁”的注解,还可以发散出其他的相关范畴。

传统文化中“仁”为“五常”之首,是用来处理人与人之间的关系的。同时,“仁”还是人们应该具备的道德品质,是谓子曰:“君子道者三,我无能焉:仁者不忧,知者不惑,勇者不惧。”②传统伦理观在对如何理解“仁”和践行“仁”的阐释中,不断引申发展了“仁”的意涵,使其内涵更加丰富。“仁”首先是“仁爱”。在中国传统儒家伦理规范中,“仁爱”处于道德准则的最高层,“仁者,爱人”便是最好的注解,也就是说“爱人”为“仁”的最基本释义,是人们应该具备的仁德与爱心。纵观以上种种阐释,无一不把“仁”与“爱”联系在一起,后来人们也就逐渐把“仁爱”合在一起使用开来,在传统核心价值观和伦理道德规范中长期居于主导地位。“仁爱”是有层次的,包含了“亲亲”“仁民”“爱物”。仁爱不仅由爱亲人推及爱众,还推及了人的外在世界。即“君子之于物也,爱人而弗仁;于民也,仁之而弗亲,亲亲而仁民,

① 《习近平在中央党校建校80周年庆祝大会暨2013年春季学期开学典礼上的讲话》,《人民日报》2013年3月3日。

② 《论语·宪问》。

仁民而爱物”[①]。人们也常常将此概括为“仁民爱物”。于万物，孟子云“见其生不忍见其死，闻其声不忍食其肉”[②]。老子叹道，“天地不仁，以万物为刍狗；圣人不仁，以百姓为刍狗”[③]。文人墨客也讲求“小几呼朋三面坐，留将一面与梅花”[④]。“以天地万物为一体”是“仁”之最高境界。其次，“仁”可延伸出“义”。传统道德规范强调“成仁取义”“吾身不能居仁由义，谓之自弃也”。一个人不能存仁心行义事，就无异于自暴自弃。第三，对统治者、国君来说“仁”是“仁政”，宽厚待民，恩惠于民，以得民心。如《孟子·梁惠王上》云：“王如施仁政于民，省刑罚，薄税敛，深耕易耨，壮者以暇日，修其孝悌忠信，入以事其父兄，出以事其长上。”第四，在“仁”的践行和实现上，引申到“忠恕孝悌”。“忠”为尽己之心，“恕”为推己之心，“能近取譬”[⑤]和“己所不欲，勿施于人”[⑥]是对忠恕之道最好的诠释。而“孝慈则忠”，同时，“孝悌”更多地集中于家庭伦理之间。“仁之实，事亲是也，义之实，从兄是也”，[⑦]进而推及“老吾老以及人之老，幼吾幼以及人之幼”等。第五，由“爱”及“敬”，“爱”“敬”一致。宋代理学家朱熹强调爱和敬的内在一致性：“爱而不敬，非真爱也；敬而不爱，非真敬也。”[⑧]第六，“仁”与“善”相通，《道德经》言“与善仁”，善本就包含心地仁爱、品之醇厚之意。

而关于“诚信”，则来自“诚”与“信”之结合，为诚实守信之义。“诚”在中国传统伦理中是“天道”，是人们立身处世的为人之道。《礼记·中庸》就说：“诚者天之道也，诚之者人之道也。”又云“诚者自成也，而道自道也。诚者物之终始，不诚无物，是故君子诚之为贵。诚者非自成己而已也，所以成

① 《孟子·尽心上》。
② 《孟子·梁惠王上》。
③ 《老子·道德经》(第五章)。
④ (清)何钱:《普和看梅云》。
⑤ 《论语·雍也》。
⑥ 《论语·颜渊》。
⑦ 《孟子·离娄上》。
⑧ 《朱子语类》卷13。

物也。成己,仁也;成物,知也。性之德也,合外内之道也,故时措之宜也”。① 孟子也提出“诚者,天之道也。思诚者,人之道也”②。同时,《中庸》二十二章:“唯天下至诚,为能尽其性;能尽其性,则能尽人之性;能尽人之性,则能尽物之性;能尽物之性,则可以赞天地之化育”。可以看出,儒家传统文化中,“诚”还是一切事物存在的根本之所在。另外,“诚”是人们道德修养达到的一种境界和提高自身德性的重要途径。譬如“诚于中,形于外”,“巧诈不如拙诚”,朱熹认为“诚者,真实无妄之谓”。周敦颐更是将其作为“圣人之本”的高度。《说文》之“诚,信也”的解释,把“诚信”连接在了一起。“信”来自“五常”,同时也是“文、行、忠、信”“四教”之一,皆取遵守信用,诚实无欺之意。做人要讲求信用,“民无信不立”“人而无信,不知其可也”。“信”是成就君子的德性之一,所以孔子说:“君子义以为质,礼以行之,逊以出之,信以成之。”③“信近于义,言可复也。”④总之,真诚笃实讲求信誉,恪守诺言的“诚信”是传统文化中人们应该遵守的基本价值准则。

总之,“仁爱诚信”在中国传统文化中,无论何朝何代,无论何种意识形态都一直都占据着人们基本的道德规范和价值准则的地位,深深地烙在了中华民族的文化传统和价值观体系里面,在中华文明乃至整个中华民族发展的历史上都起到了重大的积极作用。而且作为基本价值观念的仁爱诚信是上至君臣大夫,下至黎民百姓都应该遵守的协调人与人及客观物质世界关系的道德规范和价值准则,社会不同阶层的成员都能够找到对应的规范要求。正是因为这种普遍共识性、包容性和解释力,同时鲜明的伦理性也令其可以突破意识形态的障碍而得以延续,使仁爱诚信能够成为中华民族传

① 《礼记·中庸》。
② 《孟子·离娄上》。
③ 《论语·卫灵公》。
④ 《论语·学而》。

统文化留给我们世代相袭的优良传统,是中华民族最基本的价值观。在回应社会客观需求的同时,仁爱诚信符合中华民族对自身文化传统的共识,体现了社会成员对共同伦理诉求的认同。此外,仁爱诚信的价值观中还包含许多符合人类共同价值理想和伦理诉求的普遍因子,能够为整个人类在社会道德规范、价值准则和个人品行修养方面作出积极的贡献。这两点也恰恰是其在社会历史的长河中经久不衰的内在动因。

仁爱诚信是优秀民族文化中至今仍然具有强大生命力的传统美德,在整个公民核心价值体系中是维系社会的最根本的价值理念。仁爱诚信的伦理价值观念是对民族优秀文化传统和核心价值观念的尊重和传承。同时传统文化中的仁爱诚信观也为现代社会在解决文化建设和公民核心价值观教育过程中面临的道德困境提供了资源借鉴。改革开放以来,面临世界的全球化浪潮和内部的社会转型,社会格局和面貌发生了重大转变。尤其是市场经济的确立和发展,打破了传统的一元化社会组织结构,利益主体的多元化和压抑已久的对物质利益的追求,多元化的文化和各种社会思潮,皆如潮水般重重地冲击了我们的社会道德体系。旧的社会道德体系被打破,新的体系尚未树立,道德的真空加剧了道德滑坡的力量和速度。道德领域各种问题层出不穷,从社会道德到个人品德,从职业道德到家庭美德,从官场到商场,皆出现不同程度的道德危机和价值失序。从"英雄流血又流泪"到"老人变坏还是坏人变老",从"见义勇为还是见义智为"到"见义为不为",从"教授还是禽兽"到"慈善还是伪善",从"坐在自行车上笑"到"坐在宝马车里哭"……无一不向我们展示道德和价值观领域荣辱不分、见利忘义、诚信丧失等乱象。总的来说主要问题是社会传统断裂、诚信式微、道德失范、价值失序,公民个体道德和价值生活物质化、碎片化和焦虑化。但是,道德和价值观领域中的许多问题不是权利或法律的强制力就可以解决的。如章太炎所说:"今无慈惠廉爱,则民为虎狼也;无文学,则士为牛马也。有虎狼之民、牛马之士,国虽治、政虽理,其民不人。世之有人也,固先于国。且建国以为人乎？将人者为国之虚名役也?”①这就呼唤合理的价值理念发挥“软力量”来保障健康的市场经济和社会秩序,同时又要建立起深入人心的具有内在约束力的道德系统和信用系统,培养与时代和社会发展相适应的具有健全道德人格和价值能力的公民。那么,这种相应的价值理念便是“仁爱诚信”。

仁爱诚信在长期的文化积淀和沿袭过程中,氤氲而成了一个非常具有解释力和包容性的核心价值观的基本范畴,具有很强的借鉴性。仁爱是与我们新时期以来一直倡导的“五爱”②的基本道德规范大致相符。在对于人际关系的处理上,我们可以看出是有层次性的。现代社会中价值规范应该摒弃这种等差,而是将诸多关系置于平等的地位上。这种情况下产生的差异只是关系范围大小的差异。由此,我们可以将其价值内涵解释和拓展为:在人与自我的关系上,爱己,由爱己又可以解释出一系列的个人德行和价值的修为;在人与人之间的关系上,延伸至群体与群体之间,即群体之间爱人要恕,可以解释转换为友善,即友爱、互助、宽恕、和善,友善也是“三个倡导”中个人层面的范畴之一,是协调和维系人与人关系的基本人际伦理准则和诉求;在人与自然之间的关系上,爱物爱自然;在个人与家庭成员之间,孝悌爱亲,弘扬家庭美德;在个人与职业共同体内,爱岗敬业,唯有公民恪守职责方能创造更多的物质文化财富以满足人和社会存续和发展的需求,同时也是对公民基本职业道德准则的遵守和对本职工作的价值认同,之所以把“敬”纳入,与由“爱”致“敬”相关,更重要的是针对现代公民履行社会义务的要求;在个人与国家关系上,要忠,即爱国,发扬民族精神和爱国主义精神,民族文化是中华民族共有的精神家园。不仅如此,国家、政府、社会对公

---

① 章太炎:《国故论衡·原道下》,上海古籍出版社 2003 年版,第 115 页。

② “五爱”是中国全体公民必须共同遵循的五种基本道德规范的简称。原指 1949 年《中国人民政治协商会议共同纲领》第四十二条提出的“提倡爱祖国、爱人民、爱劳动、爱科学、爱护公共财物为中华人民共和国全体国民的公德”,现指 1982 年《中华人民共和国宪法》第二十四条提出的“国家提倡爱祖国、爱人民、爱劳动、爱科学、爱社会主义的公德”。

民、群体、自然等也要施仁政，“仁政”在传统君臣关系中强调“民本”，这种表述带有封建小农社会的阶级色彩，应该转换为我们而今所倡导的“以人为本”。至于“诚信”，则应该是贯穿于以上各种关系之中的，因为“诚信”在当今已经不仅仅是个人修为的问题了，而是关乎社会正常运行、社会心态的健康发展、社会价值秩序的确立等现代社会良性循环所需要的更高层次问题。如此一来，便形成了一个由诚信贯穿其中的，以仁爱为基础的公民核心价值观之伦理诉求方面的体系。

二、公正法治观

传统文化中的公正法治观则是更多地为公民核心价值观教育在社会层面的理性价值取向的传统文化来源。中华民族传统文化中“公正法治”的思想也极为丰富。“公正法治”的范畴看上去现代性很强，实际上在传统文化系统里面，“公正”与“法治”都是起到过重要作用的范畴。

“公正”是传统儒家构建和谐社会的一个重要运作原则和和谐社会的重要特征，同时也是整个中华民族传统文化中非常重要的一个范畴。《说文·八部》提到“公，平分也”。因此，传统文化中“公”的本义为公正、公平、无私，引申为遵循公理，秉公办事，公道正派，如从“公”的意涵上来说，主要体现在一种社会公正的美好状态，最有代表性的莫过于《礼记·礼运》中描绘的“大道之行也，天下为公”的理想社会了。这种“大同”状态，充分表达了人们对于一种无私、公平，各司其职、各有所得的理想社会的追求。另外，诸如“公道达而私门塞矣，公义明而私事息矣”“举公义，辟私怨”都是体现了人们对于公正无私的气概和精神的追求。“正”引申为“无误”“不偏斜”等，即用来表示个人修养，如正衣冠，正品行，正气骨，正义心。《大学》写道：“所谓修身在正其心者：身有所忿懥，则不得其正；有所恐惧，则不得其正。”①“正”还

① 《礼记·大学》。

体现于与社会政治生活之中，多为正义、公正、正当之义，诸如“以正德临民，犹树表望影，不令而行”“正以处心，廉以律己”等。另外，中国传统文化中，“公”往往和“正”“平”“义”等范畴联系在一起，形成一系列治国安民的政治价值观念，如《贞观政要·论公平》中“理国要道，在于公平正直”①。孔颖达在为《左传》作疏解时解释道：“平者，和也”。因此，“平”一般是指“平衡”或“和平”。“平天下”即为和平和谐的世界。公者无私，平者无偏。“义”在传统文化中常被引为“中正”。总之，公平、公正、正义意味着做该做的，得该得的。这是治理国家和人们对国家社会价值的理想目标。到后来诉求于“有田同耕，有饭同食，有衣同穿，有银同使，无处不均匀，无人不饱暖”的《天朝田亩制度》，土地革命中的“打土豪，分田地”等要求也都是体现着人们对这种理想社会的价值取向的追求。

要想实现公平正直的目标状态，在实践中就必须要遵守“民主”。中华民族传统文化价值观中民主的思想集大成者是孟子。孟子的民主思想对中华民族文化传统和政治价值观的影响一直延续到今天。1924 年孙中山答日本记者时曾说：“我辈之三民主义首渊源于孟子，更基于程伊川之说。孟子实为我等民主主义之鼻祖”。“民”在传统典籍中主要是指代民众，普通的平民百姓，是与“君”相对应而成一组基本社会关系，彼时的“民主”“民本”理念主要是从维护封建君主的统治角度而出发的。虽如此，但这些思想里面仍然有许多我们现代社会公民核心价值观教育可以借鉴的精粹。如“民为贵，社稷次之，君为轻”这一典型的具有代表性的民主思想，把平民百姓放置在了贵于天子的位置。主张统治者要亲民，“与百姓同之”“与民同乐”。孟子还提出了如何保障民生，“制民之产，必使仰足以事父母，俯足以畜妻子，乐岁终身饱，凶年免于死亡”②。荀子也提出过类似藏富于民的主张：“筐箧已富，府库已实，而百姓贫。夫是之谓上溢而下漏，入不可以守，

① 《贞观政要·论公平》。

② 《孟子·梁惠王上》。

出不可以战,则倾覆灭亡可立而待也。"[①]荀子后来也提出"水则载舟,亦能覆舟"的重视民众的主张。

法治作为社会治理之道,在中国古代早就有之,譬如《晏子春秋·谏上九》:"昔者先君桓公之地狭于今,修法治,广政教,以霸诸侯。"[②]《淮南子·氾论训》:"知法治所由生,则应时而变;不知法治之源,虽循古终乱。"[③]传统文化中法治思想典型的代表是法家的政治思想,其核心价值观念就是在国家统治和社会治理中要树立法律制度的主导地位和权威性。《管子·七法》论道,"尺寸也,绳墨也,规矩也,衡石也,斗斛也,角量也,谓之法"。[④] 法家主张"民本,法也。故善治者塞民以法",[⑤]认为法治是治理国家的根本手段。在推行法治的过程中,法家强调法律的权威性和至高无上性,即使君主也不可以凌驾于法治之上。强调真正的明君应该是"不为君欲变其令,令尊于君。不为重宝分其威,威重于宝"[⑥]。而且法家主张严厉的刑罚以震慑百姓,"过匿则民胜法,罪诛则法胜民。民胜法,国乱。法胜民,兵强"[⑦]。法家不相信儒家的"德治"和"礼治"能够改善人恶的本性,因而要达到天下大治必须借助于严苛的刑罚。

总而观之,中国传统法治思想虽然没有像儒道释那样在后来的封建统治中占据正统地位,但传统公正法治观也为我们今天的公民核心价值观教育应对新时期社会治理现代化的需求和社会发展面临的挑战要求提供了大量值得汲取的文化资源。经过改革开放30多年来的建设和发展,中国社会发生了天翻地覆的变化。在经济领域已经建立和健全了社会主义市场经济

① 《荀子·王制》。
② 《晏子春秋·谏上九》。
③ 《淮南子·氾论训》。
④ 《管子·七法》。
⑤ 《韩非子·画册策》。
⑥ 《管子·法法》。
⑦ 《商君书·说民》。

体制,政治体制改革也在逐步向前推进,文化软实力显著加强,文化生活多样丰富、思想活跃,社会成员公民意识日渐增强,整个社会的现代性越来越彰显。在整个社会由传统向现代的转变过程中,社会发展方式的科学化和现代化对社会治理方式的现代化转换也提出了现实要求。中国传统社会发展和治理模式是建立在"差序格局"①的基础之上的。"差序格局"基础上所建立起来的社会伦理关系和价值观念虽然在公民个体生活层面起到了积极的作用,却难以维系社会系统的高效运行。因此,现代社会在伦理关怀的同时也需要更多的包含社会规则和公民意识在内的理性价值的支撑。"思想除了'理性'的权威外不服从任何权威。"②公平正义的社会价值理念和民主法治的社会治理方式能够有效整合多方面的社会资源和能量,协调社会利益关系。与此同时,也能够为社会塑造和培育与之相适应的具有现代性公民意识和理性价值思维的社会成员。

经济建设和社会发展取得卓越成效的同时,在社会治理和社会文化价值观方面仍旧存在许多不容回避的挑战和问题。现今中国社会的转型,已经不再是仅仅以市场经济为主要目标的阶段。社会主义市场经济体制逐步健全之后,中国社会开始进入综合性的社会结构转型期。全面建成小康社会是我们当前阶段性的奋斗目标。但是,发展机遇期同时也是矛盾凸显期。

---

① 费孝通先生在《乡土中国》提出"差序格局"概念,形象地概括了中国传统社会的社会结构和人际关系的特点:"我们的格局不是一捆一捆扎清楚的柴,而是好像把一块石头丢在水面上所发生的一圈圈推出去的波纹,每个人都是他社会影响所推出去的圈子的中心,被圈子的波纹所推及的就发生联系,每个人在某一时间某一地点所动用的圈子是不一定相同的"(费孝通,1998)。因而传统社会中社会层面的政治理念、伦理道德和价值观念往往更多的是私人关系的延伸,《大学》中的表述可以清晰地向我们传达这种格局:"古之欲明明德于天下者,先治其国;欲治其国者,先齐其家;欲齐其家者,先修其身;欲修其身者,先正其心;欲正其心者,先诚其意;欲诚其意者,先致其知;致知在格物。物格而后知至;知至而后意诚;意诚而后心正;心正而后身修;身修而后家齐;家齐而后国治;国治而后天下平。自天子以至于庶人,壹是皆以修身为本。其本乱而未治者否矣。其所厚者薄,而其所薄者厚,未之有也!"

② [英]迈克尔·欧克肖特:《政治中的理性主义》,张汝伦译,上海译文出版社2003年版,第2页。

虽然我们在经济总量上已经成为世界第二大经济体，但是在社会发展领域中的一些普遍性存在的矛盾也开始显现出来。在经济领域仍旧存在市场经济秩序尚不规范的问题；收入分配关系上尚未完全理顺，收入分配仍然存在较大差距，蛋糕做大的同时如何分好成为需要应对的新课题；政治体制改革仍需加深推进，社会法制体系尚需进一步完善；社会发展方面，城乡之间、区域之间、社会经济等方面的不协调、不平衡仍然存在，部分社会成员收入增长缓慢，城乡二元化格局尚待打破；少数党员干部形式主义、官僚主义、消极腐化现象仍旧存在；社会民主沟通和表达渠道的通畅程度、社会主义民主制度的完善程度、公民民主表现形式的多样性等都亟待进一步加强；公民利益需求的多元化需要进一步协调；就业、社保、教育等民生问题还有待改革；公民社会政治生活中的公民意识、规则意识、法治观念尚待加强；公民作为经济人、社会人、政治人的权责意识需要加深引导；多元文化、多元价值观、多元社会思潮带给人们对不同社会发展方式、发展道路的认知需要更科学理性的批判。以上问题都对全面建设小康社会和现代化的实现提出了挑战，影响对战略机遇期的把握。因此，这就需要有效协调各方利益关系，整合社会资源，促进社会公平正义，加强民主法制建设，构建各尽其能、各得其所的社会格局和氛围，方能有效解决上述矛盾和挑战。关于公民个体层面，要求公民树立科学的公正观，正直做人，依法处事。因此，传统文化中公正法治观能够为公民核心价值观教育应对以上问题提供宝贵的思想资源和理论依据。

三、和谐观

“和”在中华民族传统文化中乃至今天都是一个高频词汇，“和谐”的理念已经深深嵌入中华民族的民族记忆和当下社会生活中。如果我们要用一个字来说明中华民族传统的核心价值观和价值理想的话，那就是“和”；若两个字，即“和谐”。“和”源于对食材或音乐的“调和”“混合”。“和”字来自会意字“龢”:“禾”指禾苗或粟,泛指庄稼和粮食;“龠”为古代的一种乐器。许慎《说文解字》道:“龠,乐之竹管,三孔以和众声也。”又说,“谐,洽也。从言,皆声。”本义为一同发声。“和谐”也就引申为多种事物间的和睦、协调之义。相比较西方而言,中国传统和谐观中,“和”既为“天道”亦为“人道”,是人们对于事物发展、个人内在修为和社会发展美好状态的追求和期待。也就是说,中国传统文化和哲学中更多地把和谐作为一种道德和价值理念来看待。中国传统的和谐价值理念主要体现在以下几个方面。

其一,“和谐”基于“多”。“声一无听,物一无文,味一无果,物一不讲”①,因此要“和五味以调口,和六律以聪耳”②。《左传·昭公二十年》记晏子论“和与同异”是亦以味、声喻之:“和如羹焉,水、火、醯、醢、盐、梅,以烹鱼肉,燀之以薪,宰夫和之,齐之以味,济其不及,以泄其过。……若以水济水,谁能食之?若琴瑟之专壹,谁能听之?同之不可也如是!”③由此,我们可以得出结论:一方面,“和”是建立在多样性的基础之上的,没有“多”的存在,也就没有“和”之必要。另一方面,和与同异。“和”非同质间的简单叠加或无序混杂,而是异质间的相成相济,是不同的存在对立或差异的事物之间达成的协调一致,“夫和实生物,同则不继。以他平他谓之和,故能丰长而物归之。若以同裨同,尽乃弃矣”④。

其二,和谐的逻辑层次。从内容上来说,传统和谐观包含了在社会生活中处理人与自我、人与人(又包括了人与家庭、人与他人、人与社会及群体之间)、人与自然、人与世界各种关系的一系列的逻辑层次,“蕴涵着天人合一的宇宙观、协和万邦的国际观、和而不同的社会观、人心和善的道德

---

① 《国语·郑语》。
② 《国语·郑语》。
③ 《左传·昭公二十年》。
④ 《国语·郑语》。

观”。[①] 和谐首先是个人德行的修养，君子应当加强个人修养，“君子不忧不惧”，追求自我身心的和谐，给人们提出了一系列“修身养性”的道德规范和价值理念，如“食和羹以平其气，听和声以平其志，纳和言以平其政，履和行以平其德”[②]。其次，在处理人与人之间的关系上，主张“君子和而不同，小人同而不和”，君子要尊重并学会能与不同的人和谐相处。内在的“人和”重于外在的条件，“天时不如地利，地利不如人和”，“以善和人者谓之顺”。和谐达成之道借助于“礼”，“礼之用，和为贵”，“由礼则和节”，“礼典，以和邦国”。理想的社会状态为“均无贫，和无寡，安无倾”[③]的“天下大同”。最后，推延至自然及天下万物，讲求“天地与我并生，而万物与我为一”的“天人合一”，万物各得其所。“阴阳和而万物得”“阴阳大化，风雨博施，万物各得其和以生，各得其养以成”。[④]《易经·乾卦·彖传》阐发了万物之“太和”：“大哉乾元！万物资始，乃统天……乾道变化，各正性命，保合大和”。[⑤]作为“天地之道”的世界和宇宙间的秩序“虽有不和者，必归之于和”。“和”是万物之本，在世间万物中做到“和”，需要“执两用中”，“中也者，天下之大本也；和也者，天下之达道也。致中和，天地位焉，万物育焉”[⑥]。因而，要尊重自然万物的发展规律，做到“钓而不纲，弋不射宿”[⑦]。

其三，和谐的地位。中国传统文化中，和谐是最高的“德”，“德之行五和谓之德，四行和谓之善。善，人道也。德，天道也”[⑧]。董仲舒也认为“德莫大于和”，也就是说众“德”之协调才是最高的德性。

---

① 习近平：《中国国际友好大会暨中国人民对外友好协会成立60周年纪念活动上的讲话》(2014年5月15日)，《光明日报》2014年5月16日。

② (东汉)荀悦：《申鉴·杂言上第四》。

③ 《论语·季氏篇》。

④ 《荀子·天论》。

⑤ 《易经·乾卦·彖传》。

⑥ 《礼记·中庸》。

⑦ 《论语·述而》。

⑧ 《郭店楚简·五行(上)》。

毋庸置疑，文化和价值观的多元化都离不开一个“多”字——多种主体、多样关系、多元需求、多重目标、多种场域等等相互交织而成复杂关系之网。在这些复杂的关系里面，有多就有不同。不同不代表一定就存在对立和冲突，也不代表这些关系能够简单归一。多元文化和多元价值观带来的是异质的“多元”，横向和纵向之间皆有的共存、共生、冲突、交锋、交融、交织等多种非线性的存在状态。传统“二分法”的非此即彼的解决之道已经应付不了这种纵横交错的关系，因而很难满足解决多元文化带给公民核心价值观及公民核心价值观教育困境的需求。和谐的思维方式和价值理念本身就是基于协调多方面关系而产生的，多元系统下各种关系最佳的存在状态就是和谐。“我国已经进入了实现中华民族伟大复兴的关键阶段。”①当今我国社会的空前变革，多样性在带来活力的同时也带来了各种矛盾。多元化的文化态势和我国在现实社会发展中所遇到的一系列不协调、不均衡的现状，以及这些现状反映在公民核心价值观及公民核心价值观教育上的问题也要求我们在公民核心价值观教育的理论和实践层面上做出积极的回应，而传统的和谐观恰恰顺应了这种要求。

“在社会发展意义上所讲的和谐，事实上包括两个方面的含义：一是从社会结构的角度来看，只有社会有机体的各种构成要素处于共生的、均衡的和协调的状态中，社会的正常运转才能获得保证；二是从社会形态的角度来看只有社会基本矛盾的各个方面在性质上处于相互适应的状态中，社会才能获得向上或者向前发展的动力。”②具体来说，当前公民核心价值观教育中对人与人、人与共同体、人与社会、共同体相互之间、人与自然之间建立和谐社会关系的追求要求：丰富和合理分配的物质财富，建立和谐经济利益关系，促进公民客观物质幸福；推动公平正义，德法并用治国，保障民主平等，政通以求人和；以人为本，关注民生，尊重公民主体地位，让公民共享发展成

① 《中央外事工作会议在京举行　习近平发表重要讲话》，《人民日报》2014年11月30日。
② 俞可平等：《马克思主义理论研究论丛》，中央编译出版社2006年版，第116页。

果，祛恶扬善，建立诚信友爱、充满活力、安定有序的幸福社会氛围，增进公民共享幸福；尊重、包容发展并引导多元文化健康发展，增进公民主观幸福感；关注公民个体幸福，"使个人以整体的生活为乐事，整体则以个人的信念为乐事"①；将自然作为人类共生共存的伙伴，建立起与自然友好和谐的环境关系等。这些我们都可以在传统和谐观中找到回应。

四、群己观

在群己观上以儒家为代表的中华民族传统文化所倡导的是群体主义，在本质上是强调类意识的群体本位。众所周知，在传统文化中存在着一种"个人——家——国——天下"的伦理关系推展模型。其典型特征是家国同构，也就是在伦理思维上往往用家庭伦理关系的模式替代群体、国家等社会共同体的伦理关系，抑或是社会共同体内部或之间的伦理关系是扩大了的家庭伦理关系模式。在这种伦理关系下，传统群己观更注重于强调对家庭、宗族和国家的伦理责任，因而在其价值导向上也就自然而然地表现出一种群体主义倾向。这种倾向主要表现在：

第一，乐群贵和，顾全大局。传统群己观高度重视群体的功能，强调和谐统一的核心价值。战国末期荀子就对"群"的多方面价值及其向心力培养的重要性进行了系统的阐述。《荀子·王制》中认为人在许多特定的方面不如动物，但是人却能驾驭牛马等，人之所以能"胜物"而为"天下贵"，其原因正是"人能群，彼不能群也"②，即人能组成社会过群体生活。"群"不仅是人的特质而且还是人征服自然、发展自身的有效保证。因而传统群己观一直注重强调以和为贵、民族和睦、四海一家。荀子曾说"和则一，一则

① 《马克思恩格斯全集》第一卷，人民出版社1995年版，第217页。

② 《荀子·王制》。

多力,多力则强,强则胜物”[①],孟子也讲“天时不如地利,地利不如人和”[②],像“众志成城,众口铄金”[③]等观念都深深地扎根于人们的心理结构之中。而为达到这种群体的和谐,儒家传统伦理中提出了尊老爱幼、谦恭礼让、严己宽人等道德规范和价值准则,要求人们顾全大局、保证群体的和谐,从而处理好群己关系。

第二,去私为公,胸怀天下。群体与个体在传统文化中与“公私”关系贴近。“公”主要指涉整体和群体的利益,如国家、民族等共同体的利益;而“私”则主要是指个人利益。在公私之辨中,传统群己观的主张是旗帜鲜明的,它在群体中界定个体,强调公而忘私、大公无私,将个体人格和价值发展的目标定格在群体生存发展的基础上,强调公而忘私、大公无私,要求人们不以私利废公义。公私每必相反是儒家学者在公私之辨中的重要观点之一。《荀子·君道》中云:“公道达而私门塞矣,公义明而私事息矣。”[④]正是从这种公私对立出发,儒家伦理文化不仅提倡公重私轻、公而后私,更重要的是当“公”与“私”发生冲突、势不两立的时候,即使是个人的正当利益,与集体利益、国家利益、民族利益比起来毕竟还是第二位的。因此,应当摆正它们之间的位置,即把国家、集体、民族、老百姓的利益放在首位,自己的利益即便是正当利益也要放在次要位置。自孔子以来,中国儒家传统伦理就一直追求一种理想社会——“大道之行也,天下为公”[⑤]。从“以公灭私,民其允怀”[⑥]到“公者重,私者轻矣”[⑦],从“先天下之忧而忧,后天下之乐而

① 《荀子·王制》。
② 《孟子·公孙丑下》。
③ 《国语·周语》。
④ 《荀子·君道》。
⑤ 《礼记·礼运》。
⑥ 《尚书·周官》。
⑦ (清)王夫之:《读通鉴论》。

乐”[①]到“天下兴亡，匹夫有责”[②]，这些都为我们树立起了大公无私、克己奉公的道德观念和核心价值取向。同时，在传统的道德和价值观实践中也涌现出无数的爱国仁人志士和民族英雄，爱国主义和民族精神成为中华民族主要的核心价值观之一。

第三，见利思义，重义轻利。群己与义利相通，是通过如何处理道义和功利关系的问题而实现的，这是传统文化处理群己关系的一个重要问题。传统文化中的“义”近似于当今所说的道德、公利；“利”则主要是利益，尤其是社会成员个体的私利，多与物质利益相关，因此义利观中包含着公利和私利的关系，也就是群体利益和个体利益的关系。孔子认为“义”与“利”相比，就价值地位来说“义”高于“利”，就轻重来说“义”重于“利”。因此，孔子主张求义而不求利，“见利思义”[③]。他认为有德的君子应把“义”作为自己的首要道德规范和价值准则，对利益的追求应该有一定的原则，不能为求私利不择手段。而这个求利的原则就是“义”。荀子认为“义与利者，人之所两有也”[④]，但两者有轻重先后之别，应该贯彻先义而后利的原则。孟子进一步提出了“舍生取义”的思想等。就以上而言，在义利观上无论向着哪个方向发展，一般来说都强调“义”的地位，体现出“重义”精神，要求人们为了道义舍弃私己之利，为了维护群体利益而担当道义。

当代中国，随着社会主义市场经济这一新的社会运行机制的逐步建立，国人经历了价值取向和价值观念的骤变，使人们原有的社会伦理关系和思维方式受到了强烈的冲击，并且在此基础上人们形成了各种不同的道德观念和价值取向。最明显的是人们的利益机制发生了变化，由传统的计划经济体制下“国家——集体——个人”之间单向的利益关系转变成了市场机

① (宋)范仲淹:《岳阳楼记》。
② (清)顾炎武:《日知录 · 正始》。
③ 《论语 · 宪问》。
④ 《荀子 · 大略》。

制下双向甚至是多向的利益关系，个人利益越来越被看重，而不再仅仅是强调个人对集体的义务，使得人们在价值取向上走上了趋利性。在当今社会随着人们对实际生活中个人利益的重视程度日益增强，公民核心价值观教育在价值观日益多元条件下应当如何处理群体与个体的关系？如何面对多元文化和价值观下集体利益的萎缩？面对这些，传统群己观中的积极因子为公民核心价值观教育在正确处理个体与群体（社会）关系上提供了重要文化资源。

五、德育观

长久以来，以儒家为代表的中华民族传统文化中的教育观在中国教育思想中占据了相当重要的地位。不管是孔孟老庄还是程朱船山，无论儒道释还是墨法抑或是宋明理学、清代实学等都在长期的历史发展中形成了一系列的教育思想和观念。其中既有专门论述的篇章，也有很大一部分渗透于其他各种观点和思想之中，既包含着价值观念又包含了丰富的道德规范、教育思想和修养方法。综合来看，中华民族传统文化中对我们当前公民核心价值观教育具有继承和借鉴意义的教育观资源主要有以下几个方面。

在教育的原则上，无论是在个人的自我修养还是社会的治理方面，中国传统文化均秉承了德行优先、德育至上的原则。一方面在教育次序上，德行优先。“教之道，德为先”，《论语·学而》告诫人们在“孝悌、谨信、仁爱”之后，若“行有余力”的话，方才去“学文”。而且教育本身如《说文》所言：“教，上所施，下所效；育，养子使作善也”，因而“善，教化使之然也”①。此处“善”即道德。另一方面在重要性上，德育为重。学校要教育人们“明人伦”，国家治理要“为政以德”。传统教育观讲求“文以载道”，认为“子以四教，文行忠信”。显然，除去“文”之外，“行”“忠”“信”皆与人们的德行修养

① 《春秋繁露·实性》。

有关。“六艺”要本着“志于道，据于德，依于仁，游于艺”[①]的原则来进行传授。老子也强调“重积德则无不克”[②]。由是，我们不难看出，中华民族传统文化中的教育观实质上更多的是一种以价值观为核心的道德教育。

在教育目标上，以儒家为典型代表的传统文化注重培养具有刚健有为理想人格的“君子”。“圣人”是传统理想人格的最高境界和层次，尧舜一般的圣人对于普通的平民百姓来说可实现性不强，较之低一个层次的“君子”成为传统文化中切实可行的教育目标。儒家文化中典型的君子人格是“内圣外王”，并且列出了达成“内圣外王”的“三纲八目”，尤其是其中的“格致诚正修齐治平”清晰地向人们表述了塑造这一理想人格的逻辑公式。除“修己以敬”“修己以安人”“仁者不忧，知者不惑，勇者不惧”之外，传统儒家经典中大量篇幅描述了君子之德，许多的道德规范、行为准则和价值标准都是以君子为根本目标，如“君子务本，本立而道生”“君子坦荡荡”“君子喻于义，小人喻于利”等。

在教育内容上，传统文化中形成了一个包含价值标准、道德规范、行为准则、社会理想及人生目标等在内的多种范畴的庞大内容体系。如“仁、义、礼、智、信，温、良、恭、俭、让”“三纲八目”，也包括我们前文所概括论述的仁爱诚信观、公正法治观、和谐观、群己观等。在内容体系上具有层次性，针对不同的群体，如君臣、夫妻、父子、兄弟、长幼等不同层次提出了各不相同的要求。同时，各层次德育目标的表述上具体化、详细化，将其所宣扬的道德理想和价值观念渗透到具体的切实可行的行为规范和道德纲目之中，对普通民众来说可理解性和可操作性强，如“吾日三省吾身，为人谋而不忠乎？与朋友交而不信乎？传不习乎？”[③]

在教育途径上，强调内在自我修养与外在道德教化的结合。传统德育

① 《论语·述而》。
② 《道德经·第六十四章》。
③ 《论语·学而》。

观非常注重自我修省，要求人们善于见贤思齐、见不贤而内省方才达至“不忧不惧”的境界，并提出了一系列的要求和方法，如尚志崇义、重学致行、改过迁善、反求诸己、自强不息、日日参省、克己慎独、存心养性、知耻求荣等。在外在教化方面，在家国一体同构的基础之上形成了包含国家训导、学校教导、乡社熏陶、宗族训诫、家庭教养在内的全方位的社会教化系统，国法、学规、乡约、族训、家风无一不承担着道德教化、价值观培养和意识形态熏陶的职能，具有很强的制度性和渗透性。值得一提的是，传统文化中尤其是重视家庭教育，强调蒙以养正、正本慎始和家庭的长期教养，因此传统文化也为世人留下不少经典的家庭教育典籍，如《颜氏家训》《曾国藩家书》等。

在教育方法上，传统教育观包含了一系列的教与学的方法。学思相成，注重好学的同时强调“思”价值，孔子提出了“九思”①，“学而不思则罔，思而不学则殆”；知行相须，敏行慎言，知情意行并进互用，“博学之，审问之，慎思之，明辨之，笃行之”②；礼乐相合，寓教于乐，立于礼而成于乐，“礼乐皆得，谓之有德”；循序渐进，着于细微，“锲而不舍，金石可镂”；环境濡染，习与性成，“求贤师而事之，择良友而友之”；有教无类，因材施教，“各因其材之高下与其所失而告之”；“能近取譬”，启发善诱，“不愤不启，不悱不发”；叩其两端，致求中和，和而不同；身教示范，榜样导向，“以身戴行”，“我无为而民自化，我好静而民自正，我无欲而民自朴”③；教学相长，不耻下问，“三人行，必有我师焉”；礼义之行，富而教之，“富则仁生，赡则争止”④等。

综合以上传统文化中的德育观来看，其中包含了丰富的值得我们当今公民核心价值观教育继承和借鉴的教育思想资源，对公民核心价值观教育在内容的

① 出自《论语·季氏》，“九思”为：视思明，听思聪，色思温，貌思恭，言思忠，事思敬，疑思问，忿思难，见得思义。

② 《礼记·中庸》。

③ 《道德经·第五十七章》。

④ 《盐铁论·授时第三十五》。

拓展、过程的优化、途径的深化、方法的丰富等多方面都起到积极的作用。

第三节　公民核心价值观教育的国外教育理论资源

他山之石，可以攻玉。国外公民价值观教育的理论和实践经过多年的发展积累了丰硕的成果和大量有益经验。辩证合理、去芜存菁的荟萃和借鉴国外相关学科的理论和实践精华对于我国公民核心价值观教育把握机遇，有效探求所面临问题的解决之道，具有重要的理论价值和现实意义。国外公民核心价值观教育的相关理论成果大多集中在公民教育和德育等教育学、心理学领域。经过长期的理论和实践的发展，国外学界形成了大量的理论研究成果和思想流派，在此主要分析几种对我国公民核心价值观教育有重要借鉴意义的理论成果。

一、丰富多样又行之有效的教育理念

国外公民核心价值观教育在教育理念上充分体现出了丰富多样性。多样化的教育理念使得人们能够从不同的方面来充分认识和把握公民核心价值观教育的各个环节，为契合不同层次和领域内教育实践的有效实现奠定了理论基础。对我国公民核心价值观教育具有借鉴意义的教育理念主要有：

（一）人本主义教育观

西方人本主义的教育观建立在以马斯洛（Maslow）、罗杰斯（Rogers）等为代表的人本主义心理学的基础之上。马斯洛在分析人的需求层次前提下提出了自我实现理论，将人的自我实现作为需要的最高层次和教育的最终目的，指出“教育的目的，人的目的，人本主义的目的，与人有关的目的，在根本上就是人的‘自我实现’，是丰满人性的形成，是人能够达到的或个人

能够达到的最高度的发展”。① 在教学上，罗杰斯提出了以“学生为中心”的“非指导性教学”，认为教师不是“一个没有面孔的课程化身”②的知识灌输者而是学生自我实现的“促进者”。

总体上来说，人本主义教育观与以灌输为主要方法和以认知为主要目的传统教育观相反，倡导的是能够使受教育者得到全面发展的、主动的、内在的学习。其主要观点是认为包括德育在内的一切教育应该是以儿童、学生等受教育者为本位，以人自身的完善为最终目的。针对传统教育观的弊端，人本主义教育观“它强调个人尊严、个人选择以及责任的意义和创造的乐趣”③，倡导教育者除了关注受教育者的知识获得之外还要更多地关注其情感与尊严、动机与兴趣、价值与潜能的实现，使教育最终回归到人本身。这一观点对受教育者主体性、能动性和创造性的发挥具有积极意义，对在美国、西方乃至全世界教育领域突破传统教育的局限，开展德育和课程教学的改革都具有极其深远的影响。如法国国家课程委员会于 1992 年公布的课程宪章就强调要以学生为中心编制课程。同样，人本主义教育观映射到公民核心价值观教育上，就需要公民核心价值观教育在教育目的、方式、过程等方面要以公民的全面发展和价值实现为本，关注公民本身的本体价值；不能只关注核心价值观知识的灌输，而是要增加公民在核心价值观方面的情感体验、人格发展等，注重调动公民主体在践行核心价值观上的积极性和主动性。

当然，人本主义的教育观过于强调人的自然本性和主观经验而忽视人作为社会实体的属性，过于强调顺应受教育者的本性而忽视教师作为“教育者”的作用，因此在这一点上有消极的因素，也是我国公民核心价值观教

① ［美］马斯洛：《人性能达的境界》，林方译，云南人民出版社 1987 年版，第 169 页。

② Carl Rogers, *On Becoming a Person: A Therapist's View of Psychotherapy*. Boston, MA: Houghton Mifflin, 1961: 287.

③ Carl Rogers, *Freedom to Learn for the 80's*. Columbus, OH: Charles E. Merrill Publishing Company, 1983: 95.

育过程中需要避免出现的问题。

(二)社群主义教育观

20 世纪 80 年代,在对新自由主义的批判和反思中,社群主义政治思潮逐渐兴起。针对道德和价值观领域内自由主义带来的个人主义的泛滥,社群主义也逐渐成为德育、价值观教育、公民教育等方面的重要观念和思潮之一。

与自由主义相反,社群主义认为个体只有依托于社群及社群中的关系才能存在,社群决定个体“自我”角色的设定;在个体价值和公共(社会)价值、个体利益和公共(社会)利益之间,社群主义强调共同体价值和利益的优先性。同时,社群主义认为个体与社群、个体与个体之间是一荣俱荣、一损俱损的相互牵连的构成性关系,个体自主性是相对于特定社群而存在的。如当代西方社群主义著名代表人物桑德尔在《自由主义与正义的限度》一书中所言,社群“不仅规定了公民可以拥有什么,而且规定了他们是谁;它不是提供了他们像在自由结社可以选择建立的关系,而是提供了可以让他们慢慢去发现的相互关系;它不仅是个体身份的属性,也成了他们认同的构成部分”①。因此,社群主义强调共同认同和共同文化传统的重要性,认为社群是“一个社会关系的网络,它包含了共同理解的意义;而最重要的是它包含了共同的价值”②。社群主义重视公民美德的培育,倡导社群成员共同的“公益的善”,认为“善优先于权利”。“社群主义不是把个人放在第一位,而是把社群放在第一位。当然,强调社群并不意味否定个人的自由权利,而是把社会的共同利益置于与个人的自由权利同等重要的地位,围绕社会的共同利益来考虑个人的权利。”③

---

① Micheal Sandel, *Liberalism and the Limits of Justice*. Cambridge: Cambridge University Press, 1982:150.

② Amitai Etzioni, *The Essential Communitarian Reader*. Rowman and Littlefield, 1998: xiii.

③ 祝爱武、冯建军:《当代西方社群主义与和谐社会道德教育》,《比较教育研究》2008 年第 4 期。

公民核心价值观教育领域内的社群主义观念对原子式个人主义的批判有助于对当下道德和价值观领域内的个人主义、自由主义等价值取向进行纠偏;其主张个体并非虚无中来,以及对共同文化传统和共同价值目标的强调和追求利于人们对共同体历史和文化的认同,是对历史虚无主义、道德虚无主义的有力批判和否定;社群主义对共同利益和价值的重视,助益于引导公民个体树立并践行社会共同的核心价值观,增强公民对各类共同体尤其是国家的价值认同和价值共识,维护共同体内和谐。总言之,社群主义的教育观对公民核心价值观教育中有效处理公民个体和共同体之间的关系,建立新型社会主义集体主义价值取向具有积极的借鉴意义。

(三)多元文化主义教育观

随着多元文化成为当今时代的全球新特征,多元文化主义教育观也逐步在世界流行开来。多元文化以及与其相关的多元文化主义、多元文化教育、文化多元化等作为一种社会思潮发源于20世纪60年代的第一移民大国美国,爆发了持续10多年(1955—1968年)声势浩大的非裔美国人抵制民族歧视、争取少数民族权利的公民权利运动(The Civil Rights Movement)。与公民权利运动同时兴起的还有高涨的族群意识,在民权运动浪潮的影响和推动下,弱势文化在亚文化和主流文化的对抗中受到关注,多元文化也在这一过程中得到张扬,给予了当时世界多数民族国家持有的以超越文化与族群差异性的同化主义为主导的文化和民族政策模式和"熔炉论"重重一击,推动了旨在追求多元群体共同平等发展的教育改革运动的蓬勃兴起,引起了许多典型移民国家的国家文化政策转变,在西方世界逐步扩散并日臻成熟。民族复兴运动以来,美国、加拿大和澳大利亚等许多国家的领导人和公民都认为他们的国家是多元文化的民主国家。① 多元文化主义的色彩在其公民教育理念中非常明显。

---

① [美]James A.Banks:《多元文化国家的多样性及公民教育》,《湖南师范大学教育科学学报》2013年第3期。

随着多元文化进程的发展，多元文化的含义也从突出强调要尊重弱势民族、种族的文化发展到“既有文化上的差异又有价值规范、价值取向等的差异”。[①] 多元文化中不同价值观目标和价值取向的客观存在，要求在公民教育中能够包容和尊重不同民族共同体的价值需求和民族文化特质，在国家、社会核心价值观或主流价值观与非主流价值观、主流文化与非主流文化之间做出有效平衡与弥合。如沃特森所言，“传统教育对非主流文化的排斥必须得到修正，学校必须帮助学生消除对其他文化的误解和歧视以及对文化冲突的恐惧，学会了解、尊重和欣赏其他文化”[②]。

在当今时代，多元文化主义的教育观对同样是处于多元文化中的多民族国家的我国公民核心价值观教育具有极其重要的借鉴意义。对我们科学的把握当今时代新特征，在多元文化和价值观冲突中既树立和培育公民核心价值观又保持社会价值观念的多样性有积极意义。我国公民核心价值观教育所处的时空环境要求其必须处理好多元价值观与核心价值观之间的关系，而且价值观上核心的“一元”与多样的“多元”之间的关系处理本来就是公民核心价值观教育中的题中之义。对国外多元文化主义教育观的有效借鉴助益于消弭文化和价值观上的霸权主义和恐惧主义，培养尊重多元、包容差异的社会价值观氛围，从而凝聚多种社会力量，推动公民核心价值观教育的有效开展。

二、与教育实践密切结合的教育理论

国外公民核心价值观教育在具体的教育理念方面大多数都是能够跟随当时的教育实践变化而不断调整和丰富，从而创立了一系列与教育实践密切结合的教育理论。具体来说，比较典型的有以下几种。

---

① 郑金洲：《多元文化教育》，天津教育出版社 2004 年版，第 3 页。

② ［英］C.W.沃特森：《多元文化主义》，叶兴艺译，吉林人民出版社 2005 年版。

(一)价值澄清理论

建立于价值相对主义的理论基础之上、强调价值观平等的价值澄清学派在20世纪六七十年代的道德教育尤其是价值观教育研究中占据了主要地位并且达到了自身的顶峰。拉斯思、西蒙等在代表作《价值与教学》中对价值澄清理论做了系统论述,其核心观点将道德教育之目标放在了价值"选择能力"而非价值"认同能力"上,认为"我们有不同的经历和看法,我们应该选择自己的价值观"①。基于价值相对论的立场,他们认为价值观是相对的,因个体及其经验而异,具有变化性和多样性,在复杂的多元文化社会里不存在绝对普遍和恒定的价值标准。因此,他们不主张道德规范和价值观念的灌输,而是强调受教育者个体的情感、经验在多种价值观选择中的价值判断和选择能力的发挥,并提出了"关注生活、接受事实、深入思考、提高潜能"的价值澄清的四要素②。而教育者的任务则在于引导受教育者进行价值评价,帮助受教育者在多种价值观间做出澄清并创设、提供情境或机会以便于受教育者进行价值观选择,"至关重要的是确定什么是值得珍视的,什么是值得付出时间和精力"。③ 在价值澄清学派看来,相对于所形成的价值观本身,通过什么过程获得价值观更为关键,"选择——珍视——行动"的价值澄清过程就是价值观形成和价值观教育的过程。

价值澄清学派的研究向人们提供了大量的方法论,如《价值观澄清——教师和学生实践策略手册》中就包含了79种价值观澄清策略。基于价值澄清理论的价值观澄清方法和模式在当时的价值观教育和道德教育中也得到了广泛使用。价值澄清学派的理论有助于价值观教育避免单一的价

---

① Raths, L, Harmin, M., Simon, S. *Values and Teaching*. Second edition. Columbus, Ohio: Merill, 1978:53.

② Raths, L, Harmin, M., Simon, S. *Values and Teaching*. Second edition. Columbus, Ohio: Merill, 1978:10.

③ Raths, L, Harmin, M., Simon, S. *Values and Teaching*. Second edition. Columbus, Ohio: Merill, 1978:7.

值灌输模式，关注现实生活世界，能够发挥受教育者的主动性，提高其价值判断和价值选择能力，对多元价值选择中的公民核心价值观教育在公民价值选择、分析、评判和决策能力等价值素养的培养方面大有启发，其中一些具体的操作方法和模式对提高公民核心价值观教育的实效性也颇有帮助。但是，其过分强调受教育者个体的经验而将教育者置于价值中立的立场则不利于正确社会价值观的传递。因此，在公民核心价值观教育中仍需注重发挥外部教育因素的积极作用，向受教育者传递具有积极意义的公民核心价值观内容，否则将会造成多元价值选择中的价值相对性和价值观选择的模糊性，从而导致价值实践的无序。

（二）道德认知发展理论

劳伦斯·柯尔伯格的道德认知发展理论在20世纪七八十年代的西方尤其是美国教育界产生了深刻而久远的影响。与价值澄清学派不同，柯尔伯格从道德普遍主义立场出发，认同共同基本道德价值的存在。认为“道德发展的各个阶段均是以特定的逻辑运算思维为基础的，道德阶段与逻辑阶段在结构上虽然相似，但智慧发展往往是先于道德发展的或是与其平行的”①。受皮亚杰认知发展理论的影响，依照人的逻辑思维能力发展顺序，柯尔伯格提出了“道德认知发展阶段理论”，认为人们的道德发展按照“前习俗、习俗和后习俗”的“三水平”和“惩罚和服从、工具理性的相对主义、人际关系、法律和秩序、法定的社会契约、普遍的伦理原则”的“六阶段”由低级向高级的恒定顺序逐段发展，“道德判断在特定阶段上有其独特的形式，而且这一形式是与相应的智力判断的形式是平行的”②，不同的阶段体现了不同的道德认知水平。其主要目的在于培养受教育者包括道德判断和道德推理能力在内的道德认知能力，促进其道德思维的发展。在教育方法上道德认知发展理论反对“美德袋”式的预定价值观灌输，教育者作为认知冲突

① L.Kohlberg.*The Phylosophy of Moral Development* .San Francisca：Harper Collins，1981：136.
② L.Kohlberg.*The Phylosophy of Moral Education* .San Francisca：Harper Row，1984：136.

的促进者是持道德和价值中立态度的道德哲学家和道德心理学家。在学校教育上提出了两难故事推理的结构性课堂讨论法和建立公正团体法的教育方法,也被称作是"新苏格拉底法"和"新柏拉图法",并提出了一系列具有可操作性的应用模式和策略。

我国当前公民核心价值观教育可以从道德认知发展理论中汲取很多有益的参照和设想。其一,道德认知发展理论对个体道德发展阶段性的划分对我们在把握公民核心价值观认知发展规律方面提供了参考。公民核心价值观教育要注重核心价值观教育与公民认知发展阶段相结合,在目标、内容、方式等方面都不能忽视不同年龄层次群体的心理发展阶段性特征,避免脱离公民价值认知能力水平实际来开展教育。遵循客观价值认知发展规律下的层次性和阶段性教育是保证公民核心价值观教育科学性和实效性的关键。其二,为公民核心价值观教育有效利用价值观冲突来提高公民的价值观判断和思维能力,从而做出正确的核心价值观选择提供了一些可以参考的可操作性方法和思想。同时学生民主参与的模式有助于破除传统机械说教的教育方式的弊端。其三,公民核心价值观教育也需要从尊重公民主体性出发,创造良好的社会、文化环境,促使其积极参与价值实践活动并从中培养核心价值观念和情感,推动公民道德和价值思维能力的提高。其四,对教育者的教育素质全面提高给出要求,公民核心价值观教育中需要教育者具备教育学、心理学、社会学等多方面的素质和能力。

当然,道德认知发展理论在教育者保持价值中立、重视道德认知忽视受教育道德情感和行为以及具体实践中评价标准等方面仍旧存在一些问题,需要在公民核心价值观教育中超越和进一步研究。

(三)品格教育理论

品格教育在20世纪初的美国就已经出现了,我们在这里探讨的品格教育主要是20世纪80年代以后的品格教育理论,也被称作为新品格教育。20世纪80年代之后,面对严重的个人和社会道德危机,品格教育开始在美国出现并逐步发展，到 90 年代之后在西方尤其是其发源地美国已经占据了道德教育的主流地位。基于对价值相对主义和道德教育过程主义的批判与审视，尽管对品格的内涵理解和品格教育所包含的具体内容上有所分歧，但品格教育都认可多元价值观中共享价值观的存在，这一点恰恰弥补了价值澄清学派的缺陷。品格教育学派认为多元价值观社会里必须要有一定的、共享的、能够发挥核心引导作用的价值观和道德规范，并且以此为个体品格形成的基础。事实上，这种价值观就是核心价值观。品格教育从其本质上来说是关于核心价值观的教育。而且品格教育学派也摒弃了价值澄清学派和道德认知发展理论关于无内容而只注重教育过程、教育者保持价值中立的思想，强调教育者要向学生传授社会核心价值观，如责任、尊重、诚信等，学校有传递社会核心价值观的义务，国家、社区、邻里、家庭等社群应该支持学校教育。托马斯·里克纳在“有效品格教育的 11 条原则”①中就指出学校、家庭和社区通过审慎的努力，帮助年轻人理解、关心并按照核心价值观行事。同时，品格教育理论认为“行为是品格的最终裁判”，注重实践行为的养成，主张知、情、意、行并举，将核心价值观念内化为良好品格。

显然，同样作为核心价值观教育的品格教育理论对我国当前处于信仰“祛魅”和文化、价值观多元背景下的公民核心价值观教育在理论和实践上有许多启迪之处。品格教育理论无论是在对社会道德危机的反思、对优秀核心价值观和良好品格的理解、对价值观教育内容与课程的设计、对道德教育社群力量的整合、对教师赋予道德榜样和道德导师的角色要求、对道德实践的重视，还是在一些具体的核心价值观教育方法和策略方面，都呈现出了积极性和合理性，而且在美国的道德教育实践中也取得了很大成效，值得我国公民核心价值观教育合理吸收和借鉴。当然，我们需要对其辩证地考量和认识，在教育过程中注意调动受教育者的主体性和能动性，避免落入全盘

① Lickona, T. “The Eleven Effective Principles of Character Education”. *Journal of Moral Education*, 1996, 25(1): 93-101.

灌输式的教育中去。

（四）其他理论

除前文所介绍的一些理论成果之外，国外还存在其他一些对我国公民核心价值观教育有借鉴意义的理论成果，诸如杜威（John Dewey）的“教育即生活”“学校即社会”的道德教育理论、以弗雷德·纽曼（Fred Newman）为代表的强调进行道德实践和社会行动能力培养的社会行动理论、以英国学校德育学家彼得·麦克菲尔（Peter Mcphail）等为代表的强调要关注道德情感的体谅关怀理论、以班杜拉（Albert Bandura）和米切尔（W.Mischel）等人为代表的注重观察学习和榜样示范作用的社会学习理论、苏联苏霍姆林斯基关于“培养全面发展的人”的和谐教育思想等，都有各自不同的可取之处，值得我们当前公民核心价值观教育辩证地吸收和借鉴，在此不再一一介绍。

第三章　公民核心价值观教育的发展现状

随着全球化的交流、市场经济发展和社会转型,形成了多元文化交织、交融与争锋共在的多元文化格局。多元文化的实质是多元共存下价值观的多元化。这既给新时期我国公民核心价值观教育提供了新机遇,又对其提出了挑战。因此,机遇和挑战并存的新课题下,立足于多元文化积极探求公民核心价值观教育的研究和实践理路无论在理论上还是在实践上皆具有格外重要的意义。

第一节　多元文化是公民核心价值观教育新的文化背景

如习近平在联合国教科文组织总部的演讲所说,“阳光有七种颜色,世界也是多彩的。一个国家和民族的文明是一个国家和民族的集体记忆。人类在漫长的历史长河中,创造和发展了多姿多彩的文明”①。尤其随着全球化的兴起而不断生成和发展,多元文化成为历史潮流和不争的事实。全球化尤其是文化全球化下的多元文化是公民核心价值观教育不可忽视的文化场域。

① 习近平:《在联合国教科文组织总部的演讲》,《学习活页文选》2014 年第 12 期。

一、多元文化的兴起

不得不说，随着全球化和现代性的世界历史潮流显现出来的并不是一个越来越趋同的世界图景，相反在这个过程中显示出来的是日趋明显的有大量亚文化存在的充满了差异性和多元化的文化。在当代中国社会，曾经对社会生活具有强大统合作用的大一统式的文化体系已趋于瓦解，各种前现代、现代和后现代的文化趣味和模式纷然杂陈，各种新的、混合的文化形态也在不断孕育和生长，建立在“分众”而非“大众”基础上的各种“亚文化”在蓬勃发展。[①]《人民论坛》调查研究显示，2013 年中国最受关注的十大社会思潮包括新自由主义、历史虚无主义、民族主义、创新马克思主义、普世价值论、宪政思潮、民粹主义、新左派、新儒学、伪科学[②]，2015 年中国最受关注的十大社会思潮包括民族主义、历史虚无主义、新自由主义、民粹主义、新左派、普世价值论、新儒家、生态主义、极端主义、道德相对主义[③]。《最近四十年中国社会思潮》则认为，最近四十年深刻影响中国改革决策以及社会启蒙的主要社会思潮包括占据主导地位的中国特色社会主义及老左派思潮、新左派思潮、民主社会主义、自由主义、民族主义、民粹主义、新儒家思想等。[④] 当前中国文化的多样性由此可见一斑。

显然，无论如何历史不但没有终结，“人类意识形态发展的终点”也没有到来，多元文化恰恰成为任何一个国家或民族不可阻挡和难以逭逃的历史潮流。探究作为人类精神产品的公民核心价值观教育也注定脱离不开多元文化这一时代背景和文化场域。全球化浪潮席卷下跨国界、跨地域的思想文化日益频繁的交流交融交锋形势下价值观的新较量，大发展、大变革的

① 吴新文：《社会主义核心价值观》，重庆出版社 2009 年版，第 27 页。

② 人民论坛问卷调查中心：《2013 值得关注的十大思潮》，《人民论坛》2014 年第 2 期。

③ 人民论坛问卷调查中心：《2015 值得关注的十大思潮调查报告》，《人民论坛》2016 年第 1 期(上)。

④ 马立诚：《最近四十年中国社会思潮》，东方出版社 2015 年版。

时代中公民思想意识和文化多元多样多变的新形势，是当前公民核心价值观教育绕不开的现实场域和历史课题。总之，当代世界是多元文化的世界，当代中国社会是多元文化的中国，多元文化成为当代公民核心价值观教育的新语境。

人的实践的丰富性塑造了文化的多元性，多元文化作为人的多种存在方式的精神和意识表征随着全球化和信息化的过程不断发展，使我们当前不可避免地走进了多元文化时代。多元文化的兴起与全球化下现代社会政治、经济、文化、社会发展的新特征、新境况密不可分，其主要原因可以从以下视角加以分析。

（一）文化的社会实践性、时代性和民族性：文化自身的多元性基因

作为一个历史悠久且复杂的词语，文化是一个与人类社会历史和现实生活息息相关的高频用语。关于"文化"，从最广泛意义和最基础的层次来说，就是人类在社会实践活动中所创造的一切物质财富和精神财富的总和。虽然我们对文化的界定在很大意义上是以社会意识形式为主，但显然，从社会历史发展的角度来看，作为社会生活中不可或缺的一种内在构成性因素，文化的发生发展及人们的一切文化活动仍旧是源自并且也离不开一定的自然历史条件和人们的物质实践活动。马克思恩格斯强调，"'精神'从一开始就很倒霉，受到物质的'纠缠'"①。文化具有社会实践性，物质生产生活实践的变迁是文化流变的最终基础和源泉。人们物质实践活动千差万别，各种文化因子积淀而形成了不同的文化传统，"一定的文化是一定社会的政治和经济在观念形态上的反映"，②在不同的实践领域、主体和时空的基础上也就产生了不同的文化类型。实践领域的不同决定了文化从结构上可以划分为物质文化、制度文化、行为文化和精神文化等不同类型；而不同时间和空间的人类社会实践活动则决定了文化必然有民族文化与异族文化、

① 《马克思恩格斯选集》第一卷，人民出版社 2012 年版，第 161 页。

② 《毛泽东选集》第二卷，人民出版社 1991 年版，第 94 页。

本土文化与外来文化、东方文化与西方文化、现代文化与传统文化等差分；依据社会生活实践不同的阶级主体，又有处于主导地位的文化和支配地位的文化之区别，“支配着物质资料生产的阶级同时也支配着精神生产资料”。[①]

任何一种文化都是特定时代和一定民族的统一体。[②] 就文化的发生及流变的历程来说，文化是动态的、历史的，也就是说文化并不是一旦形成就一成不变的。伴随着人类改造世界和人类自身的物质生产生活的实践活动的历史进程，人类生产方式及其形态也不断变更，在不同的历史时间段里，周围社会环境因素、生活方式和人们的认知水平等方面皆有不同。“每一个时代的理论思维，包括我们这个时代的理论思维，都是一种历史的产物，它在不同的时代具有完全不同的形式，同时具有完全不同的内容。”[③]仰赖于此，对应的文化的形态和内容也在变化之中，不断地传承、削减、变异和丰富。因此，处于人类社会不同历史时期的文化形态总是具有鲜明的时代印记。作为一种人类社会生活中经过长期积淀所形成的意识形态的存在，任何一个时期的文化都保留有前一时期文化的精髓并代代传承，相沿成习，在无休无止的扬弃和更新中最终积淀成文化传统。人类所赖以生存的自然生态的丰富性和人类社会实践的多样性造就和决定了文化的多样复杂性。世界上有多少地理区域的划分和生产生活实践方式，就会产生多少种文化体系。这种文化的差异既有现象上的差别，也有本质上的不同文明间的冲突，同一事物在一个民族文化里是图腾在另外一个民族文化里面则有可能变成禁忌。同样，各民族在各自发展历史中形成了不同的文化模式，而且即使同一民族的文化在不同的历史发展时期也会呈现出不同的特色。因此，从这意义上来说文化具有多样复杂性。

---

① 《马克思恩格斯选集》第一卷，人民出版社 2012 年版，第 178 页

② 郑大华：《梁漱溟与胡适——文化保守主义与西化思潮的比较》，中华书局 1994 年版。

③ 《马克思恩格斯选集》第三卷，人民出版社 2012 年版，第 873 页。

文化抹杀不掉的社会实践性、时代性和民族性，决定了文化从它诞生之初不管是在纵向历史的维度还是横向空间的视野上必然带有不可消弭的多元性基因，它使得在同一时间和空间范围内有了多种文化同时存在的可能，即多元文化。不同的地理位置所对应的社会环境、生活环境及生态环境的差异和社会发展阶段的不同，致使各民族文化沿袭自身独特的道路发展，产生了凝聚不同民族或地域特质文化体系。这种文化的差异既有现象上的差别，也有本质上不同价值观间的冲突。因此，文化是为一个区域、民族、社群或其他共同体内部所共享和遵守的基本内核，渗透于共同体或社会的行为观念和态度情感之中，是一个民族无法割裂的历史血脉，是民族自我认证、民族认同的产物和保障，共同体的核心价值观在民族文化中得到彰显和延续。

（二）全球化下全球多元文化共生融合：经济条件和文化空间

全球化是当代社会的典型特征，是随着人类生产、交往活动范围的扩大，从而形成世界市场并且带动文化世界性传播交流，打破“各民族原始封闭状态”的客观过程，是人的交往关系发展的最新阶段。借由物质交往的推动，尤其是随着科技革命的不断兴起，信息技术越来越发达，交流渠道越来越多，文化本身的开放性和各民族或地区文化间的差异性打破了文化壁垒、结束了各民族和地区间文化孤立生存的时代，不可能容许文化和价值观的一元主宰和专断。在世界各民族的频繁交往中，“过去那种地方的和民族的自给自足和闭关自守状态，被各民族的各方面的互相往来和各方面的互相依赖所代替了。物质的生产是如此，精神的生产也是如此。各民族的精神产品成了公共的财产。民族的片面性和局限性日益成为不可能，于是由许多种民族的和地方的文学形成了一种世界的文学”①。当然这里的“世界文学”不仅仅是狭义文学意义上的“文学”，而是一种更广泛意义上的“文学”，是代表文化的一种精神财富的象征。世界市场形成之后，世界舞台上

① 《马克思恩格斯选集》第一卷，人民出版社 2012 年版，第 404 页。

越来越多种类的不同文化形态、文化体系之间的交汇与抵抗、融合与冲突持续上演。全球性的生产活动与交往越是频繁,在同一时空域里多种文化之间的交流与碰撞也就越激烈。伴随汹涌而来的“全球化”浪潮,最初的经济全球化,已经蔓延到了政治、技术、信息及其他领域并且得到了普遍使用。尤其是随着科技革命的不断兴起,信息技术越来越发达,交流渠道越来越多,人们的社会流动便捷性也大大增强,世界由单一的经济全球化,进入了经济、政治、文化多方面多元化的时代,尤其是文化多元化对世界历史的影响力愈加明显地显现出来,多元文化的存在由可能性变成了不争的现实。

因此,在当今文化大交融、观念大碰撞的时代,难免会出现这样一个悖论:一方面,世界上呈现出一幅多种文化相互交融、相互吸收,异彩纷呈的多元图景;但另一方面又存在着各种文化之间的冲突和博弈。多元文化面临的这种悖论,映射在文化的内核——核心价值观上,便也对应地必然要经历两方面的变迁:一方面各种核心价值观之间不再隔绝,突破原有的你我分明的关系,彼此间分界线出现模糊地带;同时基于不同文化传统的核心价值观之间的冲突、抗衡加剧。简言之,文化全球化给我们带来了文化和核心价值观的“共存”与“冲突”。

全球化大潮下多种文化的全球性共生融合为多元文化的兴起创造了经济条件和前所未有的文化空间。这主要表现在:第一,文化主体的多元化。世界政治、经济、文化格局不再是控制在某个个别国家手中,尤其是跨国组织之间的交流与互动,这改变了过去两极世界格局,使世界朝多极化发展。第二,文化内容的多样化。目前各国各地区交往的程度大大加深,全球化文化生产体系正在形成并涉及社会生产生活全方位的文化宽泛领域。第三,文化活动的动态化。全球化浪潮的席卷下,人们的文化交往活动范围拓展到了前所未有的时空,大大延伸了人们文化活动的视野和半径,文化交往的时空距离被大大压缩,原有的静态封闭的民族或区域文化共同体的枷锁被打破,取而代之的是越来越加强的文化全球流动,保守的文化中心主义逐步被消解。各民族、地域的文化不再囿于狭小的文化时空，而是日渐在多元文化的激荡中融合共生。伴随着全球化浪潮的冲击，在思想文化方面的国际交流不断增强，各种社会思潮涌入，造就了国内文化和价值观念上的复杂与多样化态势。

（三）社会转型中全新理论支柱和意义支撑的需要：社会结构条件

社会转型需要全新的理论支柱和意义支撑，为多元文化激荡产生提供了社会结构条件。当代中国的社会转型是在经济转型基础上整个社会结构深刻变革的过程，也是由物质层面的巨大变革导致人们的行为方式和思想观念发生着一系列深刻变化的过程。中国自20世纪70年代末期以来，启动了以改革开放为开端的一系列变革，涉及了经济、政治、文化、社会等各个领域。特别是随着社会主义市场经济体制的建立和不断完善发展，中国在30多年的时间里整个社会面貌发生了规模大、速度快、复杂的天翻地覆的全方位的变化，这种变化也可以称得上是“三千年未有之大变局”了。在当今这个新阶段，社会主义市场经济建立并不断完善，社会主义改革不断深化、发展进入到攻坚阶段和关键时期。

当代中国的社会转型不是某一个领域内的简单变革，而是一个由经济结构开始进而不断发展到整个社会结构变迁的过程。“中国后发型现代化的进程，处在前现代、现代和后现代的交汇点，处在几大文化体系全面冲突交流的旋涡中心，处在人类文明由主要依赖利用自然资源而发展向主要依赖开发人自身智力资源而发展的质变期，情况十分复杂，需要全新的理论支柱和意义支撑。”①在中国社会现代化的转换过程中，包括思想观念在内的社会生活各领域中异质多样性逐步取代了传统的同质单一性社会结构，引发了一系列深刻变革。中国社会结构转型给中国社会带来了多方面深刻而复杂的变化，特别是经济关系领域由于不同利益主体的出现而形成了多元

① 杨岚、张维真：《中国当代人文精神的建构》，人民出版社2002年版，第9—10页。

利益关系，继而造成了社会意识领域中参差复杂的多元新态势。新的价值体系尚未构建完备，旧的价值体系尚未完全退出历史舞台；民族的价值体系在外来文化的强势冲击下和中西文化的交融争锋中涤荡；人们的辨识力需要加强，人们的精神家园迫切需要建构。因而，社会转型中社会结构的深刻变动急切呼唤全新的理论支柱和意义支撑，这种意义支撑就是对多元文化和多元价值观的全面而合理认知。毫无疑问，这种认知在国家社会成员层面实现的主要渠道就是公民核心价值观教育。

（四）市场经济中的不同市场主体：多元主体合理性的土壤

社会基本经济制度的变革是牵动思想文化领域深刻变迁的内在动因。以公有制为主体、多种所有制并存的经济制度代替了传统的计划经济体制，经济成分多样化的同时，在利益主体的分化整合过程中人们的利益关系和分配关系呈现多样化趋势。经济基础决定上层建筑，当代中国经济领域的现状决定了不同利益主体间存在不同的价值观。市场经济产生的不同市场主体，为多元文化产生创造了多元主体合理性的肥沃土壤。市场经济活动已成为人们社会生活和社会变迁中的实践基础。原有计划经济条件下社会成员“单位制”的生存和交往方式在市场经济体制建立和完善过程中逐步被打破，现代异质性社会逐步形成，社会关系跟随经济关系的变革发生了转变，个体、集体（单位）和社会的关系中个体的自我意识、个体主体性、自我选择空间、个体价值等都得到充分彰显和认肯。可见，市场经济本身在要求多元主体的同时，必然导致多元文化和多元价值观的并存。

新经济体制下多种经济成分带来的多种经济关系和多样化的价值观念必然产生罗尔斯所说现代社会的“理性多元论”的事实：“现代民主社会不仅具有一种完备性宗教学说、哲学学说和道德学说之多元化特征，而且具有一种互不相容却又合乎理性的诸完备性学说之多元化特征。”①所谓“完备

① ［美］罗尔斯：《政治自由主义》，万俊人译，译林出版社 2000 年版，第 4 页。

性学说”是指具有自己特殊的世界观理念与价值观理想，具有特殊的理论立场的系统性的思想体系，所谓“合乎理性”是指每一种完备性学说都不是反理性的，都包含着对人的关切。经济基础决定上层建筑，当代中国经济领域现状决定了不同利益主体间存在不同的价值观。同时，随着改革的深入与市场经济的发展，过去的传统价值观模式在某些方面已经不再完全适应新的时代形势的要求，并且面临着自由主义等各种社会思潮的挑战。价值理念领域的争鸣、新型价值体系的缺位使得我们社会生活中出现了所谓“道德框架的分裂”问题，从而增大了人们行为失范的可能性。利益的分化导致社会意识尤其是价值取向的差异性与多样化，进而多元文化的产生也就成为不争的事实。

二、多元文化的实质是价值观的多元化

（一）多元文化的内涵

最初，多元文化的概念与殖民地和后殖民地社会有关，主要指的是在殖民地国家存在的外来宗主国的侵略统治文化和本土原居族群的文化共同存在，作为主流文化的外来文化和作为非主流文化的本土文化两种异质文化之间的同化和反同化、扩张和反扩张、统治和反统治博弈共存的这样一种文化状态。但是，随着社会历史的发展，在后殖民和后冷战时代多元文化逐渐不再仅仅局限于其发端的殖民地社会，而是涵盖了更为丰富的内容，多元文化也表达了在同一国家或地区共存的不同民族、种族或族群间差异悬殊的多种文化形态。在时代的变迁中，这种多样共存的文化现象越来越普遍，直至发展成为一种受到广泛关注和传播的社会思潮。

当今，随着科学技术的进步和革新，人们的生产实践和交往活动的范围越来越广阔，移动的频率也越来越快速，世界经济、政治格局也有了更为深刻的变化。在全球化与现代化趋势如火如荼的交织中，“历史向世界历史的转变”的进程也日益迅猛，当今世界的现代性也愈加显现。跨文化发展

成为全球化加速进程中的必然，在这一过程中，被大大缩短的不仅仅是人与人之间的空间距离，时代维度亦是共时态化多元存在。人们无法逃避不同时代维度的挤兑。[①] 由是，不同民族、不同地域的文化打破一元界限，带着各自积淀下来的文化传统和价值观在信息化时代聚集在一起，种族、民族、宗教和语言的多样性不断加深。

在一个以探讨时代和社会变迁对人们价值观念影响的题为“世界价值观调查”的全球研究项目中（http://www.worldvaluessurvey.org）提到，依据世界价值观调查文化地图（The World Value Survey Cultural Map 1999—2004，如图1所示）[②]所涉及的国家和地区的“基本文化、传统”可以划分为如下几大类：孔子文化、欧洲清教文化、欧洲天主教文化、英语文化、南亚文化、拉丁美洲文化、非洲文化和苏联东欧地区文化。而亨廷顿也曾经把世界上的文化分为欧洲文化、孔子文化、日本文化、伊斯兰文化、印度文化、斯拉夫东正教文化、拉丁美洲文化、非洲文化八大种类。世界各类文化既有民族文化或地域文化本身内部的多样性更有世界文化的多样性，不同价值观的文化交织碰撞，共同构成了全球多元文化格局。

关于多元文化的内涵，如同文化一样有多少种不同的界定维度就有多少种阐释。依据多元文化形成和发展的历史脉络来看，这种多样化涵盖了各文化主体长期以来形成的文化体系和发展态势，包括在价值取向上具有异质性、多样性的有形和无形的文化形态。这些异质的地域、民族、时代文化“均可划分为主导文化、亚文化、反文化和文化飞地等形态”[③]。因此，我们可以这样界定多元文化：多元文化是指在社会现代化转换过程中，文化在不同的时空和共同体中所体现出来的各种不同的多样化表现形式，相互联系又各具特

---

① 何中华：《多元文化时代的价值困境及其出路》，《烟台大学学报》（哲学社会科学版）2004年第2期。

② Source：*Ronald Inglehart and Christian Welzel*，*Modernization*，*Cultural Change and Democracy* New York：Cambridge University Press，2005：63.

③ 牟岱：《多元文化概论》，《社会科学辑刊》1996年第6期。

The World Value Survey Cultural Map 1999-2004
（1999-2004 世界价值观调查文化地图）

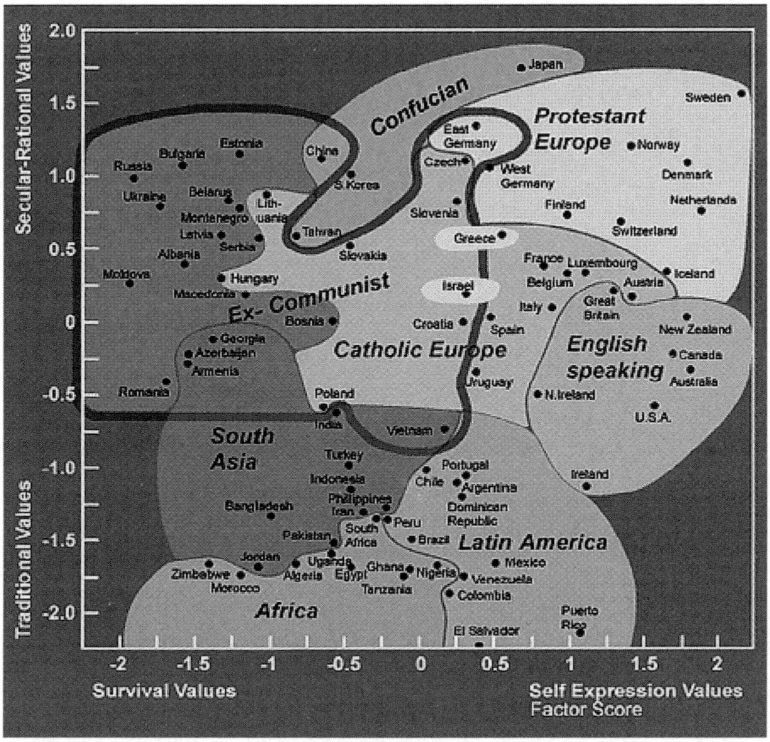

图 1

性的多种文化主体共同存在于一个时代的社会中，构成互动的文化系统，在坚持主流文化和核心价值观前提下的多种文化并存、交融和共同发展。

（二）多元文化的时代新特征

多元文化已然成为一种无法遮蔽的事实存在。多元文化在映射社会经济、政治关系的同时，也展现和发挥出对社会其他领域积极或消极的强大影响力。人类文明越向前发展，全球化、市场化、信息化愈加结合，多元文化的地位和作用就越突出。每一个时代都有每一个时代的特征，那么当今新时期的多元文化中又有哪些时代性的特征对我国公民核心价值观教育存在着影响，发挥着作用呢？与传统社会里面同质化的一元文化不相同，多元文化的典型特征首先是多元共存,呈现出不同文化体的多向性、丰富性和复杂性。当然,任何一个事物都是个性和共性、特殊性和普遍性相结合的有机体,多元文化也不例外。这里谈到的文化多元并非对一切文化皆认同和放任的文化相对主义乱象,亦非文化有优劣之分的文化霸权主义,这种多元是在差异基础上的共存。

第一,主体多元共存。随着社会历史的发展,多元文化不断涵盖更为丰富的内容主体。由多元文化形成和发展的历史脉络来看,多元文化是多主体性的多元主体共存的文化。"各种人类文明在价值上是平等的,都各有千秋,也各有不足。"①如同生物的多样性一样,多元文化里面的每一种文化也具有与其他文化不同的特质和优势。"古往今来每个民族都在某些方面优越于其他民族。"②"每一个民族,不论大小,都有其本质上的特点,即只属于该民族而为其他民族所没有的特殊性。这些特点就是每个民族对世界文化共同宝库作出的、使这个宝库更加充实、更加丰富的贡献。在这个意义上,一切民族,不论大小,都处于同等的地位,每个民族都是和其他任何民族同样重要的。"③就民族文化本身来讲如此,其他不同形态的文化亦同理,这便给不同文化间彼此借鉴、取长补短奠定了基础。依据世界价值调查观文化地图(The World Value Survey Cultural Map 1999—2004)和亨廷顿做出的文化分类,我们可以看出:世界各类文化既有民族文化或地域文化本身内部的多样性,更有世界文化总体的多样性。一方面,世界上不同地域、不同民族、不同共同体、不同时代的文化具有各不相同的文化主体;另一方面,即便是在同一国家不同区域之间、不同民族之间也会有不同的文化主体,有不同的文化主体存在就也难免会有不同价值观的文化交织碰撞,它们共同构成了全球多元文化格局。

---

① 习近平:《在联合国教科文组织总部的演讲》,《学习活页文选》2014 年第 12 期。

② 《马克思恩格斯全集》第二卷,人民出版社 1957 年版,第 194 页。

③ 《斯大林文集》,人民出版社 1985 年版,第 539 页。

第二，性质差异共存。多元文化之所以能成为多元，就是它们在性质上具有多样性、差异性。其性质差异性就是指，在一个共同体内部，不同主体性的人群就会有不同的生活方式、利益关系和价值诉求，进而导致文化观念上的差异性和多样性。世界就是一幅由有着不同差异的、各具特色和个性的文化观念交织在一起的、丰富多彩的多元文化共在的画面，并且随着社会和时代的发展，其差异性、特色性和个性的种类和样态会不断地在传承与创新中发生着流变。多元的差异性共存状态是多元文化在差异基础之上一种“和而不同”的共同存在。这种存在的前提和基础是在文化交流和冲突中，和谐整合差异而不是扩大差异或消解差别，因为“凡是民族作为民族所做的事情，都是他们为人类社会而做的事情，他们的全部价值仅仅在于：每个民族都为其他民族完成了人类从中经历了自己发展的一个主要的使命（主要的方面）”①。没有共同的核心价值和基本共识，多元文化的共生共存便也只能是一种可能性。要实现差异性共存，必须有能够凝聚和引领文化共同体的主流文化或主导文化的存在，并且是能够“在社会、群体中占主导地位，对社会和群体的总的文化发展方向起决定作用的文化”②。这种文化实质上就是确立共同的核心价值观，是保证文化共同体成员内部和相互间能够达成共识的前提。

第三，交融争锋共存。多元文化得以整合共存是由文化的传播性和流动性决定的，文化的这种特性追根溯源是来自人类物质实践活动本身的流动性即交往。多元文化在代内和代际的传播和流动，使得多元文化的样态在继承与创新中活动、生成。交往类型与一定生产力发展水平相联系，似乎呈现出一种前后相继的关系，但是内部（地域性）交往蕴含着走向外部（世界性）交往的成分和萌芽，而外部（世界性）交往形成后也还存在着内部（地域性）交往，它们是永恒存在的交往形式。多元文化在地域内部之间的交往和世界性的交往中开拓着自己的眼界和视野，从而在更宽泛的领域内扩

① 《马克思恩格斯全集》第四十二卷，人民出版社 1979 年版，第 257 页。

② 牟岱：《多元文化概论》，《社会科学辑刊》1996 年第 6 期。

大着自己的活动范围。进入全球化时代以来，尤其是受到迅猛发展的科学技术的推动，世界市场上人们的交往活动超越了民族、语言和地域的壁垒，流动性大大加强。在这种流动性里多种文化交流和传播的速度、范围、频率、互动性等方面都大为提高，日新月异的飞速流变考验着人们对确定性、对价值标准和规则的强烈需求。

从最宽泛的“类”或“群”的意义上来说，人类的社会实践活动具有一定的共同特性和需要，文化作为人类生产生活实践中创造出来的精神财富本身就蕴含着一些可以为人类所共同接受的精神内核或基本价值观念，使得多元文化在同一共同体内有了共生共存、相互融合的可能。“人类文明因多样才有交流互鉴的价值。”①多元文化就在这种不同文化的碰撞里，共性与个性相互交织、彼此融汇又各成体系，以不同的方式和内容表征着人类的本质。同时，在多元文化交流与融合的大趋势中，西方发达国家在全球文化发展过程中一直采取文化霸权主义的战略，这就难免会引起多种文化的争锋。文化争锋给我们造成的冲击主要在于：一是对主导意识形态和核心价值观的冲击。二是在文化产业中既创造经济效益，也传播浓厚的意识形态、价值标准等，潜意识地改变着人们的行为特征和观念形态。

（三）多元文化实质是价值观的多元化

从对多元文化发生的追溯及内涵的阐释中，不难看出多元文化和公民核心价值观教育之间有着密不可分的关联。无论价值观，还是核心价值观都是从文化中孕育出来的。对具体某一种文化来说，文化是价值观和核心价值观的载体和表现形式，价值观和核心价值观是文化的核心和灵魂，因此，文化与价值观和核心价值观之间是形式和内容的辩证统一的关系。文化的差异本质上是价值观的不同。显然，多元文化实质是价值观的多元化。

文化与人类社会生产实践——确切地说与生产力、生产关系密不可分。

① 习近平：《在联合国教科文组织总部的演讲》，《学习活页文选》2014 年第 12 期。

从现实性上来讲，社会生产实践的过程是人为了满足自身的物质精神等需要而能动地去利用和改造客观世界的过程。人的需要是有层次性的，一直以来，无论是哪种需求理论，都是按照人的需求由低级到高级来划分。以马斯洛需求层次理论为例，在《人类激励理论》中马斯洛将人的需求由低到高按层级逐级递升划分为了五个或七个层次。① 马克思也认为人的需要“不是纯粹的自然需要，而是在一定的文明状况下历史地发生了变化的自然需要”。② 文化发源于人的需要，无论物质的还是精神的，但凡与满足人的需要相关联，便也就离不开客体对主体的满足关系，我们把这种满足与被满足的关系叫作价值关系。人的需要从更高的层次上来说是体现为一种精神文化上的需要。依据对人们的需要的满足程度不同，文化是有层次的：器物、制度、生活方式、整个社会智性发展等构成了文化的表层结构；而那些“与人类完美（human perfection，文化即对完美的追寻③）的观念有密切联系”的“心灵的普遍状态或习惯”等镌刻于每个民族心灵深处的、表征着不同民族特质的思维方式、思想理念、价值倾向等，由这个群体整体意识所辐射出来的思想活动则是文化的深层结构。通过历史衍生和时代选择而得到的思想观念和价值观念，尤其是价值观是文化的基本要素和内核。在这个问题上庞朴和张岱年也持有同样观点。④

---

① 这些层次是：生理上的需求、安全上的需求、情感和归属的需求、尊重的需求、自我实现的需求，其中另外两种需要——求知需要和审美需要居于尊重需求与自我实现需求之间。

② 《马克思恩格斯全集》第三十二卷，人民出版社 1998 年版，第 57 页。

③ ［英］马修·阿诺德：《文化与无政府状态：政治与社会批评》，韩敏中译，生活·读书·新知三联书店 2002 年版，第 8 页。

④ 作为一个包含多方面多层次的内容体系，庞朴和张岱年都强调文化的层次性和价值观在文化中的地位。庞朴认为“文化的物质层面，是最表层的；而审美趣味、价值观念、道德规范、宗教信仰、思维方式等，属于最深层；介乎两者之间的，是种种制度和理论体系”（庞朴：《要研究“文化”的三个层次》，《光明日报》1986 年 1 月 17 日第 2 版）；张岱年曾经将文化从层次与功能上将文化分为三个层次，其中第一层次便是思想、意识、观念等。思想意识中最重要的有两方面：一是价值观念，一是思维方式。每个民族都有它比较特殊的价值观念和比较特殊的思维方式。具体可见《文化与哲学》（张岱年著，教育科学出版社 1988 年版，第 43 页）。

哲学意义上的文化,更多地是侧重于深层结构的文化。价值观本身就是文化的一部分,是文化中属于价值体系的那一部分,是人们关于社会中基本价值的态度、信念、取向的综合。从源头上讲,价值观的形成和发展均来自文化。首先,价值观是在人类满足自身需求的文化实践活动中逐步积淀而成的。价值观作为抽象的深层次文化结构不会自我彰显,必须要通过一些文化的具体表现形式。价值观所表征的文化的人文主体性和目的性只有依托知识、技术、器物、制度等文化的工具性成果和手段才能够得以体现。在此意义上,我们也可以说文化是价值观的载体。美国文化学家多夫曼与马特拉(A.Dorfman & A.Mattelart)在《如何解读唐老鸭:迪斯尼卡通的帝国意识形态》中给我们提供了非常形象直观的例证——米老鼠、唐老鸭等生动可爱形象的背后隐藏的恰恰是代表帝国意识形态的文化价值观,“可口可乐可不是简单的事,在它背后顶着整个的上层建筑”①。毋庸多言,文化的核心和深层次的要素是一个民族所认同的价值观,它反映和贯穿在整个文化之中。从另一方面讲,价值观作为文化的一部分而且是文化中核心的能体现出与其他文化不同的那一部分内容,也就是文化的内核。“文化的最深层次是价值观。一切文化的不同,最根本的是价值观的不同。”②

价值观是文化的核心和灵魂,价值观根植于文化的血脉之中。分散在文化现象之中的观念、思想等在长久的沉淀和酝酿之后,经历了由贫乏到丰富、由粗简到精细的演化过程,逐渐形成完整的体系,以观念的形式反映人们对客观世界及主观世界的认知。价值观在不同的时代有不同的表现形式,同样世界上有多少个共同体就有多少个不同形态的价值观。价值观是一个文化形态区别于其他文化形态的根本依据。任何一种文化形态要守住其灵魂就脱离不了价值观这个内在核心。反之,一切价值观要避免成为无

① Ariel Dorfman,Armand Mattelart.*How to Read Donald Duck*:*Imperialist Ideology in the Disney Comic*.International General:First Edition,1975.

② 袁贵仁:《关于价值与文化问题》,《河北学刊》2005 年第 1 期。

源之水、无本之木就必须以文化作为根基。

厘清了文化和价值观之间的关系，再来说明多元文化的实质以及其和核心价值观的关系也就不是什么困难的事情了。

首先从价值观的角度来说，人类文化久经积累形成了各具特色的价值体系，在这一价值体系中起到统领地位并决定其不可替代性的是核心价值观。不同文化之间相区别的焦点就是蕴含在文化深层结构——价值观中的核心——核心价值观。它渗透到文化生活以及价值观的各个角落和各个层次，反映着共同体成员最根本的利益和共同诉求，塑造了不同共同体独特而又相对稳定的精神特质、文化心理、思维方式、行为模式等，这是每一个共同体内部"占主导地位的世界观和价值观"①，也就是我们所讲的核心价值观。从这个意义上进一步来看，与其说文化的本质是价值观，倒不如从更深层次上说文化的实质是核心价值观，核心价值观体现了不同文化间相互区别的内在规定性。

因为有了核心价值观的不同，也必然就有不一样的文化。核心价值观是多元文化存在的原因之一，而多元文化也是表现不同核心价值观的具体形式。无论从人类文化体系内部还是从其外部来说，多元化成为文化发展的基本样态。既然如此，作为每一种文化形态的灵魂和精髓的价值观也必定不同。这样看来，事实上文化多元化和价值观多元化在本质上是同一的。作为一个整体的世界文化生态是多元并存的，而每个文化共同体内部也并非一元独大。不同性质和背景的文化处在同一场域中，纷然杂陈的各种意识形态和价值观彼此交流、冲突、融合，主流与非主流、民族和外来、传统和现代、先进和落后、保守和开放等相互交织共存，各种价值观念相互影响。文化和价值观的通约性和双向对流性也是无法超越和不可阻挡的。价值需求不断扩张，价值渗透性也大大增强。多元文化容纳了不同的价值标准与价值追求，给人们提供了更多的价值选择，价值冲突和紧张也进一步普遍化

① 张岱年:《文化与哲学》，教育科学出版社1988年版，第11页。

和多样化。因此本质上说,多元文化的发展是以异质价值观为核心的既面临求异化又面临着趋同化的文化互动过程。

但是,无论文化多元化程度如何,如前所述在同一个文化共同体中,总会存在核心价值观(也或者是叫作主流价值观)。这里所提到的核心价值恰恰就是主流文化的基本精神内核之所在。在这一前提下,各文化共同体只有在持守其文化传统和基本价值观的同时融入主流社会文化,文化的共生共存、融合发展方可真正得以实现。否则,不同的文化仍旧是难以打破的各自独立的体系,只能会在文化乱战中冲突加剧、融合消减,难以形成共同的文化圈,共生共存也就无从谈起。通过对比前文1999—2004年和2005—2008年的世界价值观调查文化地图(The World Value Survey Cultural Map 2005—2008,如图2所示)①,可以清晰地看出世界文化体系的变动状况:不同的文化圈内各类文化无论经历了如何的流动和整合,都不可能否定其中有占据主导地位的基本核心价值观的存在,正是在不同的核心价值观基础上形成了不同的文化样态。一个民族、国家亦是如此。

世界上一切主要的人类文化系统都必然包括教育的成分尤其是价值观教育的成分。核心价值观是决定整个共同体文化生态属性的核心和关键因素,它为多数共同体成员认同,反映着共同体的根本利益和共同需求;居于主导地位并决定了共同体价值观发展的方向,产生出对共同体内其他异质文化和价值观的吸引力和向心力以引领其共同发展及和谐相处,最终形成核心价值观对文化共同体的社会凝聚力。要培育和确立公民核心价值观、充分发挥核心价值观对多元文化的主导作用,离不开公民核心价值观教育。因而,没有“多元”,也谈不上“核心”。公民核心价值观教育本身就是相对于多元文化而言的,没有以多元文化为载体的多元价值观,当然也就不会存在核心价值观及其教育。

---

① Source:Ronald Inglehart and Christian Welzel,“Changing Mass Priorities:The Link Between Modernization and Democracy.”*Perspectives on Politics*,June 2010(vol 8,No. 2),p.554.

The World Value Survey Cultural Map 2005-2008
（2005-2008 世界价值观调查文化地图）

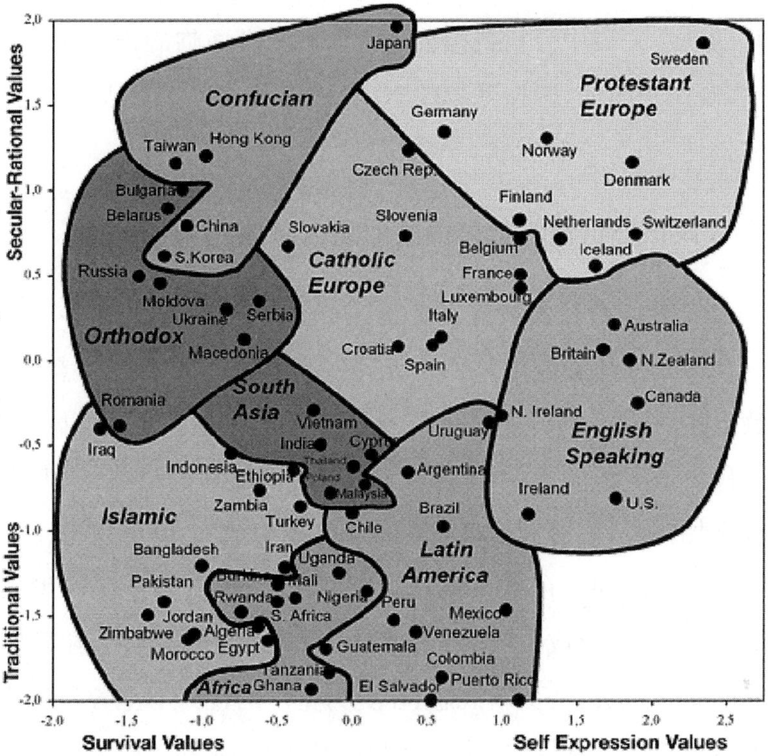

图 2

当然，公民核心价值观与多元文化的关系并不是单向度的。相反，公民核心价值观教育受到多元文化发展状态的制约和影响。公民核心价值观教育必须根植于文化的土壤，以文载道，核心价值观这一最持久最深沉的精神力量才能够得以迸发。

第二节　公民核心价值观教育面临的机遇和挑战

文化领域内的新变化对公民核心价值观教育提出了新要求。多元文化带给公民核心价值观及其教育的影响是双向的，既有难得的机遇也有巨大的挑战。新的机遇和挑战是公民核心价值观教育面临的新课题，必须要在多元文化的动态发展中分析我国公民价值观教育面临的积极因素和消极影响，尊重客观历史事实，坚持开放的态度，积极融入文化全球化的历史进程，善于抓住机遇，勇于应对挑战。

一、公民核心价值观教育面临的重大机遇

（一）公民核心价值观教育在观念更新上崭新的思想基础

新时期多元文化交流中人们多元化观念、全球意识、竞争意识、创新意识和道德自主意识等的形成和提升，大大助益于人们视野的开阔、观念的更新以及公民价值实践能力的培养和良好核心价值观的形成，也要求教育者要以一种更加开放、平等和宽容的精神开展公民核心价值观教育。多元文化的兴起和发展增加了在更多领域的更多国家、民族和地区的思想文化交流，有助于优秀的文化成果、思想价值观念的介绍和传播，为在目标、过程、方法、条件等不同层面上更新观念、在更为宽广的视野下全方位地构建公民核心价值观教育体系，既把握多元文化时代的精神又要契合社会和时代变迁对公民核心价值观教育的基本要求提供了崭新的思想基础。

公民核心价值观教育活动是具有主体性的人与人之间的关系。因此，必须使公民核心价值观教育的教育理念实现从主体性向主体间性的转变，改变传统的以单纯的主客二分法来定位教育者与教育对象之间关系的思维方式。主体间性强调的是人与人之间的认同、理解和共识，这与多元文化下公民主体意识的日益增强是高度相契合的。全球化下多元文化的兴起有利于公民核心价值观教育在对教育对象的主体性给予足够关注的前提之下，采用主体间性的公民核心价值观教育范式来指导其教育实践。

（二）公民核心价值观教育在教育内容上多元的选择余地

伴随着传播手段和方式的日益更新，人们愈加频繁的交往使当今社会

进入一个多文明、多文化、多价值观交互争鸣的时代。公民核心价值观是社会主义价值观这个多样性层级体系中涉及广大普通公民的、最基本层次的、最广泛的核心价值观。在这样的时代背景下，公民核心价值观教育有了更多的选择余地。

这种多元化的选择余地主要体现在：一是公民核心价值观教育可以依据教育对象的实际情况，在具体的教育内容上分层次有针对性地加以选择并做出适当的补充，构建适合不同公民的核心价值观的层级性内容，使之更加符合教育目标和公民现实生活中的需求，因而有助于克服传统的一元化内容带来的绝对理想主义色彩，从而能够兼顾多方公民主体的利益诉求，增强了公民核心价值观教育的包容性和平衡性。二是面对文化转型中出现的文化困境和日益凸显的价值冲突，多样化的选择余地有助于对公民核心价值观教育的内容体系在实践中不断建构和完善，能够凸显出公民核心价值观教育的时代性，反映出时代变迁下文化和价值观的发展现状，主动回应时代呼唤。三是多元的选择余地能够帮助公民核心价值观教育在教育内容上实现广谱性，可以广泛吸取广大公民生活中的实践智慧和优秀文化传统，从而使公民核心价值观教育能够扎根于社会和公民生活中间，有效推进其广泛传播。

（三）公民核心价值观教育在教育范围上宽广的全球视野

“对待不同文明，我们需要比天空更宽阔的胸怀。……我们应该从不同文明中寻求智慧、汲取营养，为人们提供精神支撑和心灵慰藉，携手解决人类共同面临的各种挑战。”[①]多元文化时代，人们的联系和交往互动范围逐渐向全球蔓延，曾经在相对封闭的社会或地域系统内处于限制状态的价值观，无论是自动的还是被动的，都势必终将面向世界。各种相互交织碰撞的价值观亦逐渐延伸至公民社会生活中的道德、政治、经济等多个领域。不

① 习近平：《在联合国教科文组织总部的演讲》，《学习活页文选》2014 年第 12 期。

仅仅是异质多元的不同价值观之间,而且在同一价值观系统的内部也同样包含有各种思想观念的碰撞与交流,这就为公民核心价值观教育在教育范围上提供了宽广的全球视野。这种宽广的视野有助于扩大公民核心价值观教育的视野,促使新的时代中公民核心价值观在更开阔的范围内以更加开放、包容的姿态汲取各家所长,从而既可以实现自身在包容性中的成长,又能够在凸显自己的特色中为自己开辟新的地盘;另一方面也会在多元文化的交锋中,有效利用不同价值观之间的冲突和博弈,促使旧的、腐朽的、不合时宜的价值观尽快退出历史舞台,以树立起符合社会和时代发展要求的、新的公民核心价值观。

(四)公民核心价值观教育在教育渠道上多样的教育手段

科学技术的迅猛发展大大缩短了价值观交流和传播的时空距离,打破了传统媒体渠道单一的传播手段。依靠更为先进的科学技术,多元文化和价值观念的传播性和流动性进一步加速。网络化更新了公民核心价值观教育的手段和途径,使教育者和受教育者皆可以在任何一个地方都能随时获取所需信息。网络具有互动性、即时性的特点,利于增强公民核心价值观教育的针对性和实效性;网络化中庞大的信息容量扩大了公民核心价值观教育的覆盖时空;互联网带给公民核心价值观教育的传播和交流手段不仅容纳了传统的纸媒和声媒,而且在此基础上拓展集合了图像、动画等传播渠道,为其提供了丰富多样而又生动直观的教育手段。网络教育手段的多样化,给公民核心价值观教育提供了更多的载体和表达方式;交流渠道的多样化利于公民核心价值观教育更迅速、更科学地回应公民的价值诉求,构成了与传统时代不同的教育渠道。我国作为拥有全世界最多网民的国家,在网络化时代我们要主动抓住网络文化安全的主阵地,充分利用网络的优势,积极规避和减少网络的消极因素,以有效实施公民核心价值观教育。

二、公民核心价值观教育面临的主要挑战

(一)认同危机的冲击:多元价值取向与公民核心价值观之间的张力摩擦

在多元文化和市场经济的发展过程当中,多元价值取向与公民核心价值观之间产生了张力摩擦。这种张力摩擦下的认同危机突出表现为个人与他者、社会关系中价值感和意义感的缺失。因此,兼顾推动公民个体与他者、社会的价值认同和促进公民个体性的彰显成为摆在当前公民核心价值观教育面前的一个严峻课题。

一方面,公民在解决个人与集体、社会的关系中出现了认同偏差。公民个体与集体或社会之间的价值关系原本应是合理性的包容,过去对公民个体性的压抑和忽略如今得到了关注,但往往又转向对关系的另一方——集体或社会的有意识的回避。"个体在处理'个人——社会'关系上出现'个人原子化、社会外在性'倾向。……高度异质的个体之间缺乏共同的集体意识,易导致把社会看成是独立于、外在于个人活动之上的存在物。"①于是,原本应为双边互动的认同关系因一方的缺失出现了偏差。

另一方面,多元价值观与核心价值观、一元价值观之间产生了内在压力。我们首先必须要肯定的是,社会主义市场经济不仅不排斥多元价值观,相反还为多元文化和多元价值观的发展创造了多元利益主体。传统计划经济体制下的权威和盲目信仰被打破,加之作为价值观载体的文化呈现出多元化趋势,致使价值观领域中的多样化和差异性愈加明显。多种政治信仰和价值观念在多元文化时代充斥着我们的社会生活,社会分化和价值多元综合作用的结果是使人们的信仰迷失于多重身份和立场的矛盾之中。

但是,一个健康运转的社会系统需要一个能够起到核心和引导作用的

---

① 巩克菊、丁燕:《个人与社会和谐发展的再认识——一种思想政治教育维度的解读》,《山东青年政治学院学报》2011 年第 3 期。

综合性价值框架的支撑。这就需要在公民范围内建立起对这一价值框架的认同,也就是对发挥一元指导作用的公民核心价值观的价值认同。市场经济下的多元价值观念冲突凸显了公民这种价值认同的不确定性和无方向感,引发了核心价值观与多元价值观的内在紧张,这就为公民核心价值观教育在对广大公民加强利益观的引导、心理健康教育干预、人文关怀的重视等多方面带来新挑战。同时,市场经济中长期存在着的拜金主义等道德观念扭曲现象使公民核心价值观教育难度加大。市场经济对物质利益的过分强调,致使一部分人过分注重物质追求,忽视精神追求,许多人失去了精神信仰。以上问题的存在给公民核心价值观教育工作增加了一定难度。

(二)意识形态的冲击:多元文化与主流意识形态之间的张力摩擦

与多元文化趋势下价值观念流动加快相伴而来的是更加剧烈的文化冲突,多样化的思想文化、价值观念的并存与碰撞成为常态,尤其是文化霸权主义兴起和西方大众消费文化的介入,发达国家利用经济上的优势,采取更隐蔽的方式与我们展开斗争,企图达到吞噬社会主义制度的目的。而目前我国在普通公民层面上难以对其实质做出普遍清醒的认识,导致了一部分人对资本主义生活方式顶礼膜拜,在一定程度上动摇了对社会主义、共产主义的理想信念,民族观念和民族认同感随之淡化。由此,消除人们的思想疑虑、坚定人们的社会主义信仰,是当前公民核心价值观教育首先要面临的意识形态争夺问题。多元文化的进程,特别是文化全球化的开放性、渗透性使人们的国家观念在交往中日益淡化。西方强势文化冲击,尤其是西方极端个人主义等社会思潮渗透到我国,一定程度上削弱了一些人的爱国意识和民族精神。而且多种价值选择和社会思潮的存在与传播,给公民核心价值观教育在进一步提升主流意识形态包容性、解释力以及防范力等方面增加了新的困难和挑战。

公民核心价值观的重要传播手段和途径之一是通过网络,这就扩张了信息传播的速度和范围。但是多元价值观念张扬的互联网文化好坏兼而有之,腐朽落后的价值观念以不同的表现形式隐藏在多元网络文化之中冲击社会主义主流意识形态,甚至有些网络文化以多元文化形式下的反主流意识形态为实质,这无疑增加了公民对其辨识的难度,对公民特别是青少年群体的价值选择的消极作用颇大,严重影响了国家意识形态安全和公民主流意识形态自信。同时,我国传统公民核心价值观教育习惯于在报刊等传统传播媒介进行,网络公民核心价值观教育经验和能力不足,使我国主流意识形态和公民核心价值观教育的主导地位受到冲击,面临各种意识形态幻象的挑战,对公民核心价值观教育的内容、方式方法、途径等方面都提出了新的课题。

第三节　公民核心价值观教育的突出成绩和主要问题

一、公民核心价值观教育取得的突出成绩

当前我国公民核心价值观教育无论在理论上还是实践上都取得了很大的成就,尤其是社会主义核心价值的“体系”“观”等命题和任务提出之后的近十年来,相关方面的研究和实践更是不断地掀起热潮。下面对近年来,公民核心价值观教育研究和实践的关注点以及取得的成就做一梳理。

(一)理论研究方兴未艾

对于与社会主义核心价值相关的一系列研究,从“体系”的构建到“观”的凝练,从对“体系”的认知到对“观”的教育等一直是近年来学界探讨和研究的热点和新的生长点。随着公民核心价值观教育实践逐步铺开,学界在理论研究方面也不断深入,取得了大量卓有成效的研究成果。具体来说主要体现在:

第一，强调了新时期公民核心价值观教育的战略意义。新的历史背景下公民核心价值观教育的战略意义，即公民核心价值观教育的重要性和紧迫性是理论界其他相关研究立论的理论前提。从理论层面看，主要从推动相关学科发展和社会功能两方面进行了探讨。从实践层面，综合学界不同维度的主要观点可以归纳为：适应社会转型、市场化、网络化等发展中出现价值缺失和偏离，需要核心价值来培育、强化和纠偏；建构社会主义和谐社会的需要；多元文化态势下文化建设的需要；多元价值选择中构建民族精神家园，凝聚共识的需要；多元价值和利益主体下，对个体进行积极的、科学的公民核心价值观教育的需要。

第二，对公民核心价值观教育的具体举措展开探讨。一方面是对公民核心价值观教育的具体内容进行了大量研究。自核心价值体系提出伊始，从对社会主义核心价值观的凝练到特殊群体、行业部门或地域核心价值观的凝练，到各种层次的精神、风尚的倡导，学界就相关领域的探讨一直未有停止。学界从多视角提出了许多十分有借鉴意义的观点。直至党的十八大报告中提出了对培育社会主义核心价值观"三个倡导"的新要求，其中对公民个人层面的核心价值观的要求——"爱国、敬业、诚信、友善"也就成为公民核心价值观教育的基本内容。另一方面是对公民核心价值观教育一揽子具体践行路径从不同学科出发开展理论探讨。这一方面往往与公民核心价值观教育的实践结合在一起，涉及公民核心价值观教育问题的表现及其根源的探讨、体系的构建及具体实施问题，如何科学化、大众化而使之更容易被广大群众理解、接纳与实践等，在此就不再一一详述。

第三，公民核心价值观与社会主义核心价值"体系""观""风尚"等一系列范畴之间的逻辑体系与关系处理。核心价值相关范畴之间的逻辑体系与关系一直是学界关注的理论焦点，这是厘清其他问题的前提和基础。总体而言，在这几方面逻辑关系的分析方面，经过近些年不断的探讨与争鸣，学界观点基本趋于一致，分歧较小，形成了比较明确的认识。在"观"与"体系”的关系上，学界在 2012 年之前研究相对集中，统一的共识就在于社会主义核心价值体系的进一步发展和凝练应运而生了社会主义核心价值观。在公民核心价值观教育与社会主义核心价值观教育的关系上达成共识的观点是“整体与部分”“普遍与特殊”的关系。而于公民核心价值观及其教育中一些具体领域的展开和细分同样也是从属于整个社会主义核心价值体系的框架。值得一提的是学者周文彰提出了“核心价值风尚”，并解读了“体系”“观”“风尚”之间的逻辑关系，指出风尚主要是在践行中体现核心价值，是直接接地气的、落实到每一个公民中的核心价值。①

第四，习近平关于社会主义核心价值观系列重要论述及相关的研究。自党的十八大以来，习近平总书记发表了一系列涉及社会主义核心价值观的重要论述，如 2013 年 8 月 19 日在全国宣传思想工作会议上的讲话、2013 年 9 月在会见第四届全国道德模范及提名奖获得者时的讲话、2013 年 11 月 26 日于山东曲阜参观考察孔府和孔子研究院、2013 年 12 月 30 日主持中共中央政治局第十二次集体学习、2014 年 2 月 24 日主持中共中央政治局第十三次集体学习、2014 年 5 月 4 日与北京大学师生座谈、2014 年 5 月 23—24 日于上海考察、2014 年 5 月 30 日主持海淀区民族小学座谈会、2014 年 9 月 9 日同北京师范大学师生代表座谈时的讲话、2014 年 10 月 15 日主持文艺工作座谈会等场合关于社会主义核心价值观的讲话、2014 年 12 月 13 日至 14 日在江苏调研时的讲话、2015 年 2 月 17 日在 2015 年春节团拜会上的讲话、2015 年 4 月 28 日在庆祝“五一”国际劳动节暨表彰全国劳动模范和先进工作者大会上的讲话、2016 年 7 月 1 日在庆祝中国共产党成立 95 周年大会上的讲话、2016 年 12 月 7 日在全国高校思想政治工作会议上的讲话、2016 年 12 月 12 日在会见第一届全国文明家庭代表时的讲话等重要讲话，形成了习近平关于社会主义核心价值观系列重要论述。学界通过

① 兰文飞、王翠娟：《周文彰：核心价值观关键是“落地”》，《学习时报》2012 年 11 月 25 日。

梳理习近平关于社会主义核心价值观系列重要讲话，对习近平论社会主义核心价值观系列讲话精神进行了多方位的探讨和多视域解读，在社会主义核心价值观的重大意义、时代背景、渊源依据、基本内涵、特点表现、地位作用、逻辑关系、实施路径等诸多方面的内容作出了深刻论述，取得了不少理论成果，产生了诸多新思考、新论断。通过对习近平阐释了社会主义核心价值观的战略意义和建设要求。

（二）践行探索日不间断

任何一个社会的核心价值观，包括公民核心价值观和社会主义社会的核心价值观，都不会是一劳永逸，一次性完成的。公民核心价值观教育是一个潜移默化的过程，也是全社会的共同责任，不能急于求成，要在各个层面、各个领域去努力培育和践行公民核心价值观，方能推动其不断向公民群体意识和自觉行动的转化。当前无论是媒体、政府、学界、教育界等各行业部门还是民族的、区域的地域性共同体，不论是普遍的社会民众还是某一特殊群体，各行各业、各个领域、各种人群响应国家精神，结合行业、地域等特点和特色，都开始积极探索培育和践行社会主义核心价值观，探求公民核心价值观大众化的路径，进行了许多有益探索和实践，尤其是随着《关于培育和践行社会主义核心价值观的意见》的出台，实践层面的探索更加铺开，并产生了一定的影响力。

随着公民核心价值观教育在多层次、宽领域的深入开展，在实践中：一是不同地域的文化特色是公民核心价值观教育的重要影响因素。公民核心价值观教育在实践中逐渐开始有效结合地域文化特色来提高信度、增强认同，如北京精神、山东精神等。二是结合民族特色开展公民核心价值观教育。不同民族的文化习俗各有区别，在公民核心价值观教育实践中已经能够结合少数民族地区、多民族地区的特殊文化背景和文化条件、特殊功能和责任、特殊措施和途径等多方面开展了践行和探讨。三是针对一些具体的群体开展了各种形式的公民核心价值观教育。主要涉及了大学生、青少年、军人、警察、政法干部、农民等群体。学校尤其是高校历来是国民教育和社会主义精神文明建设的重要阵地，青少年学生是公民的重要组成部分，是未来社会的中坚力量，在青少年学生中开展公民核心价值观教育，自然成为重要而又紧迫的时代课题；随着30多年来农民生活的变化，价值观的变迁也在历史性地发生着变化，对农民社会主义核心价值观教育也逐步引起人们的关注；对中国共产党人、军警、政法干部等群体的社会主义核心价值观教育依据这些人群的特点和使命，正在各领域各部门探索推行中。四是在一些典型的行业部门开展公民行业核心价值观教育，如银行、通信行业、交通运输业等，充分发挥了窗口行业的示范效应，起到了积极的示范作用。

二、公民核心价值观教育存在的主要问题及原因

当前公民核心价值观教育存在问题及其成因是多方面因素的综合。总体上，从大的方面来说，可以分为公民核心价值观教育自身和公民核心价值观教育之外两个方面。而且有些因素既包含了公民核心价值观教育中存在的问题又体现了问题的原因所在，具体来说：

（一）时代变迁带来的价值选择上的冲突与张力

第一，全球化带来的文化与价值选择上西方化和本土化的冲突与张力，在公民核心价值观上存在争夺态势。全球化在突出地显现文化的丰富多彩和差异性的同时，文化的对立和冲突也影响到了广大公民的民族认同和价值共识。这主要体现在：一是西方文化与本土文化的交锋中，多元价值选择带给了人们多重价值立场，造成了公民在价值立场上的选择矛盾性和多维复杂性，在与多种价值观念的接触中往往由于文化辨识力和批判力不强致使信仰失落的现象难以避免，导致面对西方价值观的强大攻势使自身价值观陷于混乱甚至失语境地。二是对于社会而言，文化上的支离破碎、多元交错的现象，间接地导致社会秩序和人们行为的失范，公民对自身发展方向的自主权掌握不够，造成前进方向的迷失和价值衡量标准的错位，扩大了不同

价值观的人们在行为取向上的分裂,不利于社会的稳定和良序运行。

第二,市场化带来的世俗化、功利化与道德和价值层面追求的冲突与张力,在公民核心价值观践行中存在阻力。社会主义市场经济的确立和完善深刻地改变了公民核心价值观教育的经济基础。愈加多元的利益主体、对个人物质利益的认可和追求、多样价值观念的差异性等市场经济发展带来的新变化强烈的冲击和解构了传统的文化秩序和价值观体系。但是,新的与现代社会主义市场经济相适应的文化秩序和价值观体系的构建相对滞后。由是,当今公民文化生态显示出了保守和激进、传统和现代、功利与价值、世俗与理想、利益诉求和精神追求、公民价值的现实可行性与制度建构合理性等多方面在交织与矛盾中显示出的冲突与张力,导致了公民道德和价值层面追求内在规范性力量的缺失或不足,削弱了公民价值认同的文化生态基础。因此,价值的缺失和偏离,需要公民核心价值观教育来培育、强化和纠偏。

第三,网络化带来的非主流性、多变性与主流性、确定性价值观的冲突与张力,增强了公民核心价值观选择中的变化性。网络化的蓬勃发展丰富和扩充了广大公民的生活空间,网络舆论场域越来越取代传统媒体成为公民获取和交流信息的重要渠道。网络生活空间中文化和价值观的流动自由性较传统舆论场域而言大大增强,各种非主流的思想文化和价值观念都能够找到自己生存和传播的空间,使公民不仅可以在这个领域选择,也可以在另一些领域选择;人们思想变化的不确定性增强,可预测性减弱;人们的价值取向在此时解决了,在彼时又出现了。而且在网络舆论场域中,流行和传播的文化和价值观念与传统舆论媒体对主旋律的弘扬有很大差异,甚至更倾向于对主流价值的回避和质疑。相比较而言,对网络媒体如果不加以合理的引导,很容易对主流意识形态和公民核心价值观的传播产生消极弱化的影响。多向度、多线条变化之中的多元价值差异共存,需要公民核心价值观教育来规范、引领和主导。

（二）公民核心价值观教育应对复杂社会环境的能力亟待加强

面对西方意识形态理念对我国意识形态的分化和解构，多元文化带给公民核心价值观教育的机遇和挑战并存，使其面临的环境更加复杂。

一是西方发达国家依靠其强大的资源、工具和跨国力量，通过各式各样的文化产品尤其是互联网强大的信息传输能力，以越来越强的隐蔽性大规模全方位地向我们传递和输出西方的生活方式，不断渗透和宣传西方的文化和价值观念，对我国公民核心价值观教育造成巨大冲击。因此，在文化全球化过程中，我们潜在的文化意识西化的风险越来越大，对我们广大公民抵制西方文化意识的能力及文化、价值观的辨识和选择能力都提出了进一步加强的要求，公民核心价值观教育在这一方面表现仍旧相对薄弱。

二是苏东社会主义阵营的瓦解，也加剧了我国公民核心价值观的逆向嬗变，在一定程度上妨碍了部分公民对社会主义主流价值观的信心和认同程度，价值取向上的模糊性增强。一部分辨识力差的公民，尤其是年轻人不加选择地予以接纳，这对年青一代价值观的影响会更大，是公民核心价值观教育必须要面对和着力解决的重要问题。

三是社会主义市场经济带给人们多元文化观念的选择和更多价值取向的同时，市场经济在价值观念和思想道德领域的负面影响也日渐凸显，社会中出现的弄虚作假、投机倒把、唯利是图、见利忘义等道德失范和行为失范现象；具体行为中出现的求利不择手段，泯灭良知；求利目标自私狭隘、急功近利等现象归根结底都是由在市场经济影响下，人们不断地追逐利益而产生的赤裸裸的利益关系所导致。总体而言，这样的环境造成了公众对企业诚信意识和社会责任感的信任缺失，挑衅着人与人之间最基本的和谐。在这种观念泛滥、主义盛行、是非界限不明确的价值取向背景下，公民核心价值观教育的应对能力相对不足。对公民进行集体主义、爱国、敬业、诚信、友善、公平正义等核心价值观的教育，取消事实经验和价值倡导之间的鸿沟，真正达成内心认同，需要教育、制度等各方面通力协作。

（三）公民核心价值观教育内容在普及化、大众化方面尚需着力破解

公民核心价值观教育内容应该与广大公民的现实实际密切结合，突出公民这一群体的层次性和对象性，加强分类指导，找准与广大公民的思想共鸣点、利益交汇点，做到贴近性，对象化，接地气。公民核心价值观教育需要客观全面地分析多元文化带来的积极影响和消极因素，协调好意识形态领域中一元与多元、主导性与多样性之间的张力关系。一方面做到提升公民对主流意识形态、核心价值观的认同；另一方面要将公民核心价值观教育融入到各个环节、各个方面，各个领域之中，实行全员渗透，形成系统、长效机制，帮助公民增强对各种错误思潮的鉴别力以及对腐朽思想的免疫力。公民核心价值观教育内容在普及化、大众化方面上面临的破解难题表现在：

一是公民核心价值观内容的时代化、具体化、针对性特征要不断生成。随着时代的变化，公民社会生活方式的多样化和丰富性愈加增强，公民核心价值观教育的内容也需要作出不断的更新和拓展。对待同一公民在其不同生活的领域也要有具体的体现，如在学校生活、家庭生活、经济生活、政治生活、生态环境中等不同层面要有具体的规范性要求。公民核心价值观教育内容切忌单一、划一，要提高针对性和目标性，根据不同群体、不同类别公民的实际需求来不断丰富和完善教育内容。

二是公民核心价值观教育的内容要求充分关注不同公民群体的层次性问题。具体来说，一方面是公民核心价值观教育内容本身的层次性；另一方面是公民核心价值观教育针对不同主体内容的层次性。按不同层面的公民主体来说，对待一个普通民众，与对待一个共产党员，进行核心价值观教育的具体内容和要求是不一样的；同样，一名普通共产党员与一名共产党员的领导干部，对其精神境界的要求也会有所差别。因此，针对不同的公民主体需要我们在总体核心价值观的要求和指导下，进行区分层次的细致化、差别化教育。按公民的成长历程来说，公民在幼儿、儿童、少年、青年、成年时期，对其进行核心价值观教育的内容要做本质和具体层面要求的区分，既要使

教育的内容具有成长的连贯性,还要有本质上的一致性。这是公民核心价值观教育内容在普及化、大众化方面需要破解的现实难题,在这些方面尚需进一步加强。

(四)公民核心价值观教育手段和渠道的多样化需要继续探索

对教育路径和渠道的探索,关系到公民核心价值观教育的效果。正如《关于培育和践行社会主义核心价值观的意见》中强调的:“坚持改进创新,善于运用群众喜闻乐见的方式,搭建群众便于参与的平台,开辟群众乐于参与的渠道,积极推进理念创新、手段创新和基层工作创新,增强工作的吸引力感染力。”①在多变的形势下,面临新的机遇和挑战,公民核心价值观教育在具体的教育手段和渠道上仍旧存在许多需要进一步探究和突破之处,实现由传统的、相对比较单一的教育方式向具有时代特色的多元化转换。如何在教育路径和方法上做到受广大公民喜闻乐见而又卓见成效,这需要各界继续探索。

一是搭建抽象理论通向生活通俗化的桥梁。在这个转化过程中我们要继续加强两点:一方面这种方法和途径能引发公民的学习兴趣;另一方面其内容要有利于不同层次的公民所理解和接受。公民是一个包含多层次人群的复杂集合,公民核心价值观教育需要化抽象的理论为具象的生活场景,通过形式多样途径和渠道表达出来,这样才能达到良好的熏染、内化认同的效果。

二是构筑多方通力合作的平台。在公民核心价值观教育的具体方式方法上,如在如何充分利用各种教育传播方式、优化多种教育资源、自上而下构筑起一个全员参与的平台,渗透到公民生活的每一个领域等方面尚需进一步加强;如何构筑起各种组织、各个部门全员参与的模式,来进行公民核心价值观的渗透式教育;如何依据各个地区、各个省份因为其经济发展、地

① 中共中央办公厅:《关于培育和践行社会主义核心价值观的意见》,人民出版社 2014 年版。

方特色、区域环境等的不同而带来的教育资源和平台的区别,从具体实际出发来调整对不同区域、不同民族公民核心价值观教育的具体做法;如何在一元的指导下,保持多样、个性化的差异性活力;如何保障公民核心价值观教育的可行性、现实性和针对性等都是需要深入探索的具体问题。

第四章　公民核心价值观教育的重大关系和基本原则

公民核心价值观教育中的关系和原则的问题实质上是对公民核心价值观教育规律性的把握。把握和处理好公民核心价值观教育中的一系列重大关系和基本原则既是贯穿整个公民核心价值观教育实践的一个重要方面，又是我们科学有效开展公民核心价值观教育实践的基本前提。

第一节　公民核心价值观教育的重大关系

现代化和全球化过程中，原有不同地域、不同领域的各种壁垒和界限逐步被打破。世界上的关系越来越错综复杂。列宁在《哲学笔记》中曾经用"水滴"作为比喻，生动形象地向世人描绘出错综复杂的世界图景和辩证法的基本思想："一条河和河中的水滴。每一水滴的位置、它同其他水滴的关系；它同其他水滴的联系；它运动的方向；速度；运动的路线——直的、曲的、圆形的等——向上、向下。运动的总和。概念是运动的各个方面、各个水滴(='事物')、各个'细流'等的总计。按照黑格尔的逻辑学，世界的情景大致是这样的，——当然要除去上帝和绝对。"①我们当前的世界就是处在这

① 《列宁专题文集　论辩证唯物主义和历史唯物主义》，人民出版社2009年版，第134页。

样一种盘根错节、纵横交错的关系网里面。公民核心价值观教育也不例外。但是无论这些关系如何复杂，其中总会有一条主线贯穿其中，这条主线就是我们在对立统一规律中所提到的主要矛盾的主要方面。对于我国当前形势下的公民核心价值观教育来说，这条主线便是对重大关系的处理。处理好了重大关系，我们也就把握住了整个问题的根本，进而抽丝剥茧，层层递进地去解决其他问题。在公民核心价值观教育的众多关系中，存在着"一元主导和多元共存的辩证关系"以及"中华民族传统文化、西方文化和马克思主义之间的辩证关系"两组重大关系。

一、一元主导和多元共存的辩证关系

公民核心价值观教育本身就是相对于多元价值观而提出来的，因此没有"多元"也就无所谓"核心"之说。"核心"是"多元"中的"核心"，"多元"是有"核心"的"多元"。当然，"核心"只能是"一元"的。因此说，指导思想的一元化和多元化价值观的共同存在是我国当前公民核心价值观教育的一个基本事实，一元主导和多元共存的辩证关系是公民核心价值观教育的基本关系。进一步说，要正确处理好这个关系，需要做到以下几点。

（一）公民核心价值观教育必须坚持一元主导

当今多元文化时代的一个典型特征是多种价值观的存在。但是马克思主义唯物史观告诉我们，从核心价值观的视角来看，作为意识形态的灵魂，占据主导地位的核心价值观是与统治阶级的占统治地位的意识形态相一致的。在一个具体的社会形态里面，为了维护和发展好这一社会统治阶级的根本利益而服务是意识形态的本质和根本任务。这一任务的实现方式是通过将统治阶级利益上升为国家、民族等共同体的利益并且"概念化为一批价值观和信仰"，"它们服务于复制社会秩序，保证人们忠诚于它"①，从而使

① ［英］约翰·B.汤普森：《意识形态与现代文化》，高铦等译，译林出版社 2005 年版，第 83 页。

广大共同体成员自觉地接受。“任何一个阶级如果不在掌握政权的同时对意识形态国家机器并在这套机器中行使领导权的话，那么它的政权就不会持久。”①而人类社会发展到今天，世界上社会主义意识形态和资本主义意识形态并存，“那么问题只能是这样：或者是资产阶级的思想体系，或者是社会主义的思想体系。没有中间的思想体系（因为人类没有创造过任何‘第三种’思想体系，而且一般说来，在为阶级矛盾所分裂的社会中，任何时候也不能有非阶级的或超阶级的思想体系）。因此，对于社会主义思想体系的任何轻视和任何脱离，都意味着资产阶级思想体系的加强”②，列宁如是说。意识形态领域内牢固的领导权是统治阶级长久掌握国家政权的关键方面。而人类社会发展到今天，世界上社会主义意识形态和资本主义意识形态并存，超越阶级的意识形态在有阶级的社会中是不可能存在的。因此，相应的在思想体系和价值观念中也体现出社会主义和资本主义两种性质。物质利益上的不一致决定了社会意识领域内的不一致。这两种价值体系的博弈之中，不存在任何空白地带，一方的退却便意味着另一方的加强，显然社会主义的价值体系必须牢牢固守好意识形态的阵地。指导思想在意识形态上的多元化不仅仅是从根本上背离了马克思主义的唯物史观，而且也违背了意识形态运动的客观规律。如果在价值观领域里同时存在两种或两种以上占支配地位的价值观，那么社会必然会难以取得共识，因无法有效整合而陷入混乱甚至战争状态。因此说，在社会发展的一定时空的历史舞台上，只允许代表一种根本利益的统治阶级存在。在意识形态领域里，只存在“非此即彼”，公民核心价值观也只能有一种。

尤其是在当今时代背景下，社会环境复杂多变，全球化进一步推动了文化多元化的发展，中国国内市场化带来多重利益主体并存，这些都加剧了多元文化在中国的发展。多种交互对立、交互融合的社会思潮同时存在，东西

① 陈越：《哲学与政治——阿尔都塞读本》，吉林人民出版社 2003 年版，第 338 页。
② 《列宁专题文集　论无产阶级政党》，人民出版社 2009 年版，第 85 页。

方意识形态领域内的斗争不仅没有平息或者是削减，反而是在文化多元化掩盖下以文化传播的形式更加全面地渗透，我们所面临的以核心价值观为核心的意识形态的斗争形势更为严峻。事实上，不仅我们国家，世界上每一个社会、国家或民族等共同体之间或内部的意识形态斗争都是复杂多变的。作为无法逃避和阻挡的世界潮流，多元文化和多元价值观并存也是每个共同体都需要面对的。要想维持共同体的正常运转，就必须呼唤一种能够处于统摄地位的，可以引领、制约整个共同体核心价值体系运转及其他非统摄、非核心地位的价值观的出现。这种核心价值观作用的正常发挥，能够保障和推广共同体的主流意识形态，从文化和价值观的深层次精神层面上维护本阶级统治。毋庸置疑，指导思想和核心价值观是否一元化关系到整个共同体的治乱进退以及成败兴衰。

综合以上两点来看，无论从世界历史和人类社会发展的客观规律，还是现时代我国所面临的意识形态和文化领域内的具体形势，皆决定了一个共同体在一定的时期内指导思想只能是一元化。这个一元化的指导思想就是共同体的核心价值观，毫无什么所谓的“普世价值观”和“平等价值观”可言。共同体核心价值观的一元化是任何一个共同体在任何社会阶段共有的普遍规律，无一例外。这在体现社会存在和社会意识的辩证关系的同时，也体现了普遍性和特殊性、共性和个性的有机统一。

具体到我们国家，具体到我们当前所处的社会历史阶段，当前背景下公民核心价值观教育的指导思想同样也必须是一元的，这个指导思想就是——马克思主义。文化多元化的程度越高，价值观的多样性越丰富，就越需要我们加强和充分发挥马克思主义在意识形态领域内的指导地位，保证中国社会发展的社会主义性质和方向，保障主流文化和核心价值观在多元文化发展中的主导地位。这一点，无论是公民核心价值观教育还是其他领域的核心价值观教育都要共同遵守的一项普遍原则。其主要原因是：一方面，从马克思主义和我国社会发展实践的经验教训来看，作为指导思想的马克思主义本身所具有的优秀品格使其成为与时俱进的、科学的世界观和方法论，在中国近百年来的革命和建设过程中与中国具体实际紧密结合形成了中国化的马克思主义，并指导中国取得了多方面的巨大成就。历史一次又一次地证明，我们只有坚持了马克思主义及中国化马克思主义的一元指导地位，我们的事业才能取得成功，才能保证中国社会发展的社会主义性质和方向。另一方面，从我国当前公民价值观领域中日渐多元化的实际状况来看，迫切需要一元化指导思想的引导和统领。如在前文所述，由于现阶段多元文化中社会生活的丰富性，思想观念的多变性，利益诉求的多元性，主体需求的多样性及社会地位、生活环境等多方面的差异性，多元化在价值观领域中已成为不争的事实。但是，多元化价值观的兴起并不意味着对处于主导地位的指导思想的消解。一元化指导思想的核心地位不但没有在文化和价值观多元化的大潮中日益衰微，反而是在现实实践中价值观愈加多元就愈加迫切地需求一元指导思想对纷繁复杂的价值观体系进行整合。马克思主义在我们国家整个核心价值体系和公民核心价值观中占有主导地位，是多元文化和价值观中文化发展方向的指南针，引领包括公民核心价值观教育在内各种思想文化建设和社会思潮。

马克思主义并没有过时，关于马克思和马克思主义，伊格尔顿（Terry Eagleton）在《马克思为什么是对的》中认为："人类不断异化，社会生活愈发'商品化'，我们的文化鼓吹贪婪、攻击性、不加思考的享乐主义和日益严重的虚无主义，我们正逐渐失去自身存在的意义和价值：要对上述问题进行富有成果的讨论，离不开马克思主义传统的沉淀。"[①]安东尼·吉登斯（Anthony Giddens）也在"现代性与第三条道路"的访谈录中提到"尽管也许不再时髦，但是我仍看重马克思，因为在更广阔的视野下现代性是以资本主义为中心的。在现代社会中，经济影响比以前的任何社会类型更突出、更深

① ［英］特里·伊格尔顿：《马克思为什么是对的》，李杨、任文科、郑义译，新星出版社2011年版，第4页。

远,而这些都是围绕着资本主义的诸种制度而被结构化的”。① 尤其是在仍旧存在资本主义和社会主义意识形态斗争新局面的今天,我们进行公民核心价值观教育必须要继续旗帜鲜明地坚持马克思主义的理论、世界观、方法论以及中国化的马克思主义,维护主流文化和核心价值观。

(二)公民核心价值观教育必须坚持多元共存

多元化是当今世界特别是中国社会的典型特征。多元局面的出现是历史发展的必然,也是社会进步的表现。一方面,处于社会转型期的中国,社会结构和利益协调不断变动,由同质一元性向异质多元性转型。出现了经济成分多元化、利益主体多元化、文化多元化、价值观念多元化等等,多元化不仅仅在数量上多,成分上千差万别而且性质上也是异常复杂。另一方面,随着全球化进程的纵深发展,人们之间交往的频率不断增强、交往范围不断拓展、交往方式不断丰富,在此基础上不同意识形态下的文化和价值观流动性和交互性也日益加强。在这种情况下,任何单一的纯粹的文化生态、社会思潮及价值观念已经失去了赖以存在和发展的土壤。而且在思想文化领域,除去意识形态的斗争之外,在其他方面也并非都是西风压倒东风或者东风压倒西风的绝对“二分法”“两点论”状态。在多元文化和价值观生态之间除去对立性和统一性之外,还存在另外的可能性,一分为二的对立统一已经不能贴切地表达当前文化生态中多种文化和价值观之间的关系。

在类似的问题上,庞朴先生主张“一分为三”和“和”。所谓“一分为三”是针对“一分为二”来讲的,庞朴谈道:“在一分为二之后,还要合二为一。这个合成的一,已是新一、变原来混沌的一而成的明晰的一。”②“无处不是相对的二,无二不含绝对的一,二与一,是为三。这便是世界的真

---

① [英]安东尼·吉登斯:《第三条道路:社会民主主义的复兴》,郑戈译,北京大学出版社2000年版,第166页。

② 庞朴:《浅说一分为三》,新华出版社2004年版,第4页。

相。”[①]他把常常被人们忽略掉的辩证法中的“直接的同一性”作为“三”——既非单纯的“此”又非单纯的“彼”，但又和“彼”“此”的同一性有着直接关联。事物的这种状态可以描述成“和”——通过“执其两端而用其中”所能达到的一种状态。在笔者看来，这里的“三”就是事物除去非此即彼之外而存在的亦此亦彼、非此非彼、此非彼而彼是此、彼非此而此是彼的这样几种状态。显然，这些状态用简单的斗争哲学已经很难覆盖，而“一分为三”则再合适不过了。这里的“三”我们可以称其为“差异性”。回归到公民核心价值观教育上来，我们可以清楚地看到，差异性正是多元价值观互动的常态。虽然意识形态性是公民核心价值观教育的恒久属性，但多元文化和多元价值观共同存在的现实本身凸显的是意识形态之外的非意识形态性的一面，所以公民核心价值观教育还要遵循意识形态性与非意识形态性相结合的规律，关注多元价值观之间的差异性。

文化的核心是价值观。由于千差万别的实践主体、条件、客体等的区别，造就了人类社会丰富多彩的不同文化。多元文化中不同文化性质的判定标准就是价值观的不同，或者说多元文化是异质价值观为核心的、多种文化并存的一种状态或文化生态。多元文化和价值观差异性的存在有利于公民核心价值观教育的开展。首先，文化的多元化打破了单一的一元文化和价值观，极大地丰富了社会的价值观念系统和文化体系，使人们可以在一定的价值取向下在种类繁多的文化类型中做出最符合自身价值尺度的选择，以更加合理地满足不同主体在不同时空不同层次的文化精神需求；其次，多元文化和价值观为公民核心价值观教育主体的主体性张扬和自由而全面发展提供了更多的教育内容、发展空间以及判断尺度；再次，差异性的多元文化中多元价值取向间适度的张力的存在，有助于不同文化间价值观的相互平衡以及对主流文化所代表的公共权力和主流价值观的监督和制衡；最后，

① 庞朴：《浅说一分为三》，新华出版社2004年版，第9页。

多元价值空间给不同文化间的交流借鉴提供了机会的同时活跃了思想，为社会繁荣和发展注入了精神活力。鉴于以上种种，多元价值观之间的差异性是必然的也是必要的，是不同文化样态保持自身特质或特殊性而得以持续发展的前提和基础。相对于主流价值观而言，亚价值观群是属于“差异”的一方，并且也只有“差异”的标签才能使亚价值观在多元价值观中证明自己的存在。因而，差异本身成为不同价值观身份的标志和目标。如果一味把差异当作对立，则显然是对不同价值观缺乏认可和包容。

所以，对待多元价值观，公民核心价值观教育应该秉承包容共享、求同存异的原则，尊重并积极维护多元共存发展。各国文明的多样性是人类社会的基本特征，也是人类文明进步的动力。无论价值观系统内部还是外部都有多元化的存在。和实生物，同则不继。没有差异性的价值观样态是不完整的、没有活力的价值观系统；同时价值观上的差异性也并不意味着相互之间的排斥性。每一种价值观样态，无论强弱，都有在多元文化及价值观的冲突、差异、依存中获得同样的存在和传承的尊严和权利；每一个价值主体也都有在主流价值观引领下根据自己的价值需要做出价值选择的自由。这既合公民价值观教育主体价值选择目的性，又合世界文化多样发展的规律性；这也是中华民族文化和核心价值观得以存续和发扬的前提，更是民族文化自觉和民族文化自信的表现。

（三）公民核心价值观教育要处理好一元主导与多元共存的辩证关系

新时期我国公民核心价值观教育必须坚持处理好指导思想的一元化与多元文化和价值观并存之间的辩证关系。指导思想的一元化是多元文化和价值观共存的现实前提下的一元化；多元文化和价值观并存是在一元化的指导和引领下的并存和共同发展。

一方面，公民核心价值观教育必须保证马克思主义思想及中国化的马克思主义的主导地位和指导作用，弘扬主流文化和社会主义核心价值观，强化其话语权和主动权，实现对多元文化和价值观念的有效整合以引导社会价值的社会主义取向，将多元文化和价值观的冲突因素控制在社会可接受和控制的限度中，以达成广大公民间最大限度的价值共识和价值认同，为社会和谐奠定牢固的主流价值观基础；另一方面，公民核心价值观教育必须摒弃传统价值观教育观念中非此即彼的二分观念，要保证各种不同的文化和价值观之间自由、充分的讨论，促动主流意识形态与非主流意识形态、意识形态与非意识形态之间的对话，激发亚文化和亚价值观的正能量，发扬异质多向思维，积极寻求不同层次公民间的价值和利益共鸣，在尊重相互之间的差异性中增进价值共识。此外，公民核心价值观教育在处理一元指导与多元共存的关系时，要注意保持一元化的指导思想和多元文化及价值观之间、多元文化之间、多元价值观之间适度而合理的张力。只有这样，多样化的不同价值观之间才能够在保证整体社会价值框架有序运转的同时又能保持彼此的平衡和活力。

如果过分偏重于强调马克思主义的一元指导地位，将会在文化建设和公民核心价值观教育上有潜在的专制主义的危险，导致社会思想僵化、价值观念固化单一而最终影响到广大公民的能动性和积极性。反之，公民核心价值观教育若背离了马克思主义的一元指导思想而追求价值观指导思想的多元化，或者是放任多种价值观的自由发展和泛滥，那么文化和价值观上的自由主义倾向则会给资产阶级自由化等保留了生存的空间，在社会转型时期有导致严重的价值观和思想混乱的危险。显然，这两种结果都不是公民核心价值观教育所期待的。总之，新时期面临新的社会现实，公民核心价值观教育必须妥善处理一元指导思想和多元价值观共同发展两者之间的辩证关系，实现一元指导思想与多元价值共存之间的辩证结合。公民核心价值观教育只有坚持了两者的辩证统一，才可以避免公民核心价值观教育中文化专制主义和文化自由主义两种错误倾向的出现，推动个人与社会和谐发展。

二、中华民族传统文化、西方文化和马克思主义的辩证关系

马克思主义指导下的公民核心价值观教育所面临的多元文化和价值观场域中,有两种文化样态对其影响和关联最大,这两种文化是中华民族传统文化和以西方文化为主的外来文化。处理好公民核心价值观教育中代表三种典型核心价值观的马克思主义、中华民族传统文化、以西方文化为主的外来文化(一般我们将其简称为“中、西、马”)之间的关系是公民核心价值观教育能否把握好文化背景的关键问题之一。再进一步说,公民核心价值观教育要处理好中国当代马克思主义指导下的文化建设中当代中国新文化与民族传统文化、当代中国新文化与外来文化的关系以及民族传统文化和外来文化在当前多元文化中的位置问题。事实上,也就是公民核心价值观教育如何处理新时期多元文化境遇下公民核心价值观教育中马克思主义核心价值观、中华民族传统核心价值观以及西方核心价值观之间的关系。

毋庸多言,关于公民核心价值观与社会主义核心价值观的关系,两者是部分与整体、个性和共性的关系。公民核心价值观是以马克思主义为灵魂的社会主义核心价值观中的一个方面,是对当下公民应该所具备的核心价值观的规定和界说。而中华民族传统核心价值观是当前我国公民核心价值观教育必须要面对的内部因素和历史因素,以西方核心价值观为代表的外来价值观则主要是外部因素和现实因素。多元价值观共存中,要正确处理好这几方面之间的复杂关系,公民核心价值观教育需要从以下几方面着力。

(一)批判的继承与创新:现代性与传统性相结合

传统性与现代性相结合主要是用来处理当代公民核心价值观与中华民族传统核心价值观之间的关系。恩格斯曾说,“理论思维无非是才能方面的一种生来就有的素质。这种才能需要发展和培养,而为了进行这种培养,除了学习以往的哲学,直到现在还没有别的办法”。“关于思维的科学,也

和其他各门科学一样,是一种历史的科学,是关于人的思维的历史发展的科学。”[①]无论公民核心价值观教育还是当代文化建设,都是理论思维的一个方面,都是属于有理论渊源和历史基础的“历史的科学”,都要“学习以往”,这个以往就是我们的中华民族优秀传统文化和价值观。

中华民族文化是中华民族自古至今传承、延续下来的在中国人民千百年来的劳动实践基础上积淀氤氲而成的一切文化成果的总称,是中华民族共同的精神家园,是民族精神形成的根基和中华民族的安身立命之所、灵魂的栖息地。按照历史嬗变的过程,包含了中国传统文化、民国文化、新民主主义文化、新中国的文化、改革开放的文化和当代新文化等不同的内容;从横向上来说包含了中华民族各个地区和民族长期以来形成的区域文化和地方民族文化。其中历史最悠久的、对中华民族影响最深远的要数传统文化。在源远流长的5000年乃至8000年中华民族历史中,形成了以儒家文化和价值观为核心,儒道互补,儒道释和其他文化相结合的包容多样的博大精深的中华民族传统文化。其文化内涵也随着中华民族历史的演进而不断丰富和发展,中华民族传统文化的精华孕育塑造了中华民族的民族精神,形成了中华民族的民族品格和核心价值观,是凝聚着整个中华民族共同体的核心精神力量。具体而言,形成了包含“求道的价值追求、内圣外王的价值践行路径、义以统利的价值取向、人文日新的更新机制、‘至善’大同的价值目标”[②]在内的传统价值体系。即便是穿越了历史的时空,时至今日,仍旧是中华民族生生不息、薪火相传的血脉,并且越来越在中国乃至世界上展现出其独特的智慧和魅力。

从中华民族传统文化一直到改革开放之后的当代新文化,都包含了很多优秀的文化因子和价值观念,是中华民族核心价值观念的源泉。但是优秀的文化并不代表一定是完美和适合时代的文化。在新的时代背景下开展

---

① 《马克思恩格斯选集》第三卷,人民出版社2012年版,第873页。

② 朱颖原:《社会主义核心价值观多维研究》,人民出版社2013年版,第41页。

公民核心价值观教育，要想充分发挥中华民族文化的积极作用需要我们树立正确的态度。任何一个文化和价值观系统都是精华与糟粕并存，那么什么样的态度才是正确的态度呢？这个态度就是——在坚持现代性与传统性相结合原则的指导下积极开展批判的继承与创新。从理论上来讲，我们需要首先搞清楚这种态度的方法论和认识论基础。这是由于：

首先，事物发展的过程实质上是辩证的否定的过程，是一个"实际地反对并改变现存的事物"①的过程。辩证的否定是在肯定一部分的基础上再发展，是集中了前阶段积极成果后的更加完善，它揭示了事物发展的趋势和道路，是对前人批判反思和对现实及未来创新的统一。一方面批判精神是灵魂，历史唯物主义深层根基在于人类实践活动自我否定、自我超越的本性；另一方面创新是要求，批判反思的目的在于更加合理地改造构建新的世界。公民核心价值观及其教育的过程亦不例外，我国当前的公民核心价值观教育是建立在对长久积淀下来的中华民族优秀文化的继承和发展的基础之上的，继承和发展的过程也就是辩证否定的过程。在这一过程中，公民核心价值观教育肯定并集成中华民族文化原有的积极成果，并依据公民核心价值观教育当前的需求和未来的规划对其作出批判的继承与创新。其一，公民核心价值观教育在对待中华民族文化上要批判地继承。人类社会发展是一个不断自我否定和超越的螺旋式上升过程。人类的实践活动内在地蕴含着自身需要的彼岸性与外部现实的此岸性的张力。正如列宁所说："世界不会满足人，人决心以自己的行动来改变世界"②，公民自我和社会发展的诉求与社会现实条件之间总会存在一定的张力。正是现实与超越的张力，促使人的实践活动具有批判反思、未完成性、开放性。公民核心价值观教育要超越现实条件的不足而达成公民和社会发展的需求，保持双方之间合理张力的平衡，就必须不断地进行批判的反思，不断地保持其开放性，积

① 《马克思恩格斯文集》第一卷，人民出版社 2009 年版，第 527 页。

② 《列宁专题文集　论辩证唯物主义和历史唯物主义》，人民出版社 2009 年版，第 138 页。

极地对优秀文化传统进行批判的继承。其二，公民核心价值观教育要坚持批判的创新。公民核心价值观教育对中华民族传统文化和价值观进行批判的反思和继承，它“不想教条地预期未来，而只是想通过批判旧世界发现新世界”①。是以，其结果和最终目的是在有选择的扬弃的基础上对中华民族传统文化和价值观进行更合理的创造，以与现代文化和价值观有效对接。

其次，人类社会发展具有客观制约性和主体能动性，是以人的实践活动为基础的、把历史决定论和主体选择论统一起来的辩证历史决定论。一方面，从客体来看，社会历史是社会物质条件的发展史，是生产方式的运动史。客体必然会以其对象性、客观性存在限制着现实的人的活动范围和人的本质力量的形成，并会以客观规律限制着人的活动性质和活动方式。从人类社会发展的阶段性看，“人们不能自由选择自己的生产力——这是他们的全部历史的基础，因为任何生产力都是一种既得的力量，是以往的活动的产物”②。人类历史发展中的社会发展客观规律是不以人的意志为转移的，每一社会发展阶段都存在着每一代人发展的既定历史基础，公民核心价值观教育也必须要在遵循这些规律的基础上来开展。另一方面，从主体来看，人类活动史贯穿于整个社会历史的始终，因而社会历史发展的规律也表现为人的活动规律。人的活动既要立足于客体对象性存在的客观实际，也要发挥主体方面的能动因素，是两者交互发挥力量的结果。从人类社会发展的连续性来看，历史的每一步进程都展现出每一代人在继承前人活动基础上所创造的积极成果，都在着眼于自己历史活动的客观前提下，通过发挥其能动性、创造性对历史基础加以扬弃和创新，创造出更符合时代发展的新前提条件的过程。由此，仅看到人类社会发展的客体性、阶段性，忽略其主体性、连续性，就会片面夸大客观制约性，不能动态理解人类社会过程和历史规律的客观性皆为前人历史活动的结果，认不清每一代人的实践活动可以通过

① 《马克思恩格斯文集》第十卷，人民出版社 2009 年版，第 7 页。

② 《马克思恩格斯文集》第十卷，人民出版社 2009 年版，第 43 页。

主体力量超越前提限制条件而创造出更符合社会发展的新条件，最终就会陷入历史宿命论和机械决定论的沼泽；相反，只看到人类社会历史发展的主观性、过程的连续性，不讲其限制性、静态的阶段性，笼统地强调“人们自己创造自己的历史”，[①]就会陷入无限夸大人的主观能动性的历史唯心主义泥潭。

综合以上分析，我们就不难理解我们应该对中华民族文化采取批判的继承与创新的态度了。

一方面，一个民族的文化和核心价值观都要受到时代和当时的物质实践活动制约，是社会物质文化基础的制约性和当时实践主体主观选择相结合的结果。不同历史时期的中华民族文化是满足不同时期实践主体的需要的结果，不同时期有不同的具体文化理念和核心价值观，不可能所有的文化成果和价值观都是放之于任何时代而皆准。当前我们面临的是一个和过去任何一个时代都大有不同的新时代，无论世界格局还是国内形势都已经发生了天翻地覆的变化，经济基础和上层建筑也大不相同，新的、多元的文化和价值观日益涌现，这都迫切要求公民核心价值观教育构建符合当今社会现实的、具有鲜明时代特色的公民核心价值体系和公民核心价值观。因此，我们的公民核心价值观教育首先要做减法，一要摒弃原有文化系统中过时的、与时代要求不相符合的文化传统、道德观念和价值准则，二要剔除原来文化中糟粕的传统、习俗、观念等，糟粕的东西在任何一个时代都有存在的土壤，但都不应该成为继承和发展的主流；其次，公民核心价值观教育要做加法，依据时代和公民实践的变化增添富有时代特色的、符合现实实践中公民个体或共同体所需要的新的价值观念。

另一方面，文化和价值观具有延续性，每一个时代的文化和价值观都不是无源之水，都是在对前一时代的文化传统和价值观念的继承发展基础上

---

① 《马克思恩格斯文集》第二卷，人民出版社2009年版，第470页。

形成的。作为共同体的精神支柱，作为中华民族长期历史实践中相对稳定的精神积淀，也是对整个民族历史的传承和精神文化的结晶。中华民族文化中有许多优秀的、恒久的价值品质值得我们继承和发展。

当今世界范围内思想文化进一步的涤荡、交锋，西方社会价值观念和生活方式不断渗透，国内改革开放30多年来的社会经济结构转型和利益分化的产生，在一定程度上使个别人对精神家园的塑造埋没于对物质利益的过度追逐之中，部分公民对社会主义、共产主义的理想信念丧失和动摇。现代社会中，全球交往使人们的民族观和国家主权观悄然改变。全球化交往视域下面对文化霸权、文化渗透，针对"西化"和"分化"的侵蚀，在有些人尤其是青年群体当中出现了社会主义信念动摇、价值观混乱、民族认同感淡薄的倾向。公民核心价值观教育要清醒认识到其带给国家核心价值观和公民核心价值观教育的新课题：一方面我们要继承和发扬中华民族的优秀民族认同文化、弘扬爱国主义精神，"先天下之忧而忧，后天下之乐而乐""国家兴亡，匹夫有责""己所不欲，勿施于人"等民族优良传统以及井冈山精神、雷锋精神、抗洪精神等都是我国爱国主义精神和民族精神的真实写照。另一方面，要继承和发扬优良的传统伦理、道德规范、文化习俗，培育公民高尚的道德情操和价值观念。如《管子・牧民》中载有"国有四维，一维绝则倾，二维绝则危，三维绝则覆，四维绝则灭。倾可正也，危可安也，覆可起也，灭不可复错也。何谓四维？一曰礼，二曰义，三曰廉，四曰耻。礼不逾节，义不自进，廉不蔽恶，耻不从枉。故不逾节，则上位安；不自进，则民无巧诈；不蔽恶，则行自全；不从枉，则邪事不生"。[①] 意思是说，礼、义、廉、耻是治理国家的四种基本准绳，缺少了其中的准绳国家就要面临动摇、被颠覆甚至是灭亡的危险。这里的"四维"实际上就是当时基于伦理关系而树立的核心价值观，对当时及现今的社会发展和思想发展都起到了重大的积极影响。诸如

① 《管子・牧民》。

此类,尚有许多。

总之,中华民族文化和核心价值观是我们的历史记忆,是中华民族精神的“老祖宗”,是我们当前公民核心价值观教育的重要历史资源,毛泽东说,“我们这个民族有数千年的历史,有它的特点,有它的许多珍贵品。我们还是小学生。今天的中国是历史的中国的一个发展,我们是马克思主义的历史主义者,我们不应当割断历史”。[①] 我们要对其本着从现代性和传统性相统一出发,进行批判的继承。“脱离了传统,不管民族气质还是文明,都不可能存在。因此自有人类以来,它便一直有着两大关切,一是建立某种传统结构,二是当有意的成果已变得破败不堪时,人类社会便努力摧毁这种传统。没有这种传统,文明是不可能的;没有对这些传统的破坏,进步也是不可能的。困难——这是个极严重的困难——在于如何在稳定与求变之间取得平衡。”[②]传统文化等前几个时代的文化和价值观所赖以创生的物质条件和社会基础已经不复存在,即使历史会有惊人的相似之处,也不会完全一致,“传统”这一“老祖宗”既不能丢,但也不可能完完全全回到孔子时代或革命时期的语境和文本。因此,对于中华民族代代相传的价值观念和规范,公民核心价值观教育要追本溯源从文化发展的源头上去理解和诠释,以便更加科学合理地扬弃和创造,并且不断继承和发展中华民族优秀传统文化和价值观的精粹,结合现代社会变迁创造性的发掘和萃取出其时代价值,增强中华民族的价值观自觉和自信。马克思说:“人们自己创造自己的历史,但是他们并不是随心所欲地创造,并不是在他们自己选定的条件下创造,而是在直接碰到的、既定的、从过去承继下来的条件下创造。”[③]继承和创造都是有一定的前提及固定的文化和价值观渊源,公民核心价值观教育只能也

---

① 《毛泽东选集》第二卷,人民出版社 1991 年版,第 533 页。

② [法]古斯塔夫·勒庞:《乌合之众:大众心理研究》,戴光年译,中央编译出版社 1998 年版,第 66 页。

③ 《马克思恩格斯选集》第一卷,人民出版社 2012 年版,第 669 页。

必须在“直接碰到的、既定的、从过去承继下来的条件下创造”。继承是基础，创造是活力。每个历史时期都有我们所值得借鉴的价值观念和价值体系，公民核心价值观教育要在此基础上确立符合时代要求的新文化和公民核心价值观。正如习近平在中共中央政治局第十三次集体学习时强调的，“培育和弘扬社会主义核心价值观必须立足中华优秀传统文化。牢固的核心价值观，都有其固有的根本。抛弃传统、丢掉根本，就等于割断了自己的精神命脉。博大精深的中华优秀传统文化是我们在世界文化激荡中站稳脚跟的根基”，“不忘本来才能开辟未来，善于继承才能更好创新”。[1]

（二）批判的开放与包容：世界性与民族性相结合

批判性的开放与包容主要用来解决公民核心价值观教育中中华民族文化与外来文化、中华民族核心价值观与西方核心价值观的关系，即同质性与异质性的关系。所谓外来文化，也就是除去中华民族文化之外的其他共同体的文化样态的总称，就我们国家来说主要指西方文化，因此在探讨此类问题的时候，人们也经常会以西方文化、西方价值观、西化等词汇替代。事实上，外来文化也并非一个当今时代才有的新生事物，亦并非我们现在才面临的新问题。在中国历史上也一直存在着本土文化与外来文化的博弈，只不过那些时期所谓的外来文化主要还是指中原文化之外的少数民族文化，随着民族融合的不断推进，外来文化也越来越多地指向中华民族文化之外的文化。早在与世界交流比较密切的汉唐时期，外来文化与本土文化的交流随着丝绸之路的繁荣也逐渐兴盛和频繁，到元明时期以马可·波罗、利玛窦为代表的大批传教士带来的西方思想文化和价值观念的传播，都没有真正冲击到中华民族文化。外来文化真正触及中国本土文化深处的时期应该是五四新文化运动前后，随着兴国救亡的大潮，“德先生”“赛先生”来了，马列主义也来了，越来越多的仁人志士关注“中西之辨”，试图从中寻找中华民

① 《习近平在中共中央政治局第十三次集体学习时强调：把培育和弘扬社会主义核心价值观作为凝魂聚气强基固本的基础工程》，《人民日报》2014 年 2 月 26 日。

族文化的出路。多种文化和社会思潮在当时得到了广泛传播。

而今,文化又一次成为时代的热词,只是有了新的特征,我们依然呼唤“新”的文化和价值观,但是时代背景和社会现实需求已经大不相同。全球化浪潮的不断深入、科技革命带来的信息技术的变革、全球多元文化的兴起和我国社会主义市场经济体制的确立与发展等新形势前所未有地缩小了人们交往的时空距离,延展了交往的范围,同时交往方式和内容等方面也皆出现了天翻地覆的变化。加强交往不容置疑地成为现代中国人乃至世界各族人民在全球化浪潮中谋求生存与发展的重要环境条件。竞争日益激烈化和合作的日渐多极化使人们面临许多过去不曾遇到过的新情况,并且对人们的思想行为和价值观念产生不同程度的冲击和影响。文化作为社会系统中非常重要的一个领域,随着经济全球化的大潮也进入了文化全球化的历史进程。在经济走向全球化的那一刻,这个挑战就到来了,文化与经济如影随形,商品进出口的同时也夹带着文化和价值观念的进出口。“各民族的精神产品”开始打破地域界限,成为世界各民族的公共产品,民族性受到了挑战。在这一进程中中国也在经历着改革开放,物质关系和利益关系的变化促动了文化和价值观念的变化。无法阻挡的价值观念多元化在多种文化的冲撞摩擦中交织发展。这是新的时代特征给民族共同体及其文化、核心价值观带来的新的挑战。

然而,无论背景和表象如何不同,终究不能掩盖一个迫切的事实和问题——那就是,在世界文化交流频繁、多元文化共存的态势下,不同民族共同体的公民核心价值观教育如何处理好本土文化和外来文化、本土价值观和外来价值观的关系。在这个问题上,虽说是争论已久,各种观点甚嚣尘上,但是综合起来看的话,大致有以下三个大方向:一方是文化和价值观上的保守派,这种观点主张坚守本土文化和民族的传统文化,认为在本土价值观体系中不应给外来价值观留有生存和发展的空间,因此完全拒绝接受外来文化和价值观;另一方则是文化的价值观上的中间派,强调西方文化的

"用"的功用,其典型的代表观点是洋务运动时期的"中体西用""师夷长技以制夷";还有一方就是主张全盘西化的文化和价值观的激进派,如要"努力全盘接受这个新世界的新文明"①的胡适就旗帜鲜明地主张全盘西化论而不赞同文化折中,还譬如强调"现在世界的趋势,既不容许我们复返古代的文化,也不容许我们运用折衷调和的办法;那么,今后中国文化的出路,唯有努力去跑彻底西化的途径"②的陈序经。

现如今,从整体来看仍旧是存在着这几种观点的纷争。但无论是两个极端派别还是文化和价值观折中主义派别,都难以为自身找到有说服力的理由。因为,文化和价值观毕竟是一个复杂的有机系统。详细说来:一方面,任何一个文化共同体的文化都包含着器物的、制度的、知识的、价值观的等不同的层次和要素,以价值观为内核的文化一旦形成就具有相对稳定性、持续性和民族文化的独特性,如果完全植入另外一种异质价值观,就会很难完成系统各层次和要素之间的合理对接,这一点尤其是体现在作为共同体文化基因的核心价值观方面,这说明全盘接受外来文化的道路显然是行不通;另一方面,文化作为社会系统中的一个重要精神领域,其自身也处在不断发展变动之中,任何一种文化系统,除去其独特性之外还具有人类所共同拥有的一些文化特质和价值观念,这些特质和价值观念是文化得以流动和沟通的内在基础,更何况文化的壁垒已经在全球化尤其是文化全球化中被纷纷打破,因此说,现今没有哪一种文化和价值观是固若金汤或是完全独立于整个人类文化体系之外的,固守自身文化而一成不变也同样不可能。而一直以来走第三条道路的中间派,则是在很大程度上没有搞清楚要"用"的是什么、如何为"体"以及"西用"和"中体"各自在整个文化建设中的地位和作用是什么。如果缺乏针对性,搞不清楚这些就容易走向文化和价值观

① 胡适:《编辑后记·独立评论(第142号)》,岳麓书社1998年影印版,第22页。

② 陈序经:《中国文化之出路》,载罗荣渠主编:《从"西化"到现代化》,北京大学出版社1990年版,第363—364页。

上的折中主义。

折中主义的思想方法主要是简单机械地将多种异质的思潮、观念等拼凑在一起,而且这种拼凑毫无规律和原则可言。折中主义的基本特点是用二元论、调和论代替唯物主义辩证法。它有时把矛盾的两个方面调和起来,混淆是非;有时在原则问题上模棱两可、游移回旋;有时把矛盾的两个方面等同起来,不分主次。折中主义貌似全面、公允,其实是把两种不同甚至对立的东西无原则地凑合在一起,抹杀了事物的本质区别,歪曲了事物的矛盾关系。① 因此说文化和价值观上的折中主义并不像建筑学、美学等领域的折中主义那样带来美感和愉悦,反而会带来价值观的歪曲和混乱甚至是公民核心价值观的缺失,而且其表象上貌似的合理性带给了人们极强的迷惑性,就像列宁说的“把马克思主义篡改为机会主义的时候,用折中主义冒充辩证法最容易欺骗群众”。②

因此,如何科学地对待本土文化和外来文化、本土价值观和外来价值观的问题给新时期我国公民核心价值观教育提出了众多新问题和新要求,同时也提供了新的生长点和契机。当前的世界,在信息化和全球化浪潮中已不可避免地成为一个巨型的复杂系统,这个网状系统纵向上把人类过去的、现在的、未来的,横向上把不同种族、国家和社会形态的文化和价值观念都连接在了一起,形成多元并存的状态。而且文化和价值观也仅仅是这个复杂系统的一部分,除了文化和价值观系统内部的多元交织,文化和价值观系统与其他系统之间的关系也是呈现出非线性的交错纵横状态。面对这种客观现实,公民核心价值观教育再采取封闭性和斗争性思维显然已经不合时宜。要既合理解决世界性与民族性的关系这个问题,又避免价值观上的折中主义,公民核心价值观教育必须转变思维方式,这种新的思维方式就是批判的开放与包容的思维方式。

---

① 卢之超、赵穗明:《马克思主义大辞典》,中国和平出版社 1993 年版,第 932 页。

② 《列宁选集》第三卷,人民出版社 2012 年版,第 127 页。

世界上任何一种理论、观念或者是体系都不是一个封闭的圆环。公民核心价值观同样如此，既不是对内僵化也不是对外闭塞，而是一种开放性的存在。因此，公民核心价值观教育的开放性思维指的是无论是公民核心价值观教育的内容还是教育自身都应该是一个开放的体系，能够容纳不同价值观的长处和优点、汲取各种异质文明的优秀成果。对此科学哲学家波普尔曾说过："知识的发展模式不是去证实而是去证伪。没有终极真理，只能说某一理论较好，但它仍然能被更好的理论所取代。"①因此，公民核心价值观教育的批判开放，是对自身核心价值观体系之外的有益成分和经验有合理接收的意愿和渴望，同时也能够积极面对内在的尤其是外来文化和价值观的批判，并且能够依据自身文化繁荣发展和价值体系建设的取向进行吸收。公民核心价值观教育的包容性思维，是本土价值观与外来价值观的异质价值观之间的对话交流而不是对立斗争，是多元价值观念间的讨论沟通而不是本土一元公民核心价值观的孤立独白，是远离寻求话语霸权和文化专制的多种价值观在共容状态中的包容性发展。这种包容性思维既侧重面向世界、面向时代，又面向自我，发展自我。

基于此，公民核心价值观教育在处理本土价值观和外来价值观关系时的开放与包容思维方式应体现在：一方面，公民核心价值观教育在教育实践上，要始终从现实出发，立足实际，着眼于当前我国和世界文化发展与价值观变动的新局面，永远面向时代、世界和未来。既要正确看待世界多元文化和价值观发展中的经验和教训；又要顺应世界文化发展的潮流，把握和顺应公民的文化和价值观发展的时代新要求。其二，这个开放的时代里，闭门造车，出门必难合辙。公民核心价值观教育在对待自身理论的态度上，要积极和外来的文化理论开展对话与交流，汲取西方文化之中的积极合理性因素，科学理性地吸纳其有益成果，由此来构建具有开放性、包容性的文化体系和

① [英]布莱恩·马吉：《开放社会之父：波普尔》，南砚译，湖南人民出版社1988年版，第13页。

价值体系。

但是，需要重点强调的一个问题是，这里讲的开放性和包容性思维不是毫无原则的开放和包容，不是简单的“师夷长技以制夷”般的拿来主义，而应是批判的、有选择的、有原则和底线的开放和包容。具体说，在对待外来文化和本土文化、外来价值观和本土价值观的关系上，公民核心价值观教育必须把握好以下几个方面。

其一，首要的是要把握好底线和原则，看清文化全球化和价值观多元化背后西方国家的实质需求。现代性在全球的蔓延催生了多种文明模式，这些迥异的文明模式与不同的制度结合在一起，“依然趋向迥异的意识形态动态和制度发展”。[①] 显然，当今世界的现代性没有带给我们单一的文化和价值观，反而加深了文化全球化和价值观多元化。在这个趋势中，西方世界仍旧是试图在主导世界政治经济走向的同时也试图主导世界核心价值观和意识形态格局。因此，我国公民核心价值观教育在理论和实践中必须要把握好社会主义意识形态的方向，警惕西方各种形式的“颜色革命”“花朵革命”等意识形态上的渗透和侵略。其二，公民核心价值观教育要正确认识西方文化中宣扬的“普世价值”的实质，正确区分辨别“普世价值”与全人类所共有的价值品质之间的区别，防止各种打着“普世价值”旗号的文化侵略和价值观渗透。其三，公民核心价值观教育对于外来文化和价值观念要合理地扬弃，积极借鉴和吸收其中优秀的、对我们的社会和文化发展有意义的成分。能够自觉对我们的民族文化和价值观做出批判和反思，尊重世界文化生态、价值观念的多样性和差异性，对不同文化样态在文化建设和公民核心价值观教育中的作用做出具体分析和认知。批判地、有选择地接受就是接受我们所需要的、对我们有益的文化样态或文化样态里面某些具体成分，对于不合我们时宜的、糟粕的、有害的价值观念要毫不留情地开展大力的批

① S.N.艾森斯特塔、旷新年、王爱松：《反思现代性 · 导言》，《国外理论动态》2006 年第 4 期。

判。其四,公民核心价值观教育要加强西方文化和价值观的解释工作,实现东西方话语体系的转换,不能恐惧与外来文化和价值观的接触,真理愈辩愈明,对外来文化和价值观我们只有知其然和所以然才可以更好地借鉴和吸收。其五,合理处理本土价值观与外来价值观的辩证关系,在文化和价值观上不光引进来还要做到走出去,力争既要出口电视机也要出口思想和价值观①。要打开视野,全面了解世界文化态势,加强各种形式和渠道的文化对外传播,努力将我们的文化和价值观置于世界多元文化体系之中。其六,公民核心价值观教育中注意保持本土文化的民族独立性,对外来文化所有的借鉴和吸收都应在本民族文化尤其是核心价值观的框架体系之内,一切以有益于民族文化和公民核心价值观的发展为前提和目的。

(三)兼和并存,综合创新:“中、西、马”之关系图谱

综合以上分析,我们可以理出在当前多元文化样态下公民核心价值观教育中中华民族文化、西方文化、马克思主义文化或者毋宁说是中华民族核心价值观、西方核心价值观和马克思主义核心价值观三者之间的关系图谱。如何有效处理“中、西、马”之间的辩证关系是近百年来哲学社会科学界一直关注的热点理论问题,也是中国社会嬗变和当前公民核心价值观教育中必须要面临的现实实践课题。

要解决理论问题必须首先认清现实。宏观上说,我们当前公民核心价值观教育面临的一是全球化和文化多元化的世界,二是改革开放新时代的社会主义中国。这意味着什么?从文化和价值观发展的角度意味着:第一,中华民族文化里面的优秀传统文化是中华民族的安身立命之本,蕴含其中的核心价值观念是中华民族文化发生学意义上的“老祖宗”,是中华文明血

---

① 玛格丽特·撒切尔在《治国方略》中谈到来自中国的威胁时认为,中国没有具有国际感召力的学说来提高自己的力量并削弱西方世界,今天的中国出口的是电视机,而不是思想。原文见 Margaret Thatcher. *Statecraft: Strategies for a Changing World*. Harper Perennial, 2003-04-01, pp. 178-179。

脉的延续，因而是无法割舍的。即使主观上想要摒弃，譬如历史上曾经的焚书坑儒等，最终也抵不过事物发展的客观规律。第二，马克思主义是中国共产党的指导思想，在中国共产党领导之下建立的社会主义新中国必然也必须要坚持马克思主义的信仰和价值追求。而且更加不容忽视的现实是，在马克思主义及中国化的马克思主义思想指引之下，社会主义的中国不断发展强大并且在这个过程中形成发展了中国化的马克思主义。所以，马克思主义是社会主义中国的“老祖宗”，同样不能丢。第三，全球化和多元化场域下，同样拥有悠久历史并在世界历史和人类发展历史中作出重大贡献的以西方为代表的外来文化和价值观不可阻挡。

综合以上三点也即是说，公民核心价值观教育面临着的现状是两个“不能丢”，一个“挡不住”的客观事实。因此，文化和价值观上的复古主义、霸权主义、全盘化思想都是立不住脚的。问题的关键在于三方在公民核心价值观教育中的地位问题。在这一前提下，我们不难看出三者在当代中国公民核心价值观教育中的地位：

首先，马克思主义是指导思想，而且是公民核心价值观教育必须坚持的一元指导思想。中国化的马克思主义经过长期的革命和建设实践，已经深深地融合进了中华民族的文化和价值观之中，是具有中国作风和中国气派的马克思主义，它已经成为中华民族文化和价值观中不可缺少的一部分。“离开中国特点来谈马克思主义，只是抽象的空洞的马克思主义。因此，使马克思主义在中国具体化，使之在其每一表现中带着必须有的中国的特性，即是说，按照中国的特点去应用它，成为全党亟待了解并亟须解决的问题。”①当代中国与马克思主义是紧密融合在一起的，近现代中国的革命和建设成果是马克思主义在中国具体运用的结果，其在中国的具体化、民族化都表现出鲜明的中国作风和中国气派，根植于中华民族的传统文化和价值

① 《毛泽东选集》第二卷，人民出版社 1991 年版，第 534 页。

观之中。其次,包含传统文化在内的中华民族本土文化是中华民族核心价值观认同的根本。中华民族作为一个文化共同体,其文化基础是中华民族的民族文化和核心价值观,即相对于外来文化而言的本土文化。这就为我们解决三者之间的关系问题划定了一个场域——所有这一切都应该是在中华民族文化这个范围内来讨论。因此,无论是采取“古化”还是“洋化”的形式,都不能离开繁荣和发展中华民族文化之本。在公民核心价值观教育上离开中华民族文化这个根本和最终目的来谈论三者的关系,那只能是个伪命题。对于在中华民族文化和价值观系统之内的传统文化、传统价值观等要素仍旧是属于中华民族文化自身的问题,因而只存在继承、抛弃和创新,无借鉴之说。最后,确切地说,外来文化应该是由以西方文化为主的多种文化和价值观组成的文化群。外来文化应该是在前两者的基础之上的、与本土文化共存的异质文化系统,核心价值观的不同是它们的根本差异。两者之间是异质价值观系统之间的交流,相当长一段时期内不可能出现本质上的融合,因此以西方价值观为代表的外来价值观对于本土价值观的意义主要在于借鉴和吸收。

所以,在多元化的世界里,不同的价值观应该保持自身的独立性,核心价值观不同的价值观体系不可能完全融会在一起,“中、西、马”三者合而为一是不符合事物发展趋势和客观规律的。因为在不同的物质实践基础上产生不同的意识形态和价值观念。传统儒家文化和价值观的物质基础是小农经济,西方文化和价值观的经济基础则来自资本主义的私有制,而马克思主义文化和价值观则诞生于对资本主义的批判之中。因而,公民核心价值观教育视野中,三种文化形态既不以邻为壑又非杂糅一体,而是要在保持民族文化独立性的基础之上,建立社会主义的新文化——必须要以马克思主义为指导思想和灵魂,立足于中华民族优秀的文化根基,积极借鉴外来的有益文化。在三种文化形态和价值观关系的处理上,张申府(张崧年)、张岱年于20世纪30年代曾经提出建立“合孔子、罗素、列宁而一之”,“将唯物、理想、解析，综合于一”的新型文化形态的可能，但笔者更为认同后来张岱年的“兼和说”。其主要观点认为“兼和为上——兼容多端而相互和谐是价值的最高准衡”①，“凡物之继续存在，皆在于其内外之冲突未能胜过其内部之和谐。如一物失其内在的和谐，必由于内部冲突而毁灭。生命之维持，尤在于和谐。如有生机体之内部失其和谐，则必致生之破灭，而归于死亡”②。

由是，公民核心价值观教育能否顺利开展、能否发挥积极效用的关键前提就在于这三者之间关系的处理，公民核心价值观教育应该兼和“中、西、马”三种价值观念，从不同的价值观念体系中汲取营养和智慧，以保证公民核心价值观系统内部的和谐胜过三者之间的冲突。超越文字上的“体”“用”之争，弃开仰仗传统经典的妄自尊大和追随西方潮流的亦步亦趋，在文化和价值观的碰撞交流中相互包容而不同化，实现中华民族文化及核心价值观的内生性演化，兼和并存、综合创新，是为公民核心价值观教育处理三者之间关系的最佳图谱。唯有“不忘本来、吸收外来、着眼将来”③，方能“各美其美，美人之美，美美与共，天下大同”。④

第二节　公民核心价值观教育的基本原则

公民核心价值观教育作为一个复杂的系统，除了多重复杂的关系之外，还包含着一系列的基本原则。坚持好这些基本原则对于公民核心价值观教育把握规律性、提高实效性具有重要价值。

---

① 张岱年：《张岱年全集》第7卷，河北人民出版社1996年版，第410页。

② 张岱年：《张岱年全集》第3卷，河北人民出版社1996年版，第194页。

③ 云杉：《文化自觉　文化自信　文化自强：对繁荣发展中国特色社会主义文化的思考》，《红旗文稿》2010年第17期。

④ 费孝通：《反思·对话·文化自觉》，《北京大学学报》（哲学社会科学版）1997年第3期。

一、公民核心价值观与社会主义核心价值观协调统一的原则

公民核心价值观教育首先要把握好公民核心价值观与社会主义核心价值观协调统一这一基本原则。公民核心价值观及其教育与社会主义核心价值观及其教育之间是个性与共性的关系，我们必须要坚持两者特殊性和普遍性的协调统一。

依照层级关系来说，公民核心价值观是从属于社会主义核心价值观的，因此总体上公民核心价值观教育应该在社会主义核心价值观教育框架之内进行。公民核心价值观教育应该与社会主义核心价值观教育框架里面其他领域的核心价值观教育一样，首先在理论和实践上都必须遵循、符合社会主义核心价值观教育在意识形态方面的总体要求，所以从制度属性上而言是姓“社”的。意识形态性是公民核心价值观教育的恒久属性。其中最根本的是要体现社会主义的本质要求，反映社会主义的特征，要能够彰显出国家制度的价值取向。社会主义核心价值观及其教育的普遍特征和要求在公民核心价值观及其教育上都能够体现出来，公民核心价值观教育是社会主义核心价值观教育在公民领域的具体展开和实现。这是在普遍性上的要求。

但同时公民核心价值观作为社会主义核心价值观的一个组成部分，是社会主义核心价值观系统中用以规范公民群体的社会行为、促进公民良好社会风尚的那一部分。因此，相对于社会主义核心价值观及教育来说，公民核心价值观教育有其自身的特殊性，这个特殊性就在于核心价值观教育的主体是全部“公民”群体而不仅仅是青少年、农民或其他。显然，客体的价值因主体而存在，规范和引导的主体不同，核心价值观教育的侧重点也应该有所差别。这又是在特殊性上的要求。

因此，在如何坚持二者协调统一的原则方面，公民核心价值观教育应该做到：

一要处理好公民核心价值观与社会主义核心价值观中国家层面和社会

层面的价值观之间的关系。公民核心价值观是侧重于社会主义核心价值观中对公民个体层面的要求,因此公民核心价值观的教育必须要针对公民这一专门群体,不是特指人民或政党的,公民核心价值观教育在实施上应该尽量避免过于强烈的泛政治化和阶级性的意味,要顾及公民的全体以发挥整合和凝聚多个不同社会阶层力量的核心价值观的作用。但是另一方面,公民核心价值观教育又不能脱离社会主义核心价值观在国家和社会层面上的价值观要求,三个层面的要求是相互影响、相辅相成的。公民核心价值观教育首先必须要确立公民对国家层面核心价值观的认同和对社会层面核心价值观的遵循,因此公民核心价值观教育在教育内容上还需要关照三者之间的关联,在教育内容上向国家和社会层面的核心价值观拓展和深化。

二要处理好公民层面里面不同群体之间和层次之间的核心价值观教育之间的关系。公民核心价值观教育自身作为一个系统也包含着不同的层次,按照不同的标准这些层次有不同的划分,不同职业、不同年龄、不同地域、不同阶层、不同时代的公民核心价值观亦各有差异,它们与公民核心价值观教育也是特殊性与普遍性的关系。由是,公民核心价值观教育必须充分考虑到核心价值观在这些群体或领域的具体体现和特征,不能一刀切,要顺应其特殊性而设计具体的教育策略,让公民核心价值观落实到这些具体的领域和群体中去。而其中任何一个领域和群体的核心价值观教育都必须能够遵守、体现出公民核心价值观和社会主义核心价值观的特征和要求。

因此,公民核心价值观教育在主体指向上要坚持社会主义核心价值观的普遍性和针对公民层面的核心价值观的特殊性两者协调统一原则。

二、公民核心价值观教育理论性和实践性相结合的原则

公民核心价值观作为一种理论体系上的总结,是理论和实践两方面共同作用的结果。

一方面,理论形态的来源来自中国改革开放以来在文化和精神文明方

面的理论经验。其中值得一提的有：2001 年颁发的《公民道德建设实施纲要》提出“爱国守法、明礼诚信、团结友善、勤俭自强、敬业奉献”的基本道德规范，公民道德基本规范的归纳是我国公民教育的一个里程碑；自 2006 年 10 月《中共中央关于构建社会主义和谐社会若干重大问题的决定》提出“社会主义核心价值体系”之后，无论学界还是民间，“核心价值”成为人们关注的一个高频词语，关于社会主义核心价值观内容的凝练与表述也成为人们关注的焦点；2012 年 11 月中共十八大报告明确提出培育社会主义核心价值观的“三个倡导”；2013 年 12 月，中共中央办公厅《关于培育和践行社会主义核心价值观的意见》中明确提出，以“三个倡导”为基本内容的社会主义核心价值观是我们党凝聚全党全社会价值共识作出的重要论断；党的十八大以后，习近平总书记发表的关于社会主义核心价值观系列重要讲话中对社会主义核心价值观做了系统阐述。这一系列的理论探索和总结都给我们提供了丰富的资源。

另一方面，如果说理论源头体现了公民核心价值观在文化发展中的历史继承性的话，那么就实践源头来说，则是更为现实的源泉。毛泽东一语中的：“人的正确思想，只能从社会实践中来。”①公民核心价值观源头的活水应该到当今现实的社会实践中去寻找。新中国成立之后一直非常注重核心价值观方面的教育，从新民主主义文化到社会主义文化，从思想政治教育到公民道德建设，从建设社会主义精神文明到社会主义荣辱观，从社会主义核心价值体系到社会主义核心价值观，经过多年的探索直到有了核心价值观的表述。此前，没有核心价值观的倡导和表述，不代表核心价值观不存在，同样也不代表我们在社会实践过程中没有开展公民核心价值观的教育。以上所列的中国文化建设发展的历程，社会主义精神文明建设的过程以及思想政治教育、公民道德教育的实践中无处不包含着公民核心价值观教育，因

① 《毛泽东文集》第八卷，人民出版社 1999 年版，第 320 页。

为核心价值观是这一系列文化实践活动的灵魂，没有哪一种与文化和意识形态相关的实践活动是不包含着以核心价值观为核心的价值实践的。公民核心价值观是在客观的社会实践活动过程中逐步沉淀和提炼才固定下来的。

既然公民核心价值观是建立在一定的理论来源和实践基础之上的产物，那么公民核心价值观教育也不能脱离两者之间的有机结合。一方面，公民核心价值观教育在自身形态上要实现理论形态和实践形态的结合。要重视实践也要关注理论。公民核心价值观和核心价值观教育理论都属于观念层面，我们必须把握其理论形态。除了要关注公民核心价值观的相关理论研究之外，还要加强对公民核心价值观教育的理论研究，在公民核心价值观教育的实践中不断总结和升华，积极探索和建构公民核心价值观教育的科学理论体系，为公民核心价值观教育的实践提供有力的理论支撑。另一方面，公民核心价值观教育在教育目标以及途径、方式方法上也要实现理论和实践的结合。教育目标和内容方面主要体现在对公民进行公民核心价值观的核心价值观认知教育和价值实践能力培养的关系的处理上；教育方法论方面则主要是核心价值观念的直接灌输和价值实践活动中的价值体验之间的协调。

毫无疑问，无论是从哪一个层次展开探讨，公民核心价值观教育都必然是一个知、情、意、行相互结合的过程，必须要牢牢坚持理论性和实践性相统一的原则。“理论由实践赋予活力，由实践来修正，由实践来检验”，①为了强调这一观点，列宁还引用了歌德更富诗意的名言——“我的朋友，理论是灰色的，而生命之树是常青的”。是的，理论只有回归到实践才能充满勃勃生机，公民核心价值观教育也必须回到公民核心价值观相关的实践中去开展，既遵循理论的逻辑又要尊重实践的逻辑，既有理论魅力又有现实实践吸

① 《列宁专题文集　论马克思主义》，人民出版社 2009 年版，第 301 页。

引力，才能真正实现理论和实践的有机结合。

三、公民核心价值观教育实然性与应然性相一致的原则

公民核心价值观教育的主体是人，现实的活生生的人，公民核心价值观教育的目的是培育现时代实践中的人的核心价值观。核心价值观在同一共同体内的传承是文化共同体自我辨识的标记，往往一个共同体的文化特性和核心价值观只有在回归到历史中方可寻找到合理的解答。当今的核心价值观是对传统核心价值观在突破其历史局限的基础上创造性的继承和时代性的转换。那么公民核心价值观教育就必须要符合民族文化传统和民族历史，也要关照实践中的公民的需求，体现时代的特点，将着力点放到实际生活中，能够为人们提出合理的核心价值观目标。公民核心价值观教育是出自对现实公民价值观状况的回应，是要告诉人们在当前的时代背景和社会现实实践中，面临文化和价值观多元化带来的冲击和困惑应该持有何种态度、树立何种观念来指导我们的思想和行为。也就是说，公民核心价值观教育首要的直接指向是针对现实价值实践中的公民来解决现实问题，即为适应公民价值实践现实而开展。它立足于社会体制、文化形态和价值观的历史和现状。公民核心价值观教育只有从实然出发来设计公民核心价值观教育的目标、内容及具体的举措，才能够贴近公民真实的文化生存状况以及价值观动态，才符合社会发展规律和价值观念的认知发展规律，这样的公民核心价值观教育才具有现实可行性。但是，实然性仅仅是公民核心价值观教育的事实状态之体现，如果只局限于目前状况，公民核心价值观教育就会由于缺乏前瞻性而陷入一种仅仅是针对当下的调适性教育的状态。这种状态是与公民核心价值观教育的“人的全面发展”的发展性终极教育目标相违背的。因此，公民核心价值观教育还要体现出前瞻性和传递性的姿态，在着眼于今天的同时还需要把目光放到未来，在实然的基础上指向应然。应然性在这里包含两层含义。一方面是使人们知道面临公民核心价值观现状提

倡的是什么，即应当达到的状态或价值境界，比如辨析善恶美丑。这一方面是直接和实然相联系的，是面向解决实然中的问题。应然性的另外一个方面的指向是对实然性的超越，与公民核心价值观教育的终极目标和发展状态相联结，体现出了一定的长远目标性和理想性。

就公民个体微观层面来说，亦是如此。人的生存方式不是一种单维度的存在，而是包含着时间、空间在内相互交织的多维向度，因此人类的活动范围是不断地在过去、现在、未来的时间向量中和不同的地域内变动，文化和价值观便也随着生物的活动范围而流动和传播。在社会实践中的公民的核心价值观是主客观相互作用的结果，既受到外界客观条件的影响，又有自身内化发展的动态过程。在一个固定的时空或情境中，我们在公民个体身上所看到的价值实践活动或者所体现出来的核心价值观只是其核心价值观形成和发展过程里一个阶段性特征。因此，只有充分考虑和关注公民和核心价值观发展的整个过程，从整体性出发，要顾及教育对象在不同时期的价值观状况，才能提高公民核心价值观教育的针对性和实效性。这就要求公民核心价值观教育不能只看到公民当时表现出来的短期状态，要充分考虑到受教育者核心价值观个体发展的历史连续性状态，同时又要求公民核心价值观教育要增强对个体未来价值观发展态势的预见性。总之，在微观指向上，应该是本着应然和实然相统一的原则，对公民个体核心价值观的一个历史性、现实性和未来性总体的全面把握。

公民核心价值观要作为公民共同的根本价值准则而融入社会的文化和价值体系，进而发挥其对非主流价值观的引导和统摄作用，最终能得到广泛认同和共识，彰显其全体公民共同的精神支柱的功能。因此，虽然由于文化多元化的影响浅表层的价值观念比较容易发生变化，但是作为文化和意识形态灵魂的核心价值观一旦确定下来就必须要具有相对的长期性和稳定性。由此一来，公民核心价值观教育的实然状态和应然状态之间便有一定的张力存在。要达成实然性和应然性的有机统一，在公民核心价值观教育中就一定要把握好应然对实然超越的“度”:若与实然差别不大,公民核心价值观跟随社会变迁而更迭频繁,容易导致公民在价值观和文化上的断裂;若脱离现实过远,直接指向终极目标,则主体易缺乏有效的价值目标,导致公民核心价值观的迷失而成为舍本逐末。因此,公民核心价值观教育要在实然性基础上把握好实然与应然之间的张力,处理好其客观规律性和目的性之间的关系,反映广大公民长远价值追求的同时不忘着眼于对公民现实需求的关怀。

四、公民核心价值观教育共识性和包容性相依存的原则

事实上共识性和包容性要解决的关系体现在公民核心价值观教育中主要是“和”与“同”的关系,实现共识性和包容性的有机结合和依存也就达到了“和而不同”。

作为反映全体公民社会意识的主导价值观,公民核心价值观教育在客观上要求其内容必须能够涵盖公民总体的价值要求。这样,才能推动公民核心价值观实践主动性的发挥,在实践中转换成为广大公民自觉追求的价值目标,并通过公民的一系列价值活动形成内化于心的价值准则,方能够固定成社会世代相传的核心价值观。在当前,中国本来就是多民族文化共存的社会再加上文化多元化潮流的影响,公民的价值观状况变得更加复杂。这种态势下大量差异性的存在是必然的,这是由于“一个有自我意识的共同体的成员不可避免地会意识到他们的共同体与其他共同体之间的差异和他们自己与其他共同体的那些成员之间的差异”。[①] 差异性是同一性和矛盾性之间存在的第三种状态,是事物多元共存的前提和基础。如果只讲同一性,会抹杀掉事物之间的多样性,这不符合事物发展规律和当前社会文化多元化潮流;反之,若坚持过于强调冲突和斗争的斗争理念和冲突哲学,则

---

① ［美］贝思·J.辛格:《实用主义、权利和民主》,王守昌等译,上海译文出版社 2001 年版,第 95 页。

会造成公民个体思想或社会系统的混乱无序，这也与人类社会发展规律相悖。这就要求“在相互认同差异的基础上走到一起……必须有某个关于价值的实质性的一致意见”①，这个可以共享的视野就是“共识”——“唯有反映共同体成员的价值共识才能得到人们的遵守和维护”②。所以，公民核心价值观教育必须要建立在广大公民共识的基础之上，自觉尊重和体现广大公民价值实践中的自觉选择，而不是来自部分社会精英或管理阶层的“创造”。现在一些地域、群体性的核心价值观教育往往高度过高，在事实上成了共同体内高层次价值需求代表的“阳春白雪”，而不是在普遍意义上共同体内包括低层次成员也能够真正认同和遵守的“下里巴人”。共识性要求在广大公民的价值需求中寻找最大公约数，真正体现公民最广泛、最普遍、最基本的价值需求。

在体现公民普遍共识的基础之上，公民核心价值观教育同时还要具有包容性。事实上，共识性和包容性是相一致的。在文化和价值观多元化条件下，做到和而不同意味着首先要承认和尊重事物之间的差异性。显然，无论对于共同体内部多样的文化和价值观，还是与共同体之外的多元化的共同体价值观来说，要想达成共识，接受是最基本的前提。而只有具备了一定的包容性才有可能去认可和接受差异性，包容差异性更符合当前文化多元化的现实和潮流。同时，也只有在多元文化和价值观的场域中才能更多地包容差异性。包容其他形式的文化和价值观的合理性存在，才有可能达成最大限度的共识，体现出“和”本身存在的价值和意义。在包容差异性的基础上的共识是这样一种状态：事物之间存在一定的合理的张力，这种张力的性质和张力摩擦的大小保持在一定的“度”之内，保证事物既能够共存而又持有多样性活力的状态。这种状态是相对稳定的，因而事物之间张力的大

① ［加］查尔斯·泰勒：《现代性之隐忧》，程炼译，中央编译出版社2001年版，第59—60页。
② 熊伟：《问题及阐释——现代法之合法性命题研究》，中国政法大学出版社2012年版，第189页。

小和范围需要依据变化了的实际来调整。具体来说,笔者赞同张岱年先生的观点,这种和谐状态包括四方面内容:“一是相异,即非绝对同一;二是不相毁灭,即不相否定;三是相成而相济,即相互维持;四是相互之间有一种均衡。”①因此,公民核心价值观教育也不应该排斥包括各种外来的优秀文化成果在内的人类共同的文明结晶。

① 张岱年:《张岱年全集》第3卷,河北人民出版社1996年版,第35页。

第五章　公民核心价值观教育的主体建设

公民核心价值观教育是和价值关系分不开的，在这个价值关系里面的价值主体是“世界历史性”的人。公民核心价值观教育是以人的全面发展为终极目标和现实出发点的，必须时时刻刻体现出对“人”这一教育主体诉求的关切。作为价值主体间的交往实践活动，公民核心价值观教育需要处理好个体主体和群体主体，即个人与社会之间的辩证关系，在主体的内在价值和利益相协调的基础上来求同存异，建立起自我认同与价值共识，实现个人与社会的和谐发展。

第一节　公民核心价值观教育的主体

每一个时代都有每一个时代的时代特征和历史任务。当今我国公民核心价值观教育所处的时代和历史背景决定了其教育的主体只能是处在“世界历史”过程中的人。

一、公民核心价值观教育的主体

当前公民核心价值观教育是全球化推动中多元文化背景下的核心价值观教育。显然，文化实践、文化交往也是人类社会实践和交往的一个重要领域，全球化下多元文化的发展是世界历史发展的必然，也是人类历史向世界历史转换中必然要经历的一个过程。因此,我们所要教育的对象,不是一般的、普遍意义上的人,而是"世界历史性"的人,是具有马克思世界历史性个人思想里面描绘的一切特征和指向的人。全球化推动下的多元文化作为向世界历史转变过程中的一个特殊的阶段和现象,既具有世界历史本身的特征,也有多元文化自身独特的内涵,是普遍性与特殊性的统一,其文化和价值观的丰富性、差异性、流动性、重要性都大大增强,为人的全面发展提供了前所未有的机遇,同时也带来了新的挑战和要求。因此,公民核心价值观教育的主体——人,是处在不断变动、相互联系的世界历史中的人,而非孤立的人;是处在对共同体文化依赖性更高阶段的人。

在这里,笔者没有像马克思在世界历史性的个人思想中所阐述的那样突出强调"个人",而是使用了"人"的表述。因为在笔者看来,公民核心价值观教育的主体是总体的人,而非仅仅是个体的人。一方面,公民核心价值观教育的主体首先应当是"个人"——每一个公民个体,同样是处在世界历史中的、现实的个人,这里的"个人"与马克思所讲的个人是相一致的。另一方面,因为世界历史的演进,个人对物的依赖性虽然日渐式微,但是随之人对人、对由无数个体组成的大大小小的共同体的依赖则愈加明显。"每一个单个人的解放的程度是与历史完全转变为世界历史的程度一致的。"①"各个人的世界历史性的存在,也就是与世界历史直接相联系的各个人的存在。"②处于世界历史中的个人,"既要以生产中的人的(历史的)一切固定的依赖关系的解体为前提,又要以生产者互相间的全面的依赖为前提"。③ 而且在全球化的影响下,世界区域化、一体化的趋势也在并存发展,除了国家或民族之外,其他各种共同体对个体的影响也愈加深远。不同的共同体有着基于不同核心价值观的不同文化系统和生态,这也是多元文化

① 《马克思恩格斯选集》第一卷,人民出版社 2012 年版,第 169 页。
② 《马克思恩格斯选集》第一卷,人民出版社 2012 年版,第 166 页。
③ 《马克思恩格斯文集》第八卷,人民出版社 2009 年版,第 50 页。

的表现和来源。因此,公民核心价值观教育的主体除了作为个体的人之外,还有以各种共同体形式存在的"人"。共同体意义上存在的人也是公民核心价值观教育的对象。对于上述我们所谈到的两种教育主体,我们不妨将它们分别称为个体主体和群体(社会)主体。

二、公民核心价值观教育的主客体一致性

公民核心价值观教育的对象是"人",而受教育的对象也是"人",这本身就决定了公民核心价值观教育的理论和实践不同于一般意义上的实践活动。从教育学意义上来说,传统的教育观往往是把教育者作为教育的主体,而受教育者,即教育对象当作是客体,而教育活动本身就成为一个单向的主体作用于客体的活动。

但现实并非如此,公民核心价值观教育中的教育者如教师、党政干部等无疑是主体,但是作为受教育者的普通公民,却也不应该仅仅是摆在客体的被动接受的位置上。作为受教育者的普通公民应该是公民核心价值观教育另一种意义上的主体。以公民核心价值观教育中思想政治理论课教育为例。从传统的教育主客体观上来说思想政治理论课教师是教育的主体,作为教育对象的学生是客体,这一点是毫无疑问的。但是,一方面,教师在对学生进行核心价值观教育的同时也是一个对自我进行教育和提升的过程,此时的教师也相应地具有了教育客体的身份,而且教师作为其他形式的核心价值观教育的接受者时也是以教育客体的身份出现;另一方面,身为被教育者的学生除了教育客体的身份之外,在自我教育和提升中又充当了教育主体。

人的价值关系具有特殊性。一般意义上说,从物的角度来说,价值是来自客体对主体需求的满足,或者说来自客体对主体发展、完善的效应,本质上是客体主体化的过程。但是从价值观教育的角度上来说的话,核心价值观教育的过程是一个除了客体主体化之外还包含主体客体化的过程,公民

核心价值观教育的实践是主体客体化和客体主体化两者的有机统一。在复杂交错的社会关系中,处于现实实践活动中的公民往往承担着多重身份或角色并依据不同的场景、对象或需求而转换,从而形成了不同的主客体关系和身份。任何人既是需要者,又是被需要者,以及认识者、被认识者和实践活动者。作为被需要者,他可以是相对于自己而言,也可以是相对于他人和社会而言,无论怎样,作为被需要者,作为需要的对象,他是价值客体,是自己的价值客体和他人、社会的价值客体。人是主体和客体的统一,也就意味着他是价值主体和价值客体的统一。个人作为价值主体,他可以以社会和他人为价值客体;社会作为价值主体,也可以以个人为价值客体,这是一种互为主客体的关系。与此同时,个人与他人之间,个人与社会之间,还存在着主体间关系,即彼此都作为主体,都承认另一方是主体,而共同需要某种对象,共同进行某种活动的关系。① 在公民核心价值观教育中所体现出来的这种主客体的一致性,不仅仅体现在个体公民身上,同样"人化"的共同体,也就是群体主体或社会主体亦是如此。

"人对世界的任何一种人的关系——视觉、听觉、嗅觉、味觉、触觉、思维、直观、情感、愿望、活动、爱,——总之,他的个体的一切器官,正像在形式上直接是社会的器官的那些器官一样,是通过自己的对象性关系,即通过自己同对象的关系而对对象的占有。"②这种"对象性关系"确立的尺度是公民核心价值观教育主体自己的尺度,即主体的价值需求,再进一步说就是公民核心价值观教育的主体需要确立一种什么样的核心价值观。而且,公民核心价值观教育中同样的内容对于个体主体和社会主体、这一主体和那一主体、自我主体和他者主体等不同的公民主体所具有的意义不是等同的。对于这一主体的巨大价值也有可能在另一主体眼里变得毫无意义可言,当然也就不可能成为反映另一主体的本质力量的对象性存在。如马克思所言,

---

① 李淮春主编:《马克思主义哲学全书》,中国人民大学出版社 1996 年版,第 285 页。

② 《马克思恩格斯文集》第一卷,人民出版社 2009 年版,第 189 页。

"对于没有音乐感的耳朵说来,最美的音乐也毫无意义,不是对象,因为我的对象只能是我的一种本质力量的确证,也就是说,它只能象我的本质力量作为一种主体能力自为地存在着那样对我存在……忧心忡忡的穷人甚至对最美丽的景色都没有什么感觉;贩卖矿物的商人只看到矿物的商业价值,而看不到矿物的美和特性"。[①] 因此,公民核心价值观教育是在不同层次、不同成分的个体主体和群体主体间开展的多向互动的实践活动。公民核心价值观教育必须要看到并遵循主体间多向互动规律以实现主体性和主体间性的统一。

三、公民核心价值观教育是主体间的交往实践活动

作为公民核心价值观教育总体意义上两大主体的个人主体与群体主体两者之间在价值诉求上的和谐、差异、张力等状态一直是社会生活各领域中长期存在的现实问题。在我国传统的社会生活中群己关系的核心价值观是建立在重利轻义、乐群贵和的基础之上的。新的时代背景下,公民核心价值观教育需要进一步重新思考个体教育主体和群体教育主体之间的关系,进而对多元文化背景下公民核心价值观教育中个人与社会之间关系做出新的阐释,以期解决公民的核心价值认同危机问题。

(一)个体主体与群体(社会)主体的辩证关系:共生互动

实践是个人与群体(社会)关系的存在论基础。"实践是人创造自己需要的生活资料即人的对象世界,和把自己创造为人即人的自我创造的一种活动方式,它是一个自觉的创造价值的目的性活动。在这种活动中,人一方面改造了外部世界,使它变成人的活动的客体;同时也改造了人自身,人由此才成为自身活动的主体。"[②]公民核心价值观教育的对象性关系是在社会实践活动中架构起来的。个体或群体都是在改造外部世界的同时也改造了

---

① 《马克思恩格斯文集》第一卷,人民出版社 2009 年版,第 191 页。

② 高清海:《高清海哲学文库》第 4 卷,吉林人民出版社 1997 年版,第 251 页。

人自身的实践中创造或建构自己的对象世界和对象性关系,从而成为自身的主体。在这一过程中,个体主体价值的发展和实现都离不开群体,个体需求的满足是社会化的结果。个人与社会通过实践活动相关联,不再是抽象对立的,而是彼此连通、相互同构的。人是现实的、活生生的、特殊的个人,不是苍白的抽象符号。所从事实践活动的不同是个体与个体之间、群体与群体之间体现其个性而相区别的根本基础。由无数个体组合而成现实的社会,在肯定个人现实性的基础上,必须肯定社会的现实性。现实的个人及其现实物质生活条件是现实的社会得以存在的前提。马克思指出:“首先应当避免重新把‘社会’当做抽象的东西同个体对立起来。个体是社会存在物。因此,他的生命表现,即使不采取共同的、同他人一起完成的生命表现这种直接形式,也是社会生活的表现和确证。”①建立在社会实践基础上的现实的群己关系中,个体与群体(社会)不仅不矛盾,而且是相互生存和发展的基础和意义之所在。因此,当前我国公民核心价值观教育在处理个体和群体主体的关系上需要摒弃传统的将两者抽象地对立的观点和做法,为协调和整合个人与社会的关系开辟出一条新的理路。

交往是个人与群体(社会)双方关系的生成和实现机制。“只有在这些个人的交往和相互联系中才是真正的力量。”②交往活动是个体与群体(社会)、个体之间、群体(社会)之间发生关联的重要媒介,交往中“许多个人的共同活动”构筑起各种层次的人际交往关系,才能形成群体,进而发展成组织、单位、大的集团、社区,直至形成整个社会。着眼于此,“一切历史冲突都根源于生产力和交往形式之间的矛盾”。③ 随着生产力的发展,与自发的交往、以利益为纽带的交往和真正联合的交往形式相适应,个体与群体(社会)也必然要经历以血亲为主的狭隘关系、以利益为核心的物化关系和共

① 《马克思恩格斯文集》第一卷,人民出版社 2009 年版,第 188 页。
② 《马克思恩格斯文集》第一卷,人民出版社 2009 年版,第 580 页。
③ 《马克思恩格斯文集》第一卷,人民出版社 2009 年版,第 567 页。

同发展的联合关系三个阶段,最终走向和目标是个体与群体(社会)的真正统一,实现社会进步和人的自由全面发展,而这也恰恰是公民核心价值观教育的最终目标和现实出发点。因此,个体主体与群体(社会)主体间不是外在对立的而是交往互动的关系:个人总是处在一定交往关系中的个人,是一定交往关系的承载者、体现者,是社会交往中的存在者,在一定社会关系的制约下不断创建出制约自己的社会关系;群体(社会)关系并非超然于个体的存在,而是由多个交往关系中的个人组成。人创造社会环境,社会关系是交往中个人与社会双向生产或双向创造的基本前提和有力保证。社会环境也创造人。在这样的交往互动中,终将实现两者的和谐共生。

(二)个体主体与群体(社会)主体的新境况:自我认同与价值共识

在个体与群体(社会)的关系问题上,我们将其追溯到人类的实践活动、交往和社会关系上,这种考察方式的转换使我们对问题的理解有了全新的思路。遗憾的是,人们往往仅限于在最为抽象的层面上,而很少具体地探讨因社会转型期文化实践活动、交往方式和社会关系的变迁语境下个人与社会之间的内在联系。我国社会逐步走向开放的异质多样性社会,从这一宏观背景中考察现阶段个体与群体(社会)的关系,我们不难发现,市场经济活动已经毫无疑问地成为社会变迁的实践基础。市场经济活动动摇了个人与群体(社会)的关系中原来以血亲为核心关系的主导地位,而以利益为核心个人与群体(社会)的关系则越来越占据主导地位,即个人特殊利益与共同体利益之间的矛盾愈渐凸显。在这一基础和多元文化的共同作用下,公民核心价值观教育中个体与群体(社会)的关系突出表现为自我认同与价值共识的关系问题,并对这一观点做出如下阐释。

自我认同与价值共识是个人与群体(社会)的关系在新时期的遭遇之必然。公民核心价值观教育的个体主体和群体主体交往的多样化程度随着市场经济的完善和发展变得越来越高,交往的普遍性和主体自主性也大大增强。相应的,文化领域内也由于全球化和改革开放的推动,出现了多元化的新动向,原来与市场经济相适应的价值观念领域也开始打破原有一元态势活跃起来。市场经济的实践发展,交往的普遍化,社会关系的更新,文化的多元化使得公民核心价值观教育中个人与群体(社会)的关系集中表现为自我认同与价值共识。市场经济活动确认了个人主体地位和个体的独立意识,并唤起了主体多方面的需求;多元文化的发生使得个体的特殊利益需求与自我意识得到极大地强化。社会大变革中物质、文化利益冲突愈益明显的情况下,个体要求的提出本身就表明了个体利益与他人及群体、社会利益之间的不一致性。"在人与人的关系中,人所意识到的首先不是我们与他人怎样彼此帮助才能满足需要,而是我作为个体必须首先占有和支配我的利益。我与他人的关系,也因利益冲突而具有相互排斥和独立的含义,人的利益追求就表现为我的利益的追求,由此便发动了不同的个体行为。"①在多种价值观的张力关系中围绕着各种差异轴树立的个体主体的自我认同成为对他者、群体等社会关系达成价值共识的前提和基础,"其中每一个差异轴都有一个力量的向度,人们通过彼此间的力量的差异而获得自我的社会差异,从而对自我身份进行识别"②。此正如马克思所强调的"把社会当做一个单一的主体来考察,是对它作了不正确的考察;思辨式的考察"。③

同时,社会价值观也越来越彰显个人力量。从主流上看,现代社会价值观的多元化是社会进步的一种表现,它破除了建立在人的依赖交往关系基础上的整体主义价值观的弊端和危害。但是,群体或社会在确认并尊重个体主体的需求和利益及其差异性的同时,一定价值基准基础之上的价值共识对维护群体(社会)的需求和利益也是必需的。价值共识的核心是核心价值观的认同。价值共识的形成过程,是对核心价值观建立认同的过程,也就是自我个性人格和价值归属的形成过程。

---

① 程燎原、王人博:《权利及其救济》,山东人民出版社1997年版,第57页。
② 王成兵:《当代认同危机的人学解读》,中国社会科学出版社2004年版,第9页。
③ 《马克思恩格斯文集》第八卷,人民出版社2009年版,第18页。

在价值共识中，每一个成员都深深地认识到了群体或社会的共同利益是自身利益实现的前提与保障，并在价值观和道德的基础上对这一点予以真诚认肯。这种对共同利益持守就逐渐减少了工具性的功利色彩，而作为一种似乎应然的价值原则获得了目的性的伦理位阶。这样一种共识奠定了制度稳定、人际团结与和谐的基石。换言之，如果没有这种基于彼此责任与义务、价值差异交流基础上共识的建立，个体与群体或社会之间往往会呈现出单纯的中短期经济利益关系，而无法建立起超越金钱之上的信任、忠诚的稳定的价值意识，即“集体性自我意识”，其存在对于个体私利的不正当谋求总有一种遏制作用，是群体或社会存在的基础。“集体性自我意识并不抹煞个人的自我意识；它只是通过个人自我意识的行动而影响个人行为。在另一方面，任何个人都不可能在毫不具备集体性自我意识的情况下生存。没有集体性自我意识，社会便不可能存在。”①在良性互动的价值共识的条件下，个体成员便有可能达到一种比较高的集体性自我意识。一个具有共同体核心价值认同意识的公民会表现出对群体、社会等共同体目标强烈的信念和核心价值的认定。由此，个体与群体（社会）之间的和谐关系本应是价值共识的题中之义。

因此，高度异质性和多样化的价值观教育主体关系取代了传统社会的群己关系模式，个体主体与群体（社会）主体间形成了多重交织的张力关系。

第二节　公民核心价值观教育主体发展的途径

个体主体与群体（社会）主体的和谐发展是公民核心价值观教育达成

---

① 邓正来、J.C.亚历山大主编：《国家与市民社会》，中央编译出版社2002年版，第44页。

价值共识的目标指归。多种价值观的充分张扬,无疑是社会进步的一种表现。公民核心价值观教育中教育主体价值认同的建构,必须建立在主体的内在价值和利益相协调的基础上来求同存异。具体来说:

一、教育主体观念:帮助教育主体形成正确合理的自我认同

在公民核心价值观教育主体观念上,要正确认识和把握不同层次主体间的辩证关系,帮助教育主体建构起自我与他人、社会相互生成的辩证自我观,形成合理的自我认同。促进教育主体的社会化是公民核心价值观教育的一项重要职能,除了让教育对象认识和了解社会之外,更为关键的是要做到“内化”。也就是说,要通过公民核心价值观教育活动,使教育对象能够把共同体所倡导的核心价值观念内化于心,并在此基础上完成“我是谁”的自我认同的任务。只有帮助公民形成合理的自我认同,才能真正使其树立公民核心价值观,成为社会共同体核心价值观真诚的信奉者和彻底的践行者。

在公民核心价值观教育方面,我们当前在处理自我与他人、社会关系的过程中,常常是对传统群己观“弃”而未“扬”,以致出现了偏差——从对个体特性的压制和漠视转向了对他人或集体属性的压制和回避,乃至出现以自我为中心的个体主体化倾向。这种倾向的产生在现实生活中造成的危害显而易见,小到人与人之间关系的冷漠、大到影响社会的和谐所导致社会秩序的紊乱。针对这种情况,在公民核心价值观教育主体观念的转变上,应实现超越“重占有”自我观的转变,培育主体合理的自我观。

首先,公民核心价值观教育要摈弃个体主体中心化的自我观,建构关系性的自我观。多样化的现代社会里,公民核心价值观教育越来越能够关注到公民个体主体的自我意识和主体性。不过,与此同时也产生了忽略人的关系性存在这一本质的情况,在个体主体的自我认同上形成了过于强调自我的原子化自我观。这种自我观主要体现在个体往往将自己的利益强化而

忽视甚至排斥他人的利益，将自身所认为的确定性的观点片面化为极致从而漠视或压制共同体中差异性的他者伸张权利的自由。因此，这种自我观在处理个人与他者、个人与社会的关系时常常导致因计较于个人一己之利而损害了他人和社会整体利益，另一方面则是违背了人的存在是关系性的存在这一基本事实。公民核心价值观教育的个体主体只有在与他者、群体或社会的合理性关系中方可寻求到自身价值并建构起合理的自我认同。因此，公民核心价值观教育需要在自我观上既破除个体主体中心化倾向，又不囿于传统“你教我学”的传统教育模式，积极探索教育者与教育对象双方互动机制，在两者对话中寻求合理的自我认同。

其次，实现超越“重占有”自我观的转变，帮助公民个体主体形成合理的自我观。毋庸置疑，个体利益的满足和实现是人生存和发展的基石，但是个体的存在和发展并非仅受物质需要的驱动。这是一种“重占有”的自我观，也就是一种“我所占有的和所消费的东西即是我的生存”的观点。① 该观点的持有者把幸福等同于对物质享受无止境地追求。这种对单向性的物质享受的一味追求，会令个体对生存充满无限空虚和迷茫，甚至逐步遗忘自我的存在。由此，英国学者吉登斯认为：“……个人的无意义感，即那种觉得生活没有提供任何价值的东西的感受，成为根本性的心理问题。”②具体而言，“重占有”的自我观势必会造成以下相互对立的两对矛盾关系：其一，就个体自我内部而言，必将导致个体的物质生活对精神生活及物质追求对精神追求单向性的支配关系；其二，就外部关系的处理而言，必会致使权利与责任之间以及索取与给予之间相互关系的紧张。“重占有”的自我观本身无法克服这两对对立的矛盾，只能使个体更高层次的追求和需要逐步丧

① [美]埃里希·弗罗姆：《占有还是生存：一个新社会的精神基础》，关山译，三联书店 1989 年版，第 32 页。

② [英]安东尼·吉登斯：《现代性与自我认同》，赵旭东等译，三联书店 1998 年版，第 9 页。

失。而且,个体的需求在体现为自我这一向度的同时还具有非我之特性。个体利益需求的满足从一定意义上说是个体对现实世界一种索取的过程,索取与给予及权利与责任这两对关系之间是对等的、关系化的,任何意义上的索取都不可能缺少给予对象世界的补偿。在这一过程中,一方面公民核心价值观教育需要继续强化其社会教化的功能,积极塑造人的精神家园,提升自我"内在的善",从而为培育正确的自我观提供强有力的精神支持;与此同时,公民核心价值观教育要进一步强化个体自我对包括他人和社会在内的所有的非我外部世界的责任意识,让自我承认并履行外在的价值标准及对他者的道德承诺,将非我当成共存亡共发展的伙伴,而不仅仅局限于将其作为满足利益需求的对象来加以占有和利用。由此,唯有在责、权、利三者的有机统一中才能彰显个体存在的意义和价值,才能培育起辩证的自我观以形成合理的自我认同,才能使个体真正成为公民核心价值观意义中的主体。

二、教育范式选择:采取价值引导与自主选择相结合的模式

在公民核心价值观教育发展过程中,"传道"的教育方式长期以来是传统公民核心价值观教育主流的方式方法,这种教育方式只注重将社会的政治思想、道德规范和主流价值观灌输给教育对象,而不关注受教育者的个性和创造性等内在素质的培养,受教育者仅仅被看作是社会规范和价值标准的接收器,是社会发展的工具。说教、硬性灌输的方法成为传统公民核心价值观教育方式方法的常态。个体主体性培养的问题随着改革开放和现代多元文化的洗礼而日益凸显,在公民核心价值观教育领域成为一个重大的理论课题和不可避免的现实诉求。可是,在现实的公民核心价值观教育实践中往往会出现另外一个极端,即全盘否定灌输教育方式的必要性和重要性,反对向人们系统地灌输公民核心价值观和行为规范要求,过度强调公民核心价值观教育优化人的个性方面的作用,这极易导致一些人在处理个人与社会的关系时不能评断美丑、区分好坏而采取以自我为中心的个体主体化

举措,甚至形成极端的个人主义。多元文化和多元价值选择中公民核心价值观教育采取的灌输公民核心价值观的教育方式与注重个性、能力和创造性的教育方式是有机统一的。

一方面,在公民核心价值观塑造过程中,公民核心价值观教育不能放弃灌输的方式,而且必须要充分发挥其功效。美国著名文化人类学家菲力浦·K.博克教授在《多元文化与社会进步》一书中说道:“文化有一似非而是之处,即它通过约束人的行为而使人获得解放。”①文化的这种特性也正是其核心——核心价值观发挥作用的方式。公民核心价值观濡化的过程是一个使人们接受其约束并不受其他核心价值观的熏染的过程。这个习得和传承的过程中灌输公民核心价值观可以对人们的思想和行为产生约束力,确定爱憎的主要标准。现代社会高度发达的文化网络和社会关系需要人们良好的行为品质来维系,灌输社会核心价值观正是通过对人们的思想和行为的有效约束来建构良好的社会关系,从而促进人的个性、能力和创造性的发展。但是,个体价值观综合素质的培养离不开公民社会核心价值观的灌输,因为它是以人们对社会共同体核心价值的全面认知和系统掌握为前提的。基于此,公民应树立的核心价值观借助于公民核心价值观教育的社会化过程灌输给了个体,受教育者在与教育者的交互作用的过程中,逐步掌握社会共同体的核心价值观、价值规范等从而形成合理的自我认同并为人的正当行为提供充分的理由。只有这样,个人才能自觉地、创造性地推崇和运用社会共同体的核心价值,以促进个人与社会的和谐发展。

另一方面,构建合理的公民核心价值观教育范式。如前文所述,公民核心价值观教育的主体是世界历史的个人和共同体,教育者和受教育者的双方都是主体。因此,公民核心价值观教育的主体既特殊又复杂。另外,多元文化和多元价值观潮流的不断涌现,进一步加深了教育主体之主体性的彰

① [美]P.K.博克:《多元文化与社会进步》,余兴安等译,辽宁人民出版社1988年版,第345页。

显。公民核心价值观教育必须采取注重个体的个性、能力和创造性等综合素质培养的教育方式，尊重个体的主体性意识培育、激发个体成员的活力、积极性，从而促进社会整体的进步和发展。公民核心价值观教育的主体是由个体和包含社群组织、团体、民族、国家等在内的复杂的多层次的主体系统。主体之间难免会存在着理解的裂隙，要让对话成为可能，就必须开放自身，包容他者的解释。因此，在公民核心价值观教育范式的选择上要想达成文化的对话必须要颠覆建构性主体和他者这种二元对立的思考方式，才有可能达成。传统意义上大多数的教育都采取"主体（教育者）——客体（被教育者）"单向的主客范式，这种教育范式有利于教育内容的有效传递和教育资源的节约，在传统的文化和价值一元化的背景下是奏效的。但是文化多元化的社会中价值选择也日趋多样化，单纯的由教育者到被教育者这种自上而下的被动传输的功效则大大降低。因此，这就需要我们建构一种既保留传统教育范式的优势又符合公民核心价值观教育的教育主体特征和主体性诉求的新型范式，确立主体间及主客体间的多向互动结构。这种结构极大地助益于多元文化背景下的公民核心价值观教育。这是一种价值观教育的"价值引导与自主选择相结合"模式，它亦有助于公民核心价值观教育主体的主体性发挥，使得公民核心价值观教育的过程不再仅仅是一个被动的传输，而是主体间的互动过程。这种互动是自主性的。

关于自主性，苏联学者伊·谢·科恩在《自我论：个人与个人自我意识》一书中认为，"自主有两个尺度。第一个尺度描述个体的客观状况、社会环境，指相对于外部强迫和外部控制的独立、自由、自决和自主支配生活的权利与可能。第二个尺度是对主观现实而言，是指能够合理地利用自己的选择权利，有明确目标，坚忍不拔和有进取心。自主的人能够认识并且善于确定自己的目标，不仅能够成功地控制外部环境，而且能够控制自己的冲动"。① 简

① ［苏联］伊·谢·科恩：《自我论》，佟景韩、范国恩、徐宏治译，三联书店 1986 年版，第 407 页。

言之,即个体的客观尺度和主观现实尺度,客观外在尺度提供的是可能性,主观尺度是自主实现的内在保障。显然,价值引导与自主选择相结合的公民核心价值观教育模式符合以上两点要求。在这一范式里面,作为受教育者一方的主体可以张扬主体性,自主而非“他主”的习得来克服被教育的被动性。而作为教育者一方的主体也摆脱“控制者”“支配者”等身份而转换成平等“协助者”,帮助受教育主体树立共同体所需要的核心价值观,与此同时也提升自身的核心价值观素养。如此,各主体间在公民核心价值观教育过程中实现了良性互动,在自我与他者、群体和社会发展之间达成动态平衡,从而有效地保障教育的实效性。因此这种价值引导与自主选择相结合的教育范式是建构公民核心价值观教育主体自我核心价值观教育的可持续路径。

三、教育价值取向:构建以集体主义价值为核心的底线价值

在文化多样化与价值多元化背景下,现代人的个体主体意识与利益感空前增强。在这种环境下,公民核心价值观教育有效与否,主要取决于价值观多元化、价值选择多样化的个体与群体、社会能否达成一种理性的价值共识。只有在有效的价值共识中,个体才能确定判断是非、评判美丑、区分好坏的主要标准,才能使个体获得生活的确定感和意义感。况且,多元价值的存在并不一定带来核心价值的多元化,借助于公民核心价值观教育实践活动的有效沟通与对话,存异的同时也可以求同,是可以取得价值共识的。

多元文化社会中,个人特殊性的无限张扬就如同一根芒刺,通过刺痛来唤醒人们关注普遍性,关注共同的底线价值。要想在高度异质的个体间或共同体内部达成这种价值共识,公民核心价值观教育必须形成合理的共同的底线价值取向,这种底线价值取向就是价值体系中的集体主义的价值观。既要做到对传统的一元化集体主义价值观的扬弃,又要根据社会发展中尤其是文化多元化社会出现的新情况、新问题用新的观点来理解和阐释这一

价值观。“这种集体主义价值观既非个人本位亦非社会本位的价值观，而是以个人与社会辩证统一为本位的人学价值观。”①从公民核心价值观教育方法论的维度看，要正确处理当前价值观念多元化条件下个体与群体或社会两者的关系，核心前提是必须摆脱传统的个体本位与社会本位二元对立的思维模式。要超越这种对立，需要以辩证思维的逻辑为出发点，站在整合个体利益与社会利益的高度来调节双方可能出现的冲突和矛盾。更确切地说，公民核心价值观教育要确立的作为共同底线价值取向的集体主义是以维护个体与社会的辩证统一为本位，而非单一的个体本位或社会本位。因此，集体主义价值观必须在从两者对立中来探求相互统一的同时，也要从两者的统一中来把握其对立。

这种个人价值与社会价值是相辅相成、辩证统一的新型的集体主义价值取向下的公民核心价值观教育作为主客体相一致的实践活动，其主旨是解决人的价值立场、思想观念问题，它既要实现社会价值，又要彰显个体价值。换言之，这种集体主义的价值原则彰显的以肯定并尊重公民个体个人正当利益存在的合法性为基础的真实的社会共同体普遍利益与价值的优先地位。由是，公民核心价值观教育在两者间需要确立客观、中立的价值标准，应该凸显出社会价值与个体价值的统一。即，在多元利益和价值观选择下集体主义的建构需要坚持集体与个人的融合与互动原则，把两者置于个人与集体既双向规制又彼此促进的有机融合体中确立与社会共同体核心价值观相适应的新型集体主义价值观。唯此，方能助益于公民核心价值观教育整体功能的强化和完善。一方面，公民核心价值观教育通过共同体社会价值的实现为个人价值的彰显提供有力的保障，而非割裂共同体社会价值与个人价值的内在联系，否则只能是对集体主义价值原则的极度歪曲，会给现阶段的公民核心价值观教育带来更大的困难；另一方面，公民核心价值观

① 万光侠：《思想政治教育的人学基础》，人民出版社2006年版，第145页。

教育通过充分尊重和张扬个人价值来调动个体的主动性、积极性和创造性，从而为其社会整体价值的实现提供持续的动力。只有同时兼顾以上两个方面，公民核心价值观教育才能在教育实践活动中既肯定个体的独特性，又保证个体对共同利益的最大认同，从而形成和保障个体成员对社会的归属感，促进公民核心价值观教育个体主体和群体（社会）主体的和谐发展。

四、教育主体利益：夯实个体与群体主体相协调的利益基础

“共识是‘多元性的全体一致’。它并不包含以对世界的单一看法为先决条件的单一思想，而是激发起不断调整很多人的思想和利益使之成为一个相互说服的不断变化‘联盟’的这样一个无止境的过程。”①从根本上说，社会意识形态和核心价值观是不能也不可能脱离利益关系的。鲁迅在为其译著普列汉诺夫的《艺术论》作序时曾经说过这样一段话：“社会人之看事物和现象，最初是从功利的观点的，到后来才移到审美的观点去。在一切人类所以为美的东西，就是于他有用——于为了生存而和自然以及别的社会人生的斗争上有着意义的东西。功用由理性而被认识，但美则凭直感的能力而被认识。享乐着美的时候，虽然几乎并不想到功用，但可由科学的分析而被发见。所以美的享乐的特殊性，即有那直接性，然而美的愉乐的根柢里，倘不伏着功用，那事物也就不见得美了。”②很明显，在这里，“美”和“有用”是联系在一起的，“美”以“有用”为物质基础。同样，我们在这里研究的“价值观”与审美观一样也是有自己的物质利益基础。站在唯物史观的视角来分析，我们不难发现，作为精神实践活动的公民核心价值观教育并非“纯粹的精神性的活动”，自诞生之初它就从未摆脱过物质利益的“纠缠”。公民核心价值观教育的价值主体从利益的维度看，不同层次的价值主体也都有其相对应的利益主体。价值观教育主体之间的关系归根结底是利益关

① ［意］G.萨托利：《政党与政党体制》，王明进译，商务印书馆2006年版，第37页。
② 《鲁迅全集》第4卷，人民文学出版社1981年版，第263页。

系。对此我们毫无疑问,问题的关键在于如何发挥好公民核心价值观教育的利益协调功能来引导和规范公民核心价值观教育主体,如何合理保障其正当利益诉求及协调不同利益主体间或同一主体不同方面的利益关系,这是做好公民核心价值观教育必须要解决的一个基本问题。

现代社会多种利益成分并存、利益关系的多元化是文化多元化和价值观念多元化的根本源头和基础,有什么样的利益关系就有什么样的价值关系。价值主体对利益关系所持有的态度差异决定了社会核心价值观念及其体系的差异性。公民主体间的利益关系是设定基本价值原则的基础,公民核心价值观是调整不同价值主体间利益关系的价值准则和思想观念。公民核心价值观教育的教育客体正是处于多种复杂利益关系中的人的价值观念。公民核心价值观教育解决公民核心价值观问题必须与调节教育主体的现实利益相结合,现实利益的实现对公民核心价值观的树立是必要的。因此,我们不能仅仅依靠理论上的说教和精神世界的自觉,必须要在实践中解决实际问题,公民核心价值观教育领域的问题归根到底还要追溯到现实世界中错综复杂的利益关系,以满足不同主体正当、合理的利益需求。

对个体正当利益诉求的满足,是实现公民核心价值观教育利益协调功能的基础。社会转型中,利益价值取向也由整体利益价值取向向个体利益价值取向转型。随着社会主义市场经济这一新的社会运行机制的逐步建立,社会发展从以政治运动为中心进入以经济建设为中心,中国人经历了价值取向和价值观念的骤变,使人们原有的社会伦理关系和思维方式受到了强烈的冲击,并且在此基础上形成了各种不同的道德观念和价值取向。其中最明显的是在社会主义市场经济条件下人们的利益机制发生了变化,由传统的计划经济体制下“国家——集体——个人”之间单向的利益关系转变成了市场机制下的双向甚至是多向的利益关系,而不再仅仅是强调个人对集体的义务。但是,在市场经济物质利益的驱动下,个人利益越来越被看重,价值观念和思想道德领域里出现了许许多多的见利忘义、把金钱和利润作为人生追求目标而不惜背弃道德的现象,使得人们在价值取向上走上了趋利性。

公民核心价值观教育在教育主体利益上利益协调功能的着力点在于引导主体利益诉求和协调利益关系。

公民核心价值观教育的主体作为利益关系的主体,仍旧是可以分为个体主体和群体(社会)主体。社会转型中不同利益主体间的复杂关系逐步由经济利益领域蔓延并深入影响到价值观念层面。就文化发展和价值观教育而言,主体的利益关系就处于一定文化共同体的社会活动中的公民个体之间、群体之间或个体与群体之间复杂多变的价值关系之中。公民核心价值观教育的个体或群体就是在这些社会活动中进行利益追求并"实现自身的利益需要和社会价值"。① 同时,这一过程也形成了不同性质的利益关系:一致性、对抗性和差异性。这些性质不同的利益关系反映在公民核心价值观方面,相应的也就出现了核心价值观上的一致化、对抗化和差异化的性质和面貌。公民核心价值观教育主体的不同性质的利益关系主要还是体现在对利益客体的追求和认知的区别方面,包含经济、政治、文化、社会和生态等多方面的内容。不同的利益主体从不同的价值立场出发形成了多种利益客体共存并冲突,冲突是利益客体存在的常态。

公民核心价值观教育无疑要打开新的利益视野,主动担当起在核心价值观教育主体间协调利益关系这一重要功能。

一方面,认可主体的利益需求,要承认不同主体在切身利益追求和价值观取向上存在差别。对于不同层次的主体的——无论是公民个体的、群体的还是人类整体的——利益需要,公民核心价值观教育必须给予充分的重视,结合实际通过不同的方式、方法,把公民核心价值观教育同公民的物质利益、精神利益紧密结合起来,将教育主体正当合理的利益要求、诉求和需

① 王继全:《马克思主义利益观视阈中的思想政治教育》,浙江大学出版社2013年版。

求变成公民核心价值观教育的价值追求。唯有如此，才能对利益主体有强力说服力，提升利益主体的积极性，这正如王充在《论衡·治期篇》中所言："传曰：'仓廪实，民知礼节；衣食足，民知荣辱。'让生于有余，争起于不足。谷足食多，礼义之心生，礼丰义重，平安之基立矣。"①整个社会拥有的物质文化财富总量的丰富是满足人们不同需求的源泉，是有效协调公民核心价值观教育各利益主体间利益博弈的基本前提。要发挥公民核心价值观教育能动作用，推动公民个体和群体（社会）可支配利益客体总量的上升。不仅仅是物质财富的增加，现实条件下更需要精神文化财富的大力丰富。社会生产力的发展水平和富裕程度直接影响到一个社会公民的价值观念。邓小平指出："物质是基础，人民的物质生活好起来，文化水平提高了，精神面貌会有大变化。"②充分肯定和发挥好物质利益的基础作用，才能实现公民核心价值观教育的目的。因此，公民核心价值观教育要引导人们在价值观念上摒弃各种来自"左"或右的干扰，凝神聚气，把目光放在经济社会发展上来以不断满足公民日益增长的物质文化生活需要，以充分发挥公民核心价值观教育对社会物质生产能动的价值导向功能。

另一方面，公民核心价值观教育要平衡利益主体需求的差异性和公共利益一致性需求的内在紧张，在差异性的基础上寻求最大公约数。引导利益主体对利益客体的合理化追求，平衡多方面的利益关系以保障各利益系统之间和系统内部的有序运行。人的利益是人的需要的源头。关于人的需要的问题，除了马克思人的需要的"三级阶梯"理论和马斯洛的人的需求"五层次"理论，中国哲学大师冯友兰先生也有过类似的表达，在谈到人生的"觉解"的时候，冯友兰提出了"人生四境界"："自然境界，功利境界，道德境界，天地境界。"③这四种境界显然也是具有层次性的，依据需求的不同是

① 《论衡·治期篇》。

② 《邓小平文选》第三卷，人民出版社1993年版，第89页。

③ 陈来：《冯友兰选集》，吉林人民出版社2005年版，第153页。

一个遵循“本性需要——求利需要——求义需要——价值升华需要”的过程。综合来看，对于现实的公民核心价值观教育主体来说，个体的价值也在随着公民核心价值观教育主体这些基本需要的满足而得到显现。公民核心价值观教育个体主体的利益追求与需要层次是成反比的，需求层次越高越符合社会共同体的核心价值观要求。公民核心价值观教育实践中，要尊重主体不同层次的需求，从利益动因源头上剖析教育主体的价值观变化，将公民核心价值观教育与解决实际问题相结合，从价值观念层面用积极的公民核心价值观引导教育主体的利益需求上升到更高层次，为高级需要的发展创造可能性。在对新型集体主义价值取向和利益观的倡导及弘扬中，使公民明辨利益是非，增强共享意识、规则意识。充分发挥好利益需求这一公民核心价值观教育的基础的作用，逐步帮助教育主体完成由利益认同到核心价值观认同的升华，从而增强教育主体在多元文化选择中的利益选择和价值选择能力。

第六章　公民核心价值观教育的思路举措

公民核心价值观教育本身是一个主客观相互作用的过程，不仅包含我们从客观世界中获得关于公民核心价值观教育的相关感性认识的客观见之于主观的过程，同时也是一个主观见之于客观的过程，因而我们更需要回到客观的公民核心价值观教育的实践中去。公民对公民核心价值观认同与否、认同程度的高低，需要通过外化于行而内化于心，方能实现真正的知行统一。公民核心价值观不可能自发地转化为公民自觉的行动，建立起全方位的立体型公民核心价值观教育网络是关键。公民核心价值观教育是一个牵涉多方位、多向度时空的复杂体系，在公民核心价值观教育的具体实践上要把整个公民核心价值观教育的不同环节联系起来，充分发挥密切关联的多方因素的联动作用，以达到公民核心价值观教育效果的最大化。公民核心价值观教育的具体思路举措探索需要关注以下几个方面。

第一节　公民核心价值观教育视野之“四维空间”

公民核心价值观教育的教育视野问题决定了公民核心价值观教育的深度和广度。公民核心价值观教育在多元价值观场域中能否到位，全方位的视野是关键。现今世界，加强交往不容置疑地成为现代中国人乃至世界各族人民在全球化浪潮中谋求生存与发展的重要环境条件。交往范围和方式的不断拓展,社会信息传播渠道的更新,使人们的生存时空发生了很大变化,出现了“历史、现实、未来、虚拟”四维时空共存的特征。于是,对公民核心价值观教育实践的视野也给出了新的要求和契机,要求公民核心价值观教育视野实现历史性、现实性、未来性和虚拟性的结合。世界上无论哪一个社会的文化和价值观都是一个历史积累和未来传承连绵不断的过程。因而宏观上,从社会整体视角来说,公民核心价值观教育同样也要建立“四维一体”的教育视野。公民核心价值观教育要从历史唯物主义和辩证唯物主义的立场出发来开拓教育视野,建立过程思维和系统思维,避免教育视野上的唯心主义和形而上学。

一、历史视野:深入了解历史,树立科学的历史观

“欲知大道,必先为史。”①如习近平在纪念全民族抗战爆发七十七周年仪式上的讲话中所说,“历史是最好的教科书,也是最好的清醒剂”②。历史为人们提供了存在和发展的依据,承载了人类社会前进和创造的全部过程。人类文化上绝大部分多元性和差异性的深层次精神基因都是植根于历史之中。而我们现今在公民核心价值观教育中面临的诸多问题也都和历史观紧密相连。公民核心价值观教育的实践必然要加强对人类社会发展历史的关注,唯有了解历史,才能更好地把握现在,传承未来。

但是,面对如何对待历史这一人类精神财富和智慧宝库的问题上,在价值观和意识形态领域却常常有不和谐的声音出现。这种不和谐声音的典型代表就是历史虚无主义。历史虚无主义相对于当今在世界上尤其我国流行的多种文化思潮中的其他非主流思潮来说,具有更强的意识形态性和更加明显的价值观指向性。历史虚无主义和全盘西化相伴而生,早在 20 世纪

① 《龚自珍全集》上册,中华书局 1959 年版,第 22 页。

② 习近平:《在纪念全民族抗战爆发七十七周年仪式上的讲话》(2014 年 7 月 7 日),《人民日报》2014 年 7 月 8 日。

30 年代陈序经写《中国文化之出路》时就已经不是什么新鲜事了,“西洋文化无论在思想上,艺术上,政治上,教育上,宗教上,哲学上,文学上,都比中国的好。就是在衣、食、住、行的生活上,我们也不及西洋人的讲究”①。自改革开放以来尤其是苏东剧变之后,历史虚无主义的思潮又一次沉渣泛起,并且不断翻新花样和形式,新的方式层出不穷,以多元文化和价值观为幌子,宣扬告别孔子、告别传统、告别革命,曲解翻案历史、滥觞民族文化、谄媚西方价值观、诽谤社会现实,尤其近年来甚至出现了假借学术研究之名以反历史虚无主义面貌而存在的历史虚无主义,其强烈的欺骗性、隐蔽性、迷惑性可想而知。历史虚无主义的本意无非是旨在通过割裂历史、割断记忆、撕裂文化等而进行所谓的意识形态革命,意图在全世界宣扬和建构西方核心价值观,反映在民族观和文化观上就是民族虚无主义和文化虚无主义,给我国当前处于多元文化和价值观中的公民核心价值观教育造成了很大的困惑和挑战。

要有效应对这种挑战,建立和培育符合时代需求和中国社会发展的公民核心价值观,公民核心价值观教育需要从以下四个方面着力树立公民科学的历史观。

第一,积极宣传和号召广大公民及全社会了解中华民族的优秀传统文化和历史。民族文化和历史是民族核心价值观的载体,加强对民族文化和民族历史的发掘与保护工作,妥善保存民族的文化记忆以增强公民对民族核心价值观的认知和认同;有效利用各种大众文化平台传播民族价值观和民族精神,积极开展丰富多样的民间弘扬国学活动,让广大公民了解中华民族的宏大历史叙事,从中树立强烈的民族自豪感和民族自信心,同时又要注意避免走向文化独断论和民族主义的虚骄;要讲清楚中华优秀传统文化的历史渊源、发展脉络、基本走向,讲清楚中华文化的独特创造、价值理念、鲜

---

①　陈序经:《中国文化之出路》,载罗荣渠主编:《从“西化”到现代化》,北京大学出版社 1990 年版,第 371—372 页。

明特色,增强文化自信和价值观自信。①

第二,要把握中国近现代的历史,尤其是中国革命史和新中国建设的历史;让广大公民了解中国走社会主义道路是历史的必然选择,让广大公民在对中国近现代史的正确把握中增强对社会主义中国的自豪感和中华民族伟大复兴的自信心。引导广大公民正确看待和评价中国共产党在历史探索过程中所取得成败功过,从而能够正确认识和面对我们在当前社会发展中面临的种种问题和困境,而不在核心价值观等方面为历史虚无主义留有空间。

第三,要让广大公民更多地了解马克思主义的历史。加强对马克思主义经典文本的学术研究工作,尤其是科学客观的翻译工作,增强语言的准确性和语境性,才能避免被历史虚无主义所利用;加强对马克思主义普及化、大众化路径的研究,在民间做好普及宣传,帮助人们了解马克思主义诞生、发展以及在世界传播和中国化的历史。只有对其历史有了全面而深刻的了解,才能理解公民核心价值观将马克思主义及中国化的马克思主义作为一元指导思想的合理性和必然性。

第四,还要增进公民对西方文化和价值观沿革历史的了解。对西方历史的介绍要客观公正,对其中精华的和糟粕的内容作出有理有据的扬弃,不遮掩不逃避,在社会上形成既避免妖魔化西方文化和核心价值观又要避免盲目崇拜而导致文化恐惧主义的氛围。如此,广大公民方才能够在对我国和西方文化和价值观的客观比较中树立正确的公民核心价值观而不被所谓的"普世价值""历史虚无主义"等错误的思潮和价值观所扭曲。

历史是一个民族、一个国家形成、发展及其盛衰兴亡的真实记录,是前人的"百科全书",即前人各种知识、经验和智慧的总汇。② 在当今多元文化

---

① 《习近平在中共中央政治局第十三次集体学习时强调:把培育和弘扬社会主义核心价值观作为凝魂聚气强基固本的基础工程》,《人民日报》2014年2月26日。

② 《习近平在中央党校秋季开学典礼上强调:领导干部要读点历史》,《人民日报》2011年9月2日。

态势下，文化和价值观的流动、交往突破了时间的界限，广大公民如果对以上各方面的历史没有一个客观的了解，就难免会产生对历史的误读，在带有多元文化外衣的意识形态斗争的促动下，必然影响广大公民对当今正确公民核心价值观的选择和践行。“灭人之国，必先去其史；隳人之枋，败人之纲纪，必先去其史；绝人之材，湮塞人之教，必先去其史；夷人之祖宗，必先去其史。”[①]因此，就像毛泽东在《改造我们的学习》中批评“言必称希腊”时说的那样：“不单是懂得希腊就行了，还要懂得中国；不但要懂得外国革命史，还要懂得中国革命史；不但要懂得中国的今天，还要懂得中国的昨天和前天”[②]，公民核心价值观教育要有开阔的历史视野，树立起科学的历史观。

二、现实视野：把握客观现实，树立科学的时代观

把握历史，是为了服务现实。恩格斯在谈论辩证法思想时强调指出：“但是，口头上承认这个思想是一回事，实际上把这个思想分别运用于每一个研究领域，又是一回事。”[③]公民核心价值观体现了人们对价值境界的一种积极追求。但是，这种积极的价值追求绝非脱离现实的社会条件而独立存在的自在观念。作为社会意识领域的公民核心价值观，和其他的观念等意识形式一样，其一切变化和发展的源头都要回归到社会存在——现实的社会实践活动、生活环境、社会关系等。社会存在方式发生了变化，包括核心价值观在内的社会意识也不可能静如止水。公民核心价值观同样也脱离不了马克思主义唯物史观的这一根本规律。况且公民核心价值观教育的实践本身也不是什么仅仅停留在意识范畴内的精神活动，而是针对现实社会实践中公民核心价值观教育及践行中所面临的一系列问题而展开。

因此，公民核心价值观教育要想提高其针对性和实效性，必须要扎根于

① 《龚自珍全集》上册，中华书局 1959 年版，第 22 页。

② 《毛泽东选集》第三卷，人民出版社 1991 年版，第 801 页。

③ 《马克思恩格斯选集》第四卷，人民出版社 2012 年版，第 250 页。

客观现实,树立科学的时代观。公民核心价值观教育现实视野的树立需要我们从以下方面着手。

其一,要明确公民核心价值观教育的对象是现实的人,这是其最大的现实性,也是公民核心价值观教育的出发点和最终归宿。要避免从抽象的、虚幻的公民出发,不能脱离现实的、具体的生活在当下的公民和公民当前核心价值观实践领域面临的问题。其二,公民核心价值观教育的现实性还是公民核心价值观及其教育的客观规律性。公民核心价值观教育要紧紧把握和遵循核心价值观教育的客观规律和方法论原则;要遵循公民核心价值观变化发展的规律,要树立和运用具体问题具体分析方法,实事求是,用辩证的、发展的、全面的眼光看待公民核心价值观发展及教育中存在的现象和问题。其三,公民核心价值观教育的目标制定要具有客观现实性和可实现性。一方面不能带有各种类型的遗老遗少的色彩,另一方面也不能好高骛远,将核心价值观教育的目标一味拔高乃至直接把未来社会的终极目标作为现实目标;要基于对当今公民核心价值观的时代背景、社会条件等变化做出的判断,抓住公民核心价值观教育的阶段性特征,制定出符合实际的教育目标和手段以保证核心价值观教育价值目标在一定历史时期的可实现性。其四,公民核心价值观教育要尊重现实的物质条件。要注重社会物质财富的创造和丰富;在制定教育的方法、政策时要充分考虑到物质条件的局限性,避免只局限在精神活动领域内解决核心价值观问题;注意解决核心价值观问题和解决公民实际利益问题相结合,关注公民多元利益需求和多重利益关系。其五,公民核心价值观教育还要从符合现实的社会环境出发。要将公民核心价值观教育放到当今世界全球化浪潮、我国改革开放新时期的大背景下,充分认识和分析多元文化在这一场域中的新特征及给公民核心价值观教育带来的新挑战和新机遇;客观看待当前我国和西方在社会文化发展和价值观问题上的差异性;在现实社会关系中寻找公民核心价值观的主流叙事,体现时代精神和民族特色。其六,公民核心价值观教育有效与否,最终还要回到客观现实中去检验。拒绝本本主义和经验主义;检验的标准不在于是否创造出了多少高深的理论和超前的思想,关键是要看公民核心价值观教育有没有助益于人们当前在多元价值观中个体价值观的合理选择和良好社会核心价值观风尚的培育。

三、未来视野:面向未来发展,树立科学的未来观

公民核心价值观教育的未来视野,指的是在公民核心价值观教育的实践中形成和表现出来的对于价值实践活动和人的价值行为的先导性和预测性,也就是指涉公民核心价值观教育在面临未来发展所具备的前瞻性视野。这是由于公民核心价值观的发展有其相对独立性,并非总是与社会现实保持同等步伐。作为一个动态发展的过程,公民核心价值观和公民的需求也不断做出自我修正和调整,总有一部分会超前于现实的实践基础。

当前我国公民核心价值观教育是一个多层次、多维度的复杂系统,文化和核心价值观本身的传承性决定了公民核心价值观教育需要留有被进一步阐释和拓展的理论视野和实践空间。这个空间是超越现在指向未来的。丹尼尔·贝尔曾谈道:"一旦社会失去了超验纽带的维系,或者说当它不能继续为它的品格构造、工作和文化提供某种'终极意义'时,这个制度就会发生动荡。"①公民核心价值观作为一个维系社会健康运转的超验纽带,不仅仅把视野放在现实世界,还要放到对未来文化和价值观引领能力的发展指向上,才能够发挥其对社会稳定发展和人的全面发展的"终极意义"的作用,否则只能是僵化的权宜之计。因此,从这个意义上借用马克思谈论 19 世纪的社会革命的一句话说,公民核心价值观教育也"不可能从过去,而只能从未来汲取自己的诗情。它在破除一切对过去的迷信以前,是不能开始实现自身的任务的"②。

① [美]丹尼尔·贝尔:《资本主义文化矛盾》,赵一凡译,三联书店 1992 年版,第 67 页。
② 《马克思恩格斯全集》第十一卷,人民出版社 1995 年版,第 761 页。

具体来看,公民核心价值观教育的未来视野和科学的未来观在这里包含以下几个方面的意蕴。

第一,公民核心价值观教育要具有预见性。这种对未来的预见性,包括对公民核心价值观教育主体发展状态和方向的预见性、社会环境未来发展趋势的预见性以及公民核心价值观教育本身未来走向的预见和设计。要加强对公民核心价值观教育主体、社会及核心价值观教育本身的历史和现状的研究,从文化和价值观的连续性中找出发展变化的趋势和规律,以便更好地把握未来发展态势。第二,在公民核心价值观教育的目标指向上,不能拘泥于满足现实一时之需,要坚决摒弃有了问题才去研究和关注的调适型或补救型的核心价值观教育观。要有长远性和理想性,制定出符合未来多元价值观发展趋势的超越当下的核心价值观目标和价值理想,而不是对其进行简单修补或直接复制。第三,公民核心价值观教育要站在面向未来的立场上积极引导,帮助和引导公民树立积极的价值理想,采取超越式方法解决公民核心价值观问题,在有针对性解决公民具体的价值观困惑的同时,在全社会形成公民核心价值观念的升华和提升;在调适和补救的同时,引导公民增强价值观的自我调适能力、引导能力、价值选择能力和良性循环发展能力。第四,强化对多元文化中各种文化思潮发展动向及其对公民核心价值观影响的研究,对公民核心价值观发展及公民核心价值观教育中未来可能遇到的问题作出积极的预见和防范。第五,公民核心价值观教育还要实现对西方文化和价值观的超越。我国公民核心价值观和西方核心价值观在同一时空里并存,并不意味着都具有永恒的合理性。我国公民核心价值观教育要看到资本主义社会发展的未来趋势,结合人类社会发展趋势对其核心价值观进行剖析和扬弃;要能够引导公民客观看待人类共同的价值需求、价值愿景和西方所宣扬的永恒的普世价值之间的区别;要正确区分现代化和西方化,认识到未来的世界走向是现代化而非西方化。

四、虚拟视野：关照虚拟生存，树立正确的网络观

赛博空间（Cyberspace）是近年来人们拓展的“第四维”生存空间，也就是我们所常说的虚拟化生存。最早出现在被视为科幻经典的美国小说家威廉·吉布森（William Gibson）的科幻小说《神经漫游者》中。在词语组成上是控制论（Cybernetics）和空间（Space）的组合，是信息化时代由计算机和互联网的普遍使用而生成的全球性的计算机网络虚拟空间，在这个网络虚拟空间里所可以触及的一切人、事、物及多种多样的信息源都被连接到了一起。赛博空间是人类人工智能发展的结果，是“全球联网，由计算机支持、存取、生成，多维度的、人工的或‘虚拟的’的现实”①。显然，今天赛博空间已经不是只在科幻小说中才出现的了。法国虚拟现实设计师P.H.凯奥指出：“传统意义上的空间即康德所说的空间——是经历的先天条件，没有空间就不可能有其中的经历。可是虚拟空间不同，它不是经历的条件，它本身就是经历。”②赛博空间的出现、大数据时代的到来，突破了人类原有的“三维”生存模式和生存空间，是人类生活和交往方式的一次革命，使人类进入了一个和现实物质空间截然不同的虚拟世界。在带给人们快捷便利的信息交流、社会生活及人际交往之外，虚拟空间的隐匿性、碎片化、虚拟性也加剧了文化的多元化和价值观复杂化进程，隐含不同核心价值观的不同性质的文化、意识形态以多种形式涌现，打破了传统时空次序，造就了公民核心价值观教育的虚实双重价值活动空间，成为公民社会生活必不可少的一种经历的同时也是当今公民核心价值观教育的新视野——虚拟网络。由此，公民也就又增加了一重“电子人”或“虚拟人”的身份。“互联网是一个社会信息大平台，亿万网民在上面获得信息、交流信息，这会对他们的求知途径、思维方式、价值观念产生重要影响，特别是会对他们对国家、对社会、对工作、

① Benedikt M, *Cyberspace: First Steps*. Cambridge, Massuchusettes, 1992: 122.

② ［法］R.舍普：《技术帝国》，刘莉译，三联书店1999年版，第98页。

对人生的看法产生重要影响。”①

虚拟视野中的公民核心价值观教育需要建构以下着力点。

其一，转变教育思维方式，树立与赛博空间相适应的公民核心价值观教育互联网思维。虚拟生存方式的出现，使得人们思维方式发生了重大变化，公民核心价值观教育要紧跟这种变化，转换思维，建立起包含控制论、信息论、整体论等方法在内的新教育方法论体系；研究互联网思维中的新规律和新范畴；坚持传统辩证思维方式和新型系统思维方式相结合；增加对赛博空间相关科学知识的了解，拓展公民核心价值观教育的思维空间。其二，有效利用赛博空间的积极因素，拓展多元价值观中公民核心价值观教育的新渠道。积极拓展公民核心价值观教育的网络渠道，利用好互联网传播的迅速性、即时性、广泛性和信息的海量性；利用虚拟生存方式的交流的便捷性，把握好无限大的资讯平台，积极开展形式丰富的公民核心价值观宣传；注重形成公民核心价值观教育的网络大众化；增进公民核心价值观教育的网络参与，保证网络集思广益通道的畅通；加强网络公民核心价值观传播渠道的研究，合理利用各种新媒体、自媒体和移动媒体。其三，加强网络意识形态工作，主动捍卫多元文化中公民核心价值观教育的网络阵地。积极宣扬公民主流价值取向；加强对多元文化和价值观的引领工作；积极主动防范各种消极反动思潮。加强对网络流行思潮的辨识工作和宣传；主动消除网络思潮传播的消极性；加强对各种网络大V、社会公知的辨识和舆论引导；积极回应公民的网络价值需求；把握好网络文化多元兼容的优势，减少网络文化去中心化的影响。其四，加强对赛博空间的引导、防范和监管，增加公民核心价值观教育的虚拟环境保障。公民核心价值观教育要提高对网络信息碎片化的应对能力，增强网络信息整合力；“要加快网络立法进程，完善依法监

① 习近平：《在网络安全和信息化工作座谈会上的讲话》，《人民日报》2016年4月26日。

管措施，化解网络风险”，[1]强化网络安全管理，完善网络立法，有力打击网络犯罪，规范网络秩序，为公民核心价值观教育创造安全洁净、“天朗气清”[2]的网络空间。其五，推动和谐虚拟空间的建立。警惕和预防虚拟生存对公民个体和社会的异化；防止公民被网络和信息新技术奴役；有针对性地开展各种网络道德教育、媒介素质教育、网络技术教育，特别是加强对一些特殊群体如青少年的虚拟健康教育；加强与网民的互动与分享，倾听和关注来自公民在互联网上的声音，了解并积极响应公民的网络利益诉求；增加信息透明度，扩大公民的网络知情权；加强对虚拟社区的舆论引导，提高网络价值认同。其六，注重虚拟生存与现实生存的有效对接和良性互动。繁荣和丰富社会文化，增加现实文化实践的丰富性和意义性，预防公民在现实生活中价值存在感的式微，提高现实生存的价值吸引力，实现实体生存空间的价值观和虚拟生存空间价值观的有机协调一致。

第二节　公民核心价值观教育环境之“四维合力”

人性如素丝，“染于苍则苍，染于黄则黄”，公民核心价值观的最终实现与社会环境密切相关。人在本质上是一切社会关系的总和，人们所从事的一切社会生产实践和物质文化活动都离不开特定的社会关系和社会环境。从公民核心价值观教育的环境层次来看，社会教育是整个公民核心价值观教育的宏观环境的创设，学校教育、家庭教育和公民的自我教育是国民教育全过程的中观、微观层面，而且是统一于社会教育的宏观环境之中并且遵循社会教育的基本原则和要求，但又在不同的领域内发挥各自在公民核心价

① 习近平：《在网络安全和信息化工作座谈会上的讲话》，《人民日报》2016 年 4 月 26 日。
② 习近平：《在网络安全和信息化工作座谈会上的讲话》，《人民日报》2016 年 4 月 26 日。

值观教育和文化建设中的优势，与社会教育一起形成公民核心价值观教育的合力。社会发展是一个有机整体，公民核心价值观教育不是坐而论道的书斋式学问，也不是象牙塔式的浪漫情怀，而是处在纷繁复杂的社会系统中的多样、多变的教育实践，当前复杂形势下要实现公民核心价值观的成功塑造和传播，离不开社会教育、家庭教育、学校教育和自我教育“四维合力”的共同作用，任何一方的缺失都会造成公民核心价值观教育环境体系的不完善。公民核心价值观教育四维教育合力的发挥就是一个在社会各个层面上动员社会多方面积极因素和力量，整合多方优秀教育资源，形成社会教育、家庭教育、学校教育和自我教育四者之间分工明确、守土有责、各扬所长、密切配合的格局，形成有效合力并通过一揽子有目的、有意识的措施和政策，正确引导和合理解决公民核心价值观教育中的价值诉求问题，在公民中间建立起对公民核心价值观的普遍认同的过程。

一、社会教育：培育良好的社会核心价值观风尚

无论现实生活还是虚拟时空，人们时刻都摆脱不了周围环境的影响。社会环境是公民核心价值观教育不可逃避的背景框架。公民核心价值观教育的社会教育环境是在整个环境体系中最宽广的一个体系，也是学校教育、家庭教育和自我教育等其他环境顺利构建的大前提。社会承担着潜移默化的教育功能，是公民核心价值观教育和公民价值实践活动最广阔的课堂。相比于学校教育和家庭教育的影响范围，社会教育具有更为长期和宽广影响力的环境效应。社会教育不受时空和人员的限制。社会多种渠道的信息交换给公民核心价值观教育提供了多重资源，各种社会机构、社会组织等社会力量组成了渗透性、持久性的全民价值观教育网络，折射和影响着不同家庭、学校和公民个体核心价值观的状况。社会大多数成员或社会群体精神风貌的总和形成了社会风气。“社会风气是在一定社会存在的基础上由社会成员某些经济的、政治的、思想的、文化的、伦理的、审美的观念综合凝结

和转化而成的,它是一种带群众性的社会风貌和社会力量,是人们在社会公共生活中流行的爱好和习惯以及由此所表现的基本道德的状况,是在社会公共生活中拥有广泛影响力的行为方式。"[①]同时,社会发展方向、社会公德水平、大众意识形态、社会心理结构、党风、政风无一不影响到人们的价值立场和态度,公民在与社会的交往互动中确立、发展各种价值关系,形成、塑造、践行着核心价值观。

社会在长期文化交往和社会生活的变迁中积淀了公民共有的文化气质、生活习俗、道德规范、行为习惯等,社会的核心价值观氤氲渗透其间,形成了一个社会的核心价值观风尚。社会核心价值观风尚是在一定时期内,在公民价值实践活动中通过公民核心价值观教育和公民价值实践形成和发展起来的,在社会上普遍流行的相对稳定的与核心价值观相关联的价值观念、价值评判标准以及价值实践模式的综合表现,是对社会公民核心价值观及其教育现状的客观反映,具有扩散性和凝固性。多元价值观共存的场域中,公民社会核心价值观风尚对文化风尚、道德风尚起到引领作用,为公民个体核心价值观发展和学校、家庭核心价值观教育提供了方向指引。良好的社会核心价值观风尚是公民核心价值观教育正常开展的基础,有助于在社会整个公民群体中建立起对公民核心价值观的普遍认同。"国无常俗,教则移风",在培育良好社会核心价值观风尚,为公民核心价值观教育创建积极的主导舆论环境上,社会教育担负着不可推卸的重任。

因而,公民核心价值观教育必须重视社会教育环境的建设。要建立广泛的社会教育网络,充分发挥各种社会共同体、公民公共活动场所在公民核心价值观教育中的积极作用;促进社会公共利益,加强对社会大众传媒监管,引导社会舆论,鼓励公民积极参与社区文化活动;培养公民的群体意识、国家意识和时代精神,开展长期性、社会性公民价值观教育活动,充分发挥

---

① 林坚:《党风政风与社会风气》,《瞭望》新闻周刊2013年11月11日第45期。

道德社群、价值共同体在公民核心价值观教育中的环境熏陶和价值引导功能，营造良好的教育氛围并保持与学校教育的一致性和连贯性，针对多元价值观培育和建构健康向上的社会文化和价值观生态，以形成良好的社会核心价值观风尚。

二、学校教育：公民核心价值观教育的主要渠道

“教育强则国家强。”[①]教育最主要的实施者和承载实体是学校，学校教育是公民社会化的一个重要途径，也是各国都认可的有效价值观教育途径。学校是有目的、有计划、有组织地承担传播知识、技能和思想文化，培养人才的专门机构。由此看来，学校是一个社会组织，具有一定的社会制约性，其历史发展也是同整个社会的发展密不可分。学校不仅对学生的发展具有促进作用，同时还承担着一定的社会职责。从某种意义上讲，学校的作用是将所有的年轻人培养成有责任感的、成年人的社会所需要的人。学校还要传授主流文化，并鼓励学生忠实于这种主流文化。[②] 当然，学校教育对主流文化的传授的实质是对受教育者进行文化的核心——核心价值观的教育。学校作为专门的教育机关和文化机构，是公民接受核心价值观教育的直接环境。在公民个体的成长和良好社会氛围的创设方面相比较社会教育、家庭教育和自我教育而言，学校教育在应对文化多元化和开展公民核心价值观教育方面，具有独特的教育优势。学校内学生集中、环境影响好、育人周期长，学校教育具有系统性、规范性、集体性的特点，拥有一整套从教育内容、教育环节到教育方法的严格规范。

我们可以从两个维度分析学校教育在公民核心价值观教育方面起到的

---

① 《习近平在全国高校思想政治工作会议上强调：把思想政治工作贯穿教育教学全过程 开创我国高等教育事业发展新局面》，《人民日报》2016年12月9日。

② ［美］约翰·古得莱得：《一个称作学校的地方》，苏智欣、胡玲、陈建华译，华东师范大学出版社2005年版，第30页。

主阵地、主渠道作用。一方面，学校教育活动本身是公民核心价值观实践的一个重要领域。“教育公平是社会公平的重要基础，要不断促进教育发展成果更多更公平惠及全体人民，以教育公平促进社会公平正义。”①学校教育是公民社会生活不可或缺的一个重要方面，其自身所包含的教育关怀、公正、和谐程度都是学校教育对公民核心价值观的践行和体现，同时也是评价整个社会公民核心价值观教育状况的重要因素和标准。另一方面，学校教育的内容包含着公民核心价值观教育和塑造的成分。其一，学校教育是一个从幼儿园到大学跨越一个人一生的核心价值观形成关键时期的过程，在这个时期里，学校对公民进行的核心价值观教育是通过针对公民人生不同阶段的特征设置不同的核心价值观教育目标和课程体系，系统长期地开展。其二，学校教育是文化发展的重要阵地，有系统完善的知识体系，对文化发展起着整合、创造、传承和传播的功能，在多元文化生态中发挥着对主流先进文化的创生发展、对传统文化的继承创新、对外来文化的吸收借鉴、对多样文化丰富繁荣的作用。学术的权威性和理论性，使其学校教育能够通过掌握话语权而实现其知识功能的同时对公民核心价值观进行影响和塑造。

学校教育作为系统的对公民“以文化之”的过程，应当同时承担两个方面的任务和职能——知识的传授和德行的培育。“如果我们使学生变得聪明而未使他们具有道德，那么，我们就为社会创造了危害。”②学校教育“要坚持不懈培育和弘扬社会主义核心价值观，引导广大师生做社会主义核心价值观的坚定信仰者、积极传播者、模范践行者”③，在公民核心价值观教育中仍需注重加强以下方面：第一，在学校教育自身上，要注重增加学校教育

① 《习近平在北京市八一学校考察时强调：全面贯彻落实党的教育方针努力把我国基础教育越办越好》，《人民日报》2016 年 9 月 10 日。

② 德怀特·艾伦、任中棠、卢瑞玲、刘悍、李林：《高等教育的新基石》，《求是学刊》2005 年第 3 期。

③ 《习近平在全国高校思想政治工作会议上强调：把思想政治工作贯穿教育教学全过程开创我国高等教育事业发展新局面》，《人民日报》2016 年 12 月 9 日。

的公正，将学校教育与民生联系起来，为公民创造更多的教育公平机会，保障公民接受教育的机会、起点、过程和结果的整体公平；注重协调城乡与区域教育、精英与通识教育等各方面的平衡；加强学校教育系统的核心价值观塑造，提高教育者的思想道德水平、核心价值观水平、知识水平、教育水平，提高学校教育关怀意识，创造和谐的学校教育氛围；充分发挥学校和教师在社会核心价值观风尚培育中对公民和社会的引领作用；发挥好学校教育在多元文化中的文化应对能力；发挥学校的文化优势，加强对公民核心价值观及其教育的理论研究和推介，把握话语权，为公民核心价值观教育提供理论支持。第二，在学校教育的教育教学上，在各层级学校教育中遵循教育规律和人的价值观发展规律，科学合理设置公民核心价值观教育课程体系和教材体系，要注意各序列教育之间的衔接，防止本末倒置，本着“培养合格公民——澄清多元价值观——塑造核心价值观”的递进顺序，避免超前或落后，塑造公民核心价值观；做好基础教育和高等教育、价值观教育和智育、科学教育和人文教育、课堂教育和实践教育等的协调和统筹，实现全方位育人，将公民核心价值观教育渗透到各种教育之中以培养公民文化和价值认同；紧紧把握思想政治理论课这一公民核心价值观教育的主课堂，增强思想政治理论课教师尤其是高校思想政治理论课教师的意识形态修养、思想素质和教育教学能力，注重思想政治理论课的教育教学研究，增强教育内容和方式的生动性、普及性和吸引力，要实现思想政治教育中理论世界和价值世界或意义世界的有效对接，防止以说教代替情感和对理论价值的误读。

学校对公民开展核心价值观教育的途径和方法主要有：一是通过专门的公民课程或道德课程。可以是单独的课程，也可以是综合性的社会科课程，这些课程应有专门的教材或教学大纲，或是国家统一颁布的、或是地方政府组织编写的，甚至有一些需要以国家法定教材的形式固定下来的。学校专门教材应针对不同年龄层次的学生设定不同的教育目标和具体的执行标准，合规律性、计划性、可操作性强。同时，在教材编写形式上，说教少，生动性、趣味性、吸引力强，图文并茂，知识传授与兴趣、能力培养并重。二是通过其他课程和学校活动的隐性渗透。其他课程主要包括社会科课程、德育课程、科学课或专业课课程等，同时结合课程学习开展丰富多样的课外活动。如重视历史教育，努力从中树立公民爱国主义精神和国民精神；开展特别活动课以从多方面给学生提供实际价值体验。

三、家庭教育：公民核心价值观教育的长期阵地

洛克曾说："我们幼年时，最初的意识就像江河水的源泉，活泼而无拘束，只要一点点力量就能转变它的流向。……人和人之所以不一样，就是因为在后天受到的教育方式不同。在幼年的意识中留下的印象，哪怕是微不足道，都会在未来漫长的一生中发挥重要的影响。这正如河流一旦在源头上被导向某一方向，整条河流的流向就受到决定性的影响，不管这条河将来流得有多么长。"①显然，家庭教育是对人生的河流起到决定性影响的源头，是人走向社会化的第一个媒介。传统意义上，人们一提到家庭教育，往往就会将之界定为父母对儿童、青少年的教育。这只是狭义上的家庭教育。我们在此讨论的是广义上的家庭教育，是指的在家庭生活实践过程中产生的通过以亲子关系为中心的家庭成员之间的双向影响和潜移默化的熏陶，而使身心状态发生预期变化的过程，其中父母对子女的教育占据较大比重。

无论时代如何变化，无论经济社会如何发展，对一个社会来说，家庭的生活依托都不可替代，家庭的社会功能都不可替代，家庭的文明作用都不可替代。② 相对于整个国民教育序列中的社会教育和学校教育而言，家庭教育在公民核心价值观教育中具有"不可置换的意义"，③这种意义主要体现

① ［英］约翰·洛克：《家庭学校》，张小茅译，京华出版社 2001 年版，第 1 页。

② 《习近平在会见第一届全国文明家庭代表时强调：动员社会各界广泛参与家庭文明建设推动形成社会主义家庭文明新风尚》，《人民日报》2016 年 12 月 12 日。

③ ［日］筑波大学教育学系研究会编：《现代教育学基础》，钟启泉译，上海教育出版社 1986 年版，第 148 页。

其在对公民核心价值观教育作用的长期持续性和潜移默化性上。一方面，家庭教育可以说是一种终身教育。对于公民个体来说，学校、单位、团体组织等都是可以随时和不断更换的，但是家庭关系却是一生不变的。家庭是一切教育的第一场所，也是最后场所，家庭成员和家庭环境对公民个体价值观念的养成和价值行为的建立等方面的作用是贯穿一生的。另一方面，这种教育的影响绝大多数情况不似学校教育那般有计划、有目的、有组织性，家庭教育更多地是在“抚育”的过程中以情感维系的方式随机、零散地传递价值观念和准则。也正是因为价值观念的传递是潜移默化地渗透在抚育过程中进行的，因而以父母为主的抚育者便有了一种血缘伦理的权威性。这种权威性深深作用于公民对家庭成员尤其是抚育者核心价值观的认同。

《中鉴·政体》云：“天下之本在家”，家庭作为社会基本的细胞，是渗透力最强持续力最久的核心价值观教育形式，在社会变迁中“家庭却依然保留了对全部制度的最大影响力”①。家庭教育通过对公民个体长期连贯的核心价值观渗透教育，奠定了学校和社会的公民核心价值观教育基础，是公民核心价值观教育的长期阵地。家庭教育有义务和责任为公民核心价值观教育作出积极贡献，如卢梭所言，“一个做父亲的，当他生养了孩子的时候，还只不过是完成了他的任务的三分之一。他对人类有生育人的义务；他对社会有培养合群的人的义务；他对国家有造就公民的义务”②。国外公民核心价值观教育开展比较成功的国家也大多注重家庭价值观的建设。如新加坡 1993 年提出了“亲爱关怀，互敬互重，孝顺尊长，忠诚承诺，和谐沟通”的“家庭价值观”；德国也有重视家庭的道德、价值观教育的传统；《韩国青少年宪章》中明确写着：家长作出正确人生的榜样，子女具有尊敬长辈的品行；③日本 2001 年实施的彩虹计划，又称“21 世纪教育新生计划”中就提出了重建家庭

① ［美］加里·斯坦利：《家庭论》，王献生、王宇译，商务印书馆 2005 年版，第 28 页。
② ［法］卢梭：《爱弥儿：论教育》，李平沤译，人民教育出版社 2001 年版，第 23 页。
③ 陈立思：《当代世界的思想政治教育》，中国人民大学出版社 1999 年版，第 331 页。

教育能力、开展全员服务活动、创造学生能安心学习和成长的环境等要求。①

家庭教育要充分发挥好家庭教育对社会教育和学校教育的奠基和补充功能，“推动形成爱国爱家、相亲相爱、向上向善、共建共享的社会主义家庭文明新风尚”②，在推进公民核心价值观教育中需把握下述方面。第一，弘扬家庭美德，创建和谐幸福的家庭关系。就公民个体来说，和谐幸福的家庭关系和体验能力是公民其他方面和谐的根源；从整个社会来说，家庭的和谐幸福是创造良好社会教育环境的前提和基础，和谐幸福的家庭关系对内能够促使家庭成员之间幸福感的提升，同时有助于创建和谐的邻里关系和社区关系。第二，创建良好的家庭文化环境。优良的家庭环境不仅仅是指物质条件的富足，更重要的还有良好的家庭文化风貌。一个家庭的文化资本及其在家庭成员间的分配情况不仅牵涉知识能力的问题，在核心价值观念的塑造上也产生重大影响。第三，形成优良的可传承性的家风。家风是社会风尚的缩影，实际上是承担了一个家庭的核心价值观的功能，良好的家风要以家为本，胸怀社会，能够体现对家庭和社会主流价值观的认同和遵循。树立与公民核心价值观相适应的良好家风，在家庭成员代代相传间形成有效内部约束力。第四，发挥好家庭成员间的示范榜样作用，降低家庭成员间相互的负面价值观影响，提高家庭成员价值选择和解决价值冲突的能力。第五，加强相关家庭教育规律的学习研究，避免家庭教育上的功利性，注重教育的次第性和科学性，引导家庭成员全面发展，为社会培养多样化的公民个体。

四、自我教育：公民核心价值观教育的最高境界

“虽然我们可以把马引到水边，却不能强迫它喝水”③，杜威这句话一针

① 唐克军：《比较公民教育》，中国社会科学出版社 2008 年版，第 84 页。

② 《习近平在会见第一届全国文明家庭代表时强调：动员社会各界广泛参与家庭文明建设　推动形成社会主义家庭文明新风尚》，《人民日报》2016 年 12 月 12 日。

③ ［美］杜威：《民主主义与教育》，王承绪译，人民教育出版社 2001 年版，第 67 页。

见血地道出了教育的真谛——“教育是由他人教育和自我教育构成的统一体”①。苏霍姆林斯基同时还说过一句众所周知的名言:“没有自我教育,就没有真正的教育。”对于包括公民核心价值观教育在内的任何一种形式的教育来说,教育本身不是目的,教育只是使公民核心价值观念发展变化的外部原因。马克思主义辩证法认为事物的发展是外因和内因共同发生作用的结果,在公民核心价值观教育的国民教育序列中,自我教育是公民核心价值观塑造的内部因素,社会教育、学校教育和家庭教育说到底还是其外部因素。在公民核心价值观教育中公民核心价值观的自我教育和其他三者,“一个是主观条件,一个是客观条件,一个是内因,一个是外因,这两方面相互作用,相互补充,缺一不可”②。但是,外因是通过内因起作用。其他形式的教育如果不转换成公民的自我教育,其教育目的和教育效果就很难实现,即使有部分教育目标得以实现,其教育效果也必然是大打折扣。而自我教育恰恰是公民核心价值观内化于心的过程。

关于自我教育,古今中外从不同角度出发有多种不同的定义,我们在这里主要探讨公民核心价值观的自我教育。公民核心价值观的自我教育指的是,公民依据国家和社会对公民核心价值观的客观要求,从自身发展的主观需要出发,在一定自我价值判断的基础之上,提出一系列提升和践行公民核心价值观的目标和计划,并积极主动地发挥主观能动性,有目的、有步骤地督促自我努力实现价值目标,并客观评价价值实践成果,促使自己树立积极的公民核心价值观的自我发展和自我完善的过程。这个过程是公民改造自我主观世界的主体性发挥过程,在这个过程中,公民既是教育者又是受教育者,既是教育的主体又是教育的客体,两种身份交相发挥效用,将体现外在的教育对公民核心价值观要求的价值准则、价值规范、价值标准等转化为自

① [苏]苏霍姆林斯基:《少年的教育和自我教育》,姜励群等译,北京出版社 1984 年版,第 235 页。

② 《十五大以来重要文献选编》(中),人民出版社 2001 年版,第 1223 页。

身内在的价值观念,并能够自觉地用其塑造思想和控制行为,是客体的主体化过程。这个过程里公民经由与外界的交流和探索“学会如何继续不断地——自始至终——完善他自己”①,从而使公民个体在公民核心价值观塑造上有了持续发展的能力,就如习近平总书记在党的群众路线教育实践活动工作会议上指出的:“要着眼于自我净化、自我完善、自我革新、自我提高,以‘照镜子、正衣冠、洗洗澡、治治病’为总要求”②。

因此,实现公民的自我教育才是公民核心价值观教育的最高境界。要达到这一理想境界还要抓住以下要点。

第一,积极探索并建构起合理的“价值引导与自主选择相结合”的公民核心价值观教育模式。努力实现社会教育、学校教育和家庭教育三大外界环境对公民核心价值观教育的价值观引导和公民主体价值选择的有机结合,充分尊重和发动公民的主体意识、能动意识。第二,提升主体素质,开发构建公民个体自我核心价值观教育的可持续路径。公民在自我教育中,价值观选择能力如何与其个人素质高低成正比。要完善公民知识结构,增加公民的道德和科学素养;关注自身心理健康,增强心理健康水平;提高社会实践能力,拓展教育视野。通过以上途径全面提升公民的价值选择能力和应对价值冲突的能力。第三,协调发挥个体的理性因素与非理性因素,提升践行公民核心价值观的价值意志力,面临多种价值观的选择和诱惑,要加强公民对主流核心价值观的理论认同和情感认同的结合,坚定对主流核心价值观的信心和信念。第四,不断提升自我教育力,形成良性的内在动力系统,指导公民对自我教育的效果进行自我调控和自我评价,并固化为公民的内在品质。此正如孟子所言:“君子深造之以道,欲其自得之也。自得之,

---

① 联合国教科文组织国际教育发展委员会:《学会生存:教育世界的今天和明天》,教育科学出版社1996年版,第180页。

② 《习近平在党的群众路线教育实践活动工作会议上强调:深入扎实开展党的群众路线教育实践活动　为实现党的十八大目标任务提供坚强保证》,《人民日报》2013年6月19日。

则居之安;居之安,则资之深;资之深,则取之左右逢其源。故君子欲其自得之也。”①

第三节　公民核心价值观教育过程之“多维渠道”

公民核心价值观教育是一个涉及多方面因素的复杂系统。对公民来说,是一个对公民核心价值观的“观念认知——→认识提高——→情感渗透——→行为养成——→内化信念”的长期复杂过程。在具体的公民核心价值观教育实践过程中我们必须整合和优化多种教育资源,借助于多样化的教育方法和手段,致力于全方位拓展和丰富公民核心价值观教育的“多维渠道”。

一、建构渠道:明确目标、丰富内容、创新形式

能否建构起一个合理科学的教育体系是公民核心价值观教育成功与否的基本前提。在教育体系建构渠道上,公民核心价值观教育需要重点把握好目标、内容和形式三个方面。

(一)制定明确的教育目标

明确的教育目标决定了整个公民核心价值观教育体系的行动方向。在教育目标的设定上,公民核心价值观教育应该具有总体目标的明确性和阶段性或层次性的特征。

一方面,在教育总体目标的制定上,要由国家或专门的、权威的教育研究机构提出应该培养公民什么样的核心价值观、基本道德规范等等,并且对这一总体性目标有一个比较详细明确的、纲领性的论述或规范。公民核心

① 《孟子·离娄下》。

价值观教育必须要在依据公民核心价值观“爱国、敬业、诚信、友善”层面的要求制定出符合当前公民核心价值观现状的教育目标，要明确公民核心价值观教育是要培育符合核心价值观在公民层面要求的合格公民。必须要体现深刻性，能够准确传达公民核心价值观的要求，要选择体现公民核心价值观之目标性、稳定性而非工具性、次生性的元素。

另一方面，要有比较完善的阶段性目标。在教育目标体系的设计上注重分类目标的制定，阶段性的教育目标应遵循人的认知和心理发展规律，依据公民的年龄划分为不同的目标层次。要既有长远目标又有阶段性目标，既有针对全体公民整体性目标又要考虑到不同年龄、群体、领域的特殊性提出具体目标，既要有社会发展目标又要包含个体发展目标。同一个价值观范畴，在公民不同的年龄阶段有不同的要求和解读，与人的道德、价值观认知能力发展规律相联系，提出最符合价值观发展生成机制的目标要求。同样，价值体系中的不同价值观范畴不一定在公民同一年龄阶段一起实现，也有先后的层次性。阶段性目标设置的基本规律可以以学校课程目标体系的形式，从基本认知、生活习俗、社会基本准则开始，使受教育者在社会经验中了解是与非、喜欢与否，历经价值观的预备阶段、基础阶段、成熟阶段等，在公民核心价值观教育目标体系设置上做到循序渐进、互相衔接。

总之，无论从横向度还是纵向度上都要体现出鲜明的层次性，既不能好高骛远也不能只看眼前。同时，对于公民核心价值观教育的目标要在科学理论和丰富实践经验的基础上进行科学的论证和细致的规划研究，保证教育目标在理论上的可行性和现实的可能性。这种教育目标上的明确性和层次性有助于教育者和受教育者清晰地把握不同阶段的教育任务，从而制定出合理的计划、方法、内容等教育方略。

（二）围绕目标丰富教育内容

公民核心价值观教育的内容是对培养具有正确公民核心价值观的教育目标的具体展开和承载，关系到向公民传递什么样的核心价值观的问题。

在公民核心价值观教育内容的设计上需要体现出鲜明的全面性和具体性的统一。

在教育内容的范围上，注重国家精神、社会责任与个体发展相结合，兼顾三方利益。“爱国、敬业、诚信、友善”公民个人层面的价值准则是公民核心价值观教育内容的基本遵循。公民核心价值观教育的内容和公民核心价值观的内容是既有密切联系但又不是完全相同的。一方面，就国家层面来说，没有哪一个国家的核心价值观不强调公民对国家价值的认同。在公民个人层面的价值准则基础上，公民核心价值观教育的内容首先必须要确立公民对国家层面的价值目标和社会层面的价值取向的认同。另一方面，公民核心价值观教育从根本上来说固然是为了维护社会主流意识形态和社会道德秩序和谐，但也要充分体现出对于公民个体品格、价值认知、道德能力的关怀。

在教育内容的特征上，要体现时代性和历史性的相结合。公民核心价值观教育无论在哪一个层次上都是和具体的时代背景相联系的，同样的教育目标在不同的背景下有不同的内容诠释。譬如科技革命带来的一系列伦理的裂变、工具理性与价值理性的博弈，多元文化背景下多元价值观碰撞带给民族传统价值观的冲击等，都需要依据时代背景的转换和本国社会发展提出的公民价值观教育目标的需求对核心价值观的具体内容重新认定，顺应形势需要而做出适时的教育。同时要关注传统文化，注重国家和民族历史的延续性，有助于民族精神的塑造和国家民族认同感的保持。

在教育内容的表述上，应兼备体系性和具体性。明确的公民核心价值观教育体系，尤其是要有相关固定的系统的学校教育课程。这种内容体系是与其教育目标相互关联的，课程内容体系设置上循序渐进、互相衔接。在教育内容体系化的同时，也体现出了具体性的特征，将每一项教育目标都细化、实化为可操作的、具体的教育内容和指标。无论是学校的教学计划还是国家的一些课程大纲，总体上来说，这些教育内容都既需要承载教育目标又与公民日常生活密切相联系，公民核心价值观、道德规范被包容在公民生活的各个方面，实用性和社会适应性都比较强。

教育内容的丰富上，一要体系化，在知情意行结合的基础上构建合理公民核心价值观教育的课程体系、教材体系和实践体系；二要有针对性，充分考虑到教育的阶段和对象，制定符合不同具体教育对象的具体教育内容，例如关于儒家传统中“圣人”“仁人”与“君子”三种理想人格，于孔子而言，“何事于仁，必也圣乎！尧舜其犹病诸”①。既然尧舜也很难达到“圣人”，对于普通公民来说，“君子”是比较现实的可以达到的，“仁人”是理想性的价值追求，至于“圣人”的价值教育内容则不是普遍性的，它过于超越了普通公民可以抵达的道德境界，因此在普通公民可以普遍认同和接受的角度看，对普通公民进行核心价值观教育的内容就不需要由“仁人”升华到“圣人”了；三要层次化，强化分类性指导内容的完善和丰富，既要有内容上的顶层设计又要注重教育内容在不同层级的分层规划，加强各学段的有机衔接，注意公民核心价值观各要素之间和内部的逻辑关联及层次性，避免重复、包含以免留有歧义；四要具体化，避免在内容上给人“虚”“空”“大”的印象，在具体教育内容的设计上更为注重从实处、细处、小处着手，要将公民核心价值观教育目标落小、落实，细化成各种德目的具体内容，紧密结合实际，融入公民的精神世界和生产生活并能够体现时代变迁、社会进步和公民个体发展的要求。

不管是显性教育内容还是隐性教育内容，其每一部分都承载着公民核心价值观教育目标。其教育内容必须紧紧围绕教育目标在公民不断生活的各个领域丰富，积极借鉴中华民族优秀传统文化以及国外公民教育、道德教育、素质教育等方面的有益成果。

（三）不断创新教育形式和方法

要进一步积极探求公民核心价值观教育形式的创新机制，不断加强对

① 《论语·雍也第六》。

其教学教育方法、手段、途径等方面的探索和研究。依据公民核心价值观教育不同教育目标和内容的不同需求以及受教育者的实际情况,更加大胆探索采取多样化的教育形式。针对不同教育对象、教育目的、教育内容的需求有选择地实施不同的教育方法。

在方法论原则上,要体现出多学科、多资源的整合,主要包括专门课程与其他课程结合,价值观教育与道德教育结合,课堂教学与课外实践结合,理论研究与实证研究相结合,价值规范灌输与价值观渗透结合,价值引导与价值自主选择相结合,政府推动与学术研究相结合,教育与法制相结合等。具体方法上除了传统的灌输方法之外,注重探索和合理运用大量渗透式的教育方法,如价值澄清模式、道德认知模式、价值分析模式、行为矫正法、榜样示范法、文化传递法、实践养成法、讨论法、计划法、故事法等,力求实现教育方法使用上的全面性和立体性。

公民核心价值观教育的教育形式要具有综合性,善于综合利用多方面的资源和成果,实现国家、社会、学校、社区、家庭、社团等多方位资源整合,建构起具有全民性和立体性的公民核心价值观教育网络,有效发挥和优化各种道德共同体、道德传播媒介、道德教育环境的教育功能,尤其是结合网络化、数字化等新兴起的教育教学手段、工具和模式,如翻转课堂、慕课、微课等。重视全方位教育资源的使用和整合的同时,更为重要的是在资源的优化使用上务实而非务虚,细化而非碎化,既有整体性规划又有具体的实施方案。

同时公民核心价值观教育的教育形式和方法要体现科学性,重视与学术研究相结合的教育方法的使用,要有一定的理论基础作支撑并注重实践的落实,建立在对公民价值观心理结构的分析和对价值观形成过程及规律的科学把握基础之上,探索一些符合公民价值观发展规律、人们认知发展规律、心理成熟发展机制的甚至是具有专业指导性的方法和策略等。要具备可操作性和可实现性,相关教育方法在设计上应注重从受教育者角度出发,与受教育者的实际和社会生活相结合，以促进其主体能动性和积极性的激发。无论是教育方法还是学习方法都要接地气、贴实际，有具体可操作的详细规划和实施方案，以保证实效性；要反映特色性，更多的体现不同针对性目标和对象的特点，避免刻意求新又不可简单杂糅；具有生动性，多采取公民喜闻乐见的形式和形象生动表达方式，增强教育形式的吸引力。

二、普及渠道：贴近大众、融入生活、塑造风尚

由于公民群体的广普性，在公民核心价值观教育具体的教育实施过程中，必须要把握好普及化的问题。广大公民的日常实践和生活是公民核心价值观教育最基本的现实场域，贴近大众、融入生活、塑造风尚是保证公民核心价值观教育在各教育层面普及化的基本准则。

（一）贴近大众

贴近大众是对于把握好公民核心价值观教育主体的要求。在这里的大众，指涉的就是广大公民，突出强调公民核心价值观教育对象定位的目标层次是普通公民群体。要求在教育过程中时时处处都要体现公民的主体地位，公民核心价值观的提炼、培育和实现都离不开公民的现实价值实践活动和价值需求。因此，公民核心价值观教育方针政策的设计要从公民的整体状况出发，考虑到不同层次公民的接受能力和接受程度，突出体现共享维度的核心价值观，确立反映全国各族人民共同认同的价值观“最大公约数”①，着眼于“形成最大公约数，画出最大的同心圆”②，积极开展普适性教育以增强推进价值共识的基础；教育方式上要大众化，善于使用普通大众的话语体系来代替和解释晦涩的理论表达，在普通百姓喜闻乐见的文化生活方式中

① 习近平：《青年要自觉践行社会主义核心价值观——在北京大学师生座谈会上的讲话》，《人民日报》2014 年 5 月 5 日。

② 《习近平同党外人士共迎新春时强调：形成最大公约数，画出最大同心圆》，《新华每日电讯》2016 年 1 月 31 日。

融入公民核心价值观；发动各层次公民积极参与丰富多样的社会文化生活；关心百姓的价值诉求和实际物质精神利益；关注大众关心的热点问题；善于激发大众的主动性和自觉性，尊重公民的首创精神；提高公民核心价值观教育的公民参与度，使之转化为公民自觉的价值追求；在多元文化中注重大众文化的发展和普及，加强对大众文化的扶持和引导，处理好精英文化和大众文化的关系；注重充分发挥优秀邻里文化、社区文化、乡贤文化等贴近性强、影响面广的文化形式在公民生活中的积极作用。总之，公民核心价值观教育要实现普及化、大众化，就必须一切都要以紧紧围绕广大公民为宗旨。

（二）融入生活

日常的生产生活是公民社会活动常态性的存在，公民核心价值观教育要融入公民的日常生活中去。“没有生活做中心的教育是死教育，没有生活做中心的学校是死学校，没有生活做中心的书本是死书本。”①公民的日常生活是公民核心价值观来源和变迁的基础。公民核心价值观教育离开了公民丰富多彩的日常生活毫无生机可言。公民核心价值观教育“应在教育方面，需要开始注意哪些日常忽略的事情。我们花费很多时间去讲授什么政府结构和变形虫结构等一系列课程，但是又用了多少力气去学习日常生活的秩序——支配时间的方法，什么是个人花钱的正道，在一个极端复杂的社会里，向哪里去求助？”②在教育方法上公民核心价值观教育要注意采取与公民生活联系密切的方法和形式，在广大公民中开展核心价值观教育既不是学术研究，也不是轰轰烈烈的政治运动，而是长期渗透到公民生活中的持久性教育，要使公民核心价值观逐步固化成人们的基本准则、思维方式和行为方式；公民核心价值观教育在内容上要积极进行生活化转换，能够化抽象理论和价值观念为具象的生活方式和细节，将公民核心价值观中的理论与公民日常生活的场景相连接；将公民核心价值观教育与人的全面发展及

① 陶行知：《中国教育改造》，东方出版社1996年版，第150页。

② ［美］阿尔温·托夫勒：《第三次浪潮》，朱志焱等译，三联书店1982年版，第441页。

社会文明生活方式结合起来，提升公民日常生活的精神追求；在公民的日常生活中寻找核心价值观及其教育的新生长点；关注公民的生活世界，贴近公民的生活情感，丰富公民文化生活，积极挖掘公民生活中鲜活的实例。

（三）塑造风尚

社会风尚是“社会的经济、政治、文化、道德等状况的综合反映，是人们精神面貌的总体表现。各个社会的社会风尚的形成与同一社会的经济关系、法律制度、文化水平和道德传统有着极为密切的关系。一种社会风尚一经形成，就广泛渗透于社会的各个领域，并以强大的舆论和社会习惯势力的形式，左右着人们的言行，成为推动或阻碍社会前进的巨大力量”。[①] 显然，社会风尚是一定时期和区域内多数社会成员所认可的群体性行为选择，体现的是普遍流行的基本层次的社会心理现象，社会整体的精神风貌、道德习俗、善恶标准、价值取向等都能够从社会风尚中综合反映出来，而且反之还会对社会核心价值观念的培育起到极具广泛性的影响。因此，公民核心价值观教育必须紧紧抓住社会风尚这一普及渠道，积极推动良好社会风尚的塑造。塑造良好社会风尚的通达路径主要有：加强社会道德建设和教育，形成良好的社会道德风气；广泛开展群众性的文明风尚主题活动和长期专项计划；移风易俗，传承优良传统习俗，倡导公民健康、文明的社会生活方式；在全社会展开普遍的精神风尚文明建设，号召各行各业树立和遵循行业规范，推动各种地方精神、行业精神的凝练与培育；充分发挥班风班训、校风校训、家风家训、村风乡约、厂风商规、党风党纪的引导和规范作用，大力推进各类风尚建设，成为人们日常生活的基本遵循。

三、培育渠道：宣传引导、榜样示范、实践养成

宣传、示范和实践的力量是公民核心价值观教育培育公民核心价值观

---

① 徐少锦、温克勤主编：《伦理百科辞典》，中国广播电视出版社 1999 年版，第 613 页。

的三驾马车，在公民核心价值观教育过程中发挥着不可忽视的作用。

（一）加强宣传引导，创建舆论氛围

习近平在全国宣传思想工作会议上强调指出，宣传思想工作就是要巩固马克思主义在意识形态领域的指导地位，巩固全党全国人民团结奋斗的共同思想基础。[①] 宣传引导具有正面性、直接性的优势，是有效推广和介绍公民核心价值观、创建积极主导的社会舆论氛围的优先方法。

一方面，在宣传引导的途径上要实现多种手段的有机综合，积极借鉴和利用传播学、接受学等相关领域有益经验，不断拓宽公民核心价值观的传播渠道，创新传播方法。合理运用传统媒体，有效借助以互联网和移动互联网为载体的新媒体等富有时代特色的新型传播方式和渠道；有效发掘和发扬文化古迹、纪念馆、博物馆等物态文化的核心价值观载体功能；公民核心价值观的宣传要向多渠道、宽领域的方向发展，充分发挥好报刊、杂志、影视、广播、互联网门户、数字化传媒等大众媒体的高效宣传和传播能力；有效调动包括个人微博、个人博客、微信朋友圈、个人主页、网络贴吧、论坛、脸书（Facebook）、推特（Twitter）等多种形式在内的自媒体（We Media，又称公民媒体或个人媒体）、微媒体、移动媒体的灵活传播方式；合理运用主流媒体与草根媒体，在充分发挥主流媒体的权威性传播的同时积极利用各种草根媒体传播的普及性和灵活性，将公民核心价值观的宣传波及公民社会生活的方方面面；加强宣传媒体的媒体素养和媒体道德教育，注重对各类媒体尤其是自媒体和草根媒体的积极引导和监管，保证公民核心价值观宣传的积极性、有效性、真实性。

另一方面，在宣传引导的内容和形式上，公民核心价值观教育必须坚持做到“高举旗帜、引领导向，围绕中心、服务大局，团结人民、鼓舞士气，成风

① 《习近平在全国宣传思想工作会议的讲话》，《学习活页文选》2016 年 6 月第 41 期，第 2 页。

化人、凝心聚力,澄清谬误、明辨是非,联接中外、沟通世界”[①];在多元文化和多元价值观中把握正确舆论导向,注重舆情的社会传播和网络传播,宣扬公民主流价值观,倡导良好社会心态,扬善抑恶,传递各种正能量;把公民核心价值观融入各种文化产品创作中,繁荣文学艺术,注重利用音乐、美术、文学作品等丰富多彩的艺术创作形式和传播方式,充分发扬其广泛性渗透功能,大力发挥其对公民核心价值观的文化熏陶作用;充分利用好公益广告、民族传统节日、重大纪念日、精神文明创建活动,并以之为载体和契机开展多样丰富的活动;情理交融,注重公民核心价值观的理论解释工作和情感教育相结合,增强公民对公民核心价值观宣传工作和核心价值观的认同度;宣传引导工作要遵循基本传播规律,本着通俗而不庸俗的原则选择公民耳熟能详、妇孺皆知、通俗易懂、朗朗上口的喜闻乐见的语言,图文并茂,向公民讲明白是什么的同时更重要的是说清楚应该如何做,体现出细微之处的规范性和人文关怀,相比较生硬的标语和口号更能打动人,也更易为公众理解和践行。这样既利于公民核心价值观入耳上口,又利于入脑,更重要的是益于理解和落实,可以极大助益于公民核心价值观的传播和教育,形成长期不懈的正面优势。如以公共交通工具上的“文明礼貌”宣传中号召乘客上车后向后方移动为例,取代简单口号标语式宣传的可以是连环画或漫画式的图片宣传,让乘客明白拥堵在门口的危害和上下车的每一个步骤应该如何去做,形象生动而又一目了然,令即使第一次乘车的乘客甚至是文化层次较低的乘客也明白该做什么、不该做什么。

(二)聚焦先进典型,注重榜样示范

榜样示范是在心理学和教育学中经常运用到的方法。在人类社会的发展历程中,人们所获得的行为方式、认知技能等大都是经由学习而得到的,

① 《习近平在党的新闻舆论工作座谈会上强调:坚持正确方向创新方法手段　提高新闻舆论传播力引导力》,《人民日报》2016 年 2 月 20 日。

学习的过程很大程度上是对榜样和示范的观察和模仿并且最终形成固定的外在行为模式和内化的思维方式的过程。社会学习理论的创始人，认知理论之父阿尔伯特·班杜拉（Albert Bandura）称，“大多数人类行为是通过对榜样的观察而获得的”①，“榜样表现出观察者原本不具备的新的思想模式和行为模式，通过观察，观察者也能形成同样形式的思维和行为”②。公民核心价值观教育中的先进典型和榜样指的是在公民的核心价值实践中形成的能够体现良好公民核心价值观的具体的、有代表性的人物、事物或事件，能够将公民核心价值准则、价值规范展现在人们面前，带有易于效仿性和可塑造性，具备强烈的吸引力和感染力。树立榜样示范与单纯的公民核心价值观理论灌输相比较而言，更加具有直观性、生动性和在场性，能够把复杂抽象的公民核心价值观概念、价值规范等以人们熟知的方式形象的展现出来，便于不同文化层次公民的认知。

公民核心价值观教育面临的多元文化背景下多种文化价值观的碰撞，多重价值选择标准增加了公民核心价值观教育的复杂性。在这种境遇之下，公民核心价值观教育所采取的一切方法中，“其最简明、最容易而又最有效的办法，是把人们应该做的或者是应该避免的事情的榜样，放在他们眼前……没有什么事情能像榜样这样能够温和地而又深刻地进入心里”③。“道德模范是社会道德建设的重要旗帜，要深入开展学习宣传道德模范活动，弘扬真善美，传播正能量”④，“用一贤人则群贤毕至，见贤思齐就蔚然成

---

① ［美］A.班杜拉：《思想和行为的社会基础：社会认知论》（上册），林颖等译，华东师范大学出版社2001年版，第63页。

② ［美］A.班杜拉：《思想和行为的社会基础：社会认知论》（上册），林颖等译，华东师范大学出版社2001年版，第49页。

③ ［英］约翰·洛克：《教育漫话》，傅任敢译，教育科学出版社1999年版，第60页。

④ 《习近平在会见第四届全国道德模范及提名奖获得者时强调：深入开展学习宣传道德模范活动　为实现中国梦凝聚有力道德支撑》，《人民日报》2013年9月27日。

风"①。因而,树立模范典型、充分发挥榜样示范的力量,为广大公民提供该做什么、不该做什么和应该如何去做的示范,是公民核心价值观教育最简明直观但最具实效性的方法。在全社会范围内开展形式多样的榜样示范教育,有利于广大公民通过"观察——模仿——认知——认同"这样一个过程完成公民核心价值观的选择和内化。

"近朱者赤,近墨者黑",积极有效的示范引领,有利于促动公民核心价值观教育环境的优化。列宁说,"我们需要用榜样来进行宣传,因为必须拿出榜样来给非党群众看"②,"有了榜样,仿效就会比较容易了"③。那么什么样的榜样和典型才是多元文化视域下公民核心价值观教育所需要的呢?要树立践行公民核心价值观的先进群体和个人,树立社会窗口行业或部门典型,树立地域文化中公民核心价值观教育的典型。在榜样的选择上,人员、行业、地域的范围要具有普及性、代表性,要真正能够体现公民可以达到的核心价值观状态,不能为了树立榜样而人为树立"高大全"的脱离实际的榜样。榜样越来自广大普通公民身边越具有说服力。

(三)丰富教育活动,促进实践养成

"比淹博的征引更加有用到无量数倍的,却是实践"④,公民核心价值观教育要来源于现实的实践,还要回归到社会实践。"人的思维是否具有客观的[gegenst ndliche]真理性,这不是一个理论的问题,而是一个实践的问题。人应该在实践中证明自己思维的真理性,即自己思维的现实性和力量,自己思维的此岸性。关于思维——离开实践的思维——的现实性或非现实

① 《习近平在全国组织工作会议上强调:建设一支宏大高素质干部队伍　确保党始终成为坚强领导核心》,《人民日报》2013年6月20日。

② 《列宁全集》第四十卷,人民出版社1986年版,第44页。

③ 《列宁专题文集　论社会主义》,人民出版社2009年版,第231页。

④ [德]费尔巴哈:《费尔巴哈哲学著作选集》(下卷),荣震华等译,商务印书馆1984年版,第554—555页。

性的争论，是一个纯粹经院哲学的问题。”①无论是中国传统教育观强调的“知行合一”思想，还是马克思主义关于实践尺度的论断，抑或现代西方道德教育理论所主张的实践教育、劳动教育等养成方法，无一不强调实践重要作用。公民核心价值观教育只有在现实实践中体验、获得核心价值观并且将核心价值观认知运用到实践中去，公民核心价值观才具有价值意义。

公民核心价值观作为人的思维方式之一，要检验其客观真理性，同样毫无疑问仍旧是要回到实践领域中来解决。公民核心价值观教育要能够经受得住实践的检验，是否是合理的、科学的、符合广大公民和社会要求的核心价值观都要到现实的社会实践中去考量，即公民核心价值观及其教育的真理性是由其所处的具体社会历史时期、社会发展阶段和社会生活环境等社会实践来检验的。因此，要求公民核心价值观教育必须要坚持理论联系实际，结合公民的现实实践活动不断探索和回答公民核心价值观教育过程中遇到的重大理论与现实难题。因此，公民核心价值观教育注重把握、创造和利用各种机会，如社区服务、校外道德社会实践基地、各种志愿者计划等，使得广大公民能够在实践中锻炼道德意志、增进核心价值观体验、凝结核心价值观；合理吸收和借鉴国外相关教育领域实践养成方法的有益经验；推进对公民核心价值观实践的理论研究，提高实践教育和公民核心价值观实践活动的科学性和规范性；丰富公民核心价值观实践养成的方法，增强核心价值观实践的生动性、形象性、吸引力、感染力；加强对公民的道德和价值观实践知识和能力的教育，增强公民核心价值观实践可操作性和可实现性；对教育对象要求知行合一，要想把公民核心价值观真正内化为广大公民内心深处的精神力量，还需在知行合一方面加强努力，不能停留在坐而论道上；要不断加强公民核心价值实践和公民核心价值观教育实践经验的总结和升华，并将公民对价值意义的认同和价值目标的追求转化为实践上具体可行的价

① 《马克思恩格斯选集》第一卷，人民出版社 2012 年版，第 134 页。

值标准、道德规范和现实追求。

四、突破渠道:重点人群、重点场所、重点时间

公民核心价值观教育需要整体性、全方位推进,但并不是在所有的环节上平均用力,更不是眉毛胡子一把抓,必须要注重对一些关键环节和方面把握,分清层次,学会并善于“牵牛鼻子”。只有突出重点,方能发挥其“四两拨千斤”的作用,以重点人群、重点场所、重点时间为突破口,把握好全民推进与突破重点的辩证法,举要治繁,带动公民核心价值观教育系统其他方面的工作,才能够有效促动公民核心价值观教育的开展。

(一)抓住重点人群

既然公民核心价值观教育的对象是广大的公民群体,而公民群体又是包含着不同的职业、年龄、阶层等,如果公民核心价值观教育过程中对所有的公民实行一刀切,那难免会在针对性上有所欠缺,当然教育的实效性也就难以实现,公民核心价值观在公民中的培育效果也就大打折扣。要实现重点突破,公民核心价值观教育必须首先抓住重点人群。此处谈到的重点人群,既包括公民核心价值观教育的主体也包括客体,既包括教育对象也包括受教育者。无论哪一个层次的人群,重点人群所具备的共同特点就是在公民核心价值观教育中发挥关键作用的群体。

无一例外,任何一个社会里面任何一种形态的教育都会把青少年作为主要的教育群体之一,公民核心价值观教育亦如是。“少年强,则中国强”,青少年永远都是社会中最为新鲜的血液,青少年核心价值观方面的发展方向决定了整个公民群体核心价值观发展的状况。而且青少年群体中学生群体占据了多数,他们处在人生核心价值观形成的关键时期,自幼儿园至大学,都有机会接受学校进行的系统的公民核心价值观教育。因而,青少年群体是我们需要抓住的首要重点群体。我们必须加强对青少年的核心价值观教育,以学校教育为主,社会教育和家庭教育要密切配合,共同为青少年的

核心价值观教育创造良好的濡化环境。青少年群体中也有主次之分,大学生群体是其中的关键群体。按照心理和认知发展规律,人们幼年、少年时期在公民核心价值观方面更多的是良好行为、道德习惯的养成,自我教育能力相对较差。而大学生即将走向社会,心智逐步发展成熟,又有了一定的文化知识基础和道德、核心价值观的实践体验,这一时期是个体核心价值观升华、固化和内化的关键时期,他们的核心价值观状况对整个社会的公民核心价值观状况有直接影响。所以,必须把握好青少年尤其是大学生群体的核心价值观教育。

"一个人遇到好老师是人生的幸运,一个学校拥有好老师是学校的光荣,一个民族源源不断涌现出一批又一批好老师则是民族的希望。"①教师承担着教书育人的重要任务,教师是公民核心价值观的最系统、最直接的传递者,教师群体的整体核心价值观情况影响着公民的整个青少年时期。尤其是高校教师的师德和核心价值观对青年学生和社会核心价值观影响深远。近两年来,教育部连续印发了《关于加强和改进高校青年教师思想政治工作的若干意见》②《关于建立健全中小学师德建设长效机制的意见》③《关于建立健全高校师德建设长效机制的意见》④三个意见,以及习近平在全国高校思想政治工作会议上的讲话都从不同角度提出了对教师师德和价值观建设工作的要求。

党政干部是国家行政管理的主要组成部分,他们所处地位特殊,掌握着

① 《习近平在北京市八一学校考察时强调:全面贯彻落实党的教育方针努力把我国基础教育越办越好》,《人民日报》2016年9月10日。

② 《中共中央组织部　中共中央宣传部　中共教育部党组关于加强和改进高校青年教师思想政治工作的若干意见》,教育部门户网站,http://www.moe.edu.cn/publicfiles/business/htmlfiles/moe/s7060/201305/152333.html,2013—05—04。

③ 《教育部关于建立健全中小学师德建设长效机制的意见》,教育部门户网站,http://www.moe.gov.cn/publicfiles/business/htmlfiles/moe/s7711/201309/156978.html,2013—09—02。

④ 《教育部关于建立健全高校师德建设长效机制的意见》,教育部门户网站,http://www.moe.edu.cn/publicfiles/business/htmlfiles/moe/s7002/201410/175746.html,2014—09—29。

国家治理的各项权力，是对全社会公民最为直接、最有影响力的群体，而且他们也是公民核心价值观教育的主要教育方之一。因而党政干部等国家公职人员的核心价值观状况直接影响到公民对公民核心价值观教育的认可程度和态度，对社会核心价值观风尚起着举足轻重的示范和表率作用，这种影响是全社会性的。军警政法人员是公民的特殊群体，这一群体的核心价值观信仰状况和水平不仅影响到公民核心价值观教育的发展，更是关系到国家和公民的安危。

公共服务窗口行业的从业人员和明星艺人等公众人物是与公民日常生活联系频繁的另一重要群体，加强他们的核心价值观教育有助于在全社会形成良好的示范效应。

新闻从业人员承担着大众传播的重要职责，是公民所获取信息的主要来源者。新闻从业人员道德素质、核心价值观信仰、专业素养时刻影响着大众对公民核心价值观及其教育的看法乃至行为。

（二）掌握重点场所

与人们的日常生产生活活动一样，公民核心价值观教育的实践活动也是离不开一定场所作为活动载体。但是，这些场所并不仅仅是给公民核心价值观教育提供了一个活动的空间那么简单。按照与公民核心价值观教育的关联性来划分，可以分为专门的教育场所和非专门的教育场所。无论是哪一种场所，其承担的都有显性的或隐性的环境熏陶功能。这种环境包括自然因素也包括社会人文因素。有教育场所的自然条件、硬件设施等“硬环境”，也存在师资力量、文化氛围、管理机制、思想观念等“软环境”，教育场所所形成的不同的环境生态都对公民的核心价值观形成、发展起到不同的熏陶作用。“蓬生麻中，不扶自直；白沙在涅，与之俱黑。”[①]教育环境的差异是公民核心价值观教育不可忽视的问题，而对重点场所的掌握恰恰就是

① 《荀子・劝学》。

对公民核心价值观教育良好环境的创设。

家庭是人生社会化的第一个场所，人们终其一生都要受到家庭的影响，关于家庭教育的重要性和对家庭教育环境的创造前文已有所述，在此不再另论。

学校是公民核心价值观教育的直接场所，学校公民核心价值观教育的主要渠道是课堂教学和实践教育。在课堂教学中我们需要把握好的重点是专门教育课堂和社会科课堂以及专门的实践活动课堂，在这些课堂上，学生可以获得直接的专业的公民核心价值观的教育和体验。高校又是学校核心价值观教育的重点场所。高校思想政治工作关系高校培养什么样的人、如何培养人以及为谁培养人这个根本问题。① 2015 年 1 月中共中央办公厅、国务院办公厅印发《关于进一步加强和改进新形势下高校宣传思想工作的意见》②专门指出了“要着力加强高校宣传思想阵地管理”的要求，2016 年 12 月习近平在全国高校思想政治工作会议上特别强调指出要把思想政治工作贯穿教育教学全过程。③ 这一思想阵地上的重中之重则是专门课堂，其重点是高校的思想政治理论课课堂和学生工作和心理辅导场所，尤其是思想政治理论课课堂和哲学社会科学课堂是在相对比较高的层次上直接传输和塑造公民尤其是青年公民核心价值观的主要场所，是公民核心价值观教育必须守住的主要阵地和关键场域。要用好课堂教学这个主渠道，思想政治理论课要坚持在改进中加强，提升思想政治教育亲和力和针对性，满足学生成长发展需求和期待，其他各门课都要守好一段渠、种好责任田，使各

① 《全国高校思想政治工作会议 12 月 7 日至 8 日在北京召开》，中央政府门户网站，http://www.gov.cn/xinwen/2016-12/08/content_5145253.htm#1，2016—12—08。

② 中共中央办公厅，国务院办公厅：《关于进一步加强和改进新形势下高校宣传思想工作的意见》，中央政府门户网站，http://www.gov.cn/xinwen/2015-01/19/content_2806397.htm，2015—01—19。

③ 《习近平在全国高校思想政治工作会议上强调：把思想政治工作贯穿教育教学全过程 开创我国高等教育事业发展新局面》，《人民日报》2016 年 12 月 9 日。

类课程与思想政治理论课同向同行，形成协同效应。[①] 我们暂且不讨论2014年11月13日《辽宁日报》刊发的《老师，请不要这样讲中国——致高校哲学社会科学老师的公开信》[②]中的是与非，但其中也确实反映了高校课堂在社会意识形态和核心价值观方面存在的某些问题，这值得我们进一步关注和深思。

社区是公民核心价值观教育的又一重点场所。社区是家庭外延的拓展，承担着人们日常生活的各项功能，是公民社会生活中最密切相关的共同体之一，社区环境的优劣、社区邻里关系的和睦与否，社区道德风气的好坏等都是公民核心价值观教育的重要影响因素，所谓“孟母三迁”，迁的就是社区环境，“徙居学宫旁”方才利于接受“揖让进退之事”的熏陶。同时，社区是可以为公民提供社区志愿服务、社区义工等价值观实践活动的直接场所。社团、一些公共组织也承担着类似的功能。各类纪念馆、道德教育基地、爱国主义教育基地、主题展馆、教学科研机构、文化场馆、讲坛等公共活动场所为公民核心价值观教育提供丰富的教育资源。

如我们在公民核心价值观教育的虚拟视野所论述，网络空间是公民核心价值观教育在信息化时代不可忽视的教育场所。公民核心价值观教育要牢牢掌握和引导互联网舆论生态、主动占领新媒体阵地。

（三）把握重点时间

公民核心价值观教育是一个长期持续性的过程，在这个过程中公民核心价值观教育并不是一直均匀地平均用力。从公民核心价值观的教育和生成的客观规律来说，是要遵循质量互变规律的，因此我们必须要牢牢把握好有助于公民核心价值观升华和飞跃的关节点，这些促使公民核心价值观教

---

① 《习近平在全国高校思想政治工作会议上强调：把思想政治工作贯穿教育教学全过程 开创我国高等教育事业发展新局面》，《人民日报》2016年12月9日。

② 辽宁日报编辑部：《老师，请不要这样讲中国——致高校哲学社会科学老师的公开信》，《辽宁日报》2014年11月13日。

育实现重点突破的关节点往往蕴藏在一些关键事件中，这些关键事件就是公民核心价值观教育要把握的重点时间。

一些重大的节日、纪念日，最典型的如国庆节，就是开展爱国主义教育、理想信念教育和民族精神教育，增强国家和民族认同的优良时机。另外一些传统节日，如清明、端午、中秋等也都是我们进行优秀传统文化和价值观教育的有利时机。我们不光能够认识到这些重大节日的重要性，更为关键的是积极创造机会，给予公民更多的价值体验，公民才有可能在核心价值观上有所升华和飞跃。这就需要我们注意教育的方式方法。如美国、新加坡每年国庆日都会开展大规模的丰富多彩的庆祝活动。以新加坡国庆日为例，大至全民穿着和国旗同色的衣服参加国庆庆典，小至家家户户发放国旗，抑或是专门的国庆庆典网站和国庆主题如 2013 年的“我们的故事，我们的新加坡”等，所体现出来的典型特征就是全民的参与性和隆重性，各个层次和种族的公民都能够从中获得民族自豪感的体验，在营造出浓厚的节日氛围的同时又自然激发起民众的爱国热忱。我们在重大节日、纪念日的把握上全民参与性和价值观承载形式的丰富性有待加强。2015 年 4 月 1 日中央文明办提出了“我们的节日”主题活动，要求抓住“中国人民抗日战争暨世界反法西斯战争胜利 70 周年”的契机。① 这对公民核心价值观教育把握这些重点时间就非常有意义，只有有效利用这些有利的重点时间，创造和强化公民对相关价值观的认知、体验，才有更进一步上升为信念的可能。

一些突发性或临时性的事件，如汶川地震、公民个体生活的突然变动等，这些事件可能是全国性大事，也可能是公民个体上的小事，也是公民核心价值观教育要抓住的重要时间节点。这些事件本身有可能是好的也有可能是坏的，在这些事件中所产生出来的各种优秀或恶劣的人物、事迹，以及产生的一些价值观的冲突与选择等都对公民自身形成强大的冲击力和感染

① 中央文明办：《深入开展“我们的节日”主题活动　着力培育和践行社会主义核心价值观》，新华网，http://news.xinhuanet.com/politics/2015-04/01/c_1114841428.htm，2015—04—01。

力。在这些过程中,我们如果能够抓好关键时间,适时进行恰当的有针对性的公民核心价值观教育,必定能够取得超越日常公民核心价值观教育的突破性效果,使公民核心价值观在最深切的体验中得到升华和飞跃。

五、保障渠道:制度规范、评价激励、条件支持

公民核心价值观教育包含了公民核心价值观及其教育中各类纵横交织的关系。因而,有效实现公民核心价值观教育必须有一系列机制体制的规范和促动,要建立起有力的保障渠道。公民核心价值观的保障渠道是指公民核心价值观教育作为一个复杂的系统,其各要素之间的相互关系、构成方式、作用方式、整体运行方式及对促使其有序进行的调节方式的总称。健全的保障机制,是公民核心价值观教育有效实施的保证,良好的保障对公民核心价值观教育起到积极推动作用,是公民核心价值观教育各要素之间功能优化的重要动力,能够促使其达到最优状态。

(一)完善制度体系,搭建规范平台

要创建积极的社会主导舆论氛围、培养良好公民社会核心价值观风尚,需要加强条件建设,健全和完善各项相关规章制度,为公民核心价值观教育搭建有力的保障平台。公民核心价值观教育中各项关系的处理除了需要引导之外,同时更需要规范力和约束力提供控制结构的保障。公民核心价值观教育的制度保障平台指的是在公民核心价值观教育实践中建立起来的,与社会生产力和社会发展水平相适应的,能够反映公民价值关系、价值判断和价值取向的,在全社会公民范围内应该遵守的风俗习惯、道德规范、法律法规、规章条例、政策公约等一系列调节社会关系内容的总和。“制度是一个社会的游戏规则,更规范地说,它们是为决定人们的相互关系而人为设定的一些制约……制度通过向人们提供一个日常生活的结构来减少不确定性”,①

① ［美］道格拉斯·C.诺斯:《制度、制度变迁与经济绩效》,刘守英译,上海三联书店1994年版,第3—4页。

增加对共同体成员的约束性、规范性和鞭策性，从而建立良好的社会秩序，保障公民核心价值观教育的顺利进行。

公民核心价值观教育的制度保障平台包括以下两个方面：一方面，包括国家根本政治制度、基本政治制度、基本经济制度以及以此为基础的各项经济、政治、文化、社会体制；另一方面，包括各项基层的、具体的习俗、规章、准则等。要健全和完善社会制度体系，在制度设计中有针对性地把公民核心价值观教育的要求和公民的核心价值观诉求融入到制度体系中固定下来，以制度体系来承载核心价值观发挥制度平台的约束或激励力量来体现公民核心价值观，确立公民核心价值观教育的规范系统。“制度好可以使坏人无法任意横行，制度不好可以使好人无法充分做好事，甚至会走向反面。”[①]因此，制度保障平台的建设要以保障社会和谐和促进公民核心价值观教育为出发点和归宿，本着规范化、系统化、稳定化的原则，确保能够真正做到有“制”可依，有“制”必依，执“制”必严，违“制”必究。

（二）完善评价机制，搭建激励平台

公民核心价值观教育的评价机制是激励和调节公民核心价值观的重要动力。科学、客观、公正地测评是公民核心价值观教育中的一个重要问题。如果没有评价价值的能力，当然也就不可能合理地进行价值选择和价值实践。尤其是在多元选项的非线性交织存在的多元价值观中，如果缺乏合理的评价机制，公民对核心价值观及其教育的选择和判断上容易出现误读，进而直接导致做出错误的价值选择和价值判断。因此，建构科学合理的公民价值观教育评价机制是公民核心价值观教育亟须解决的问题。

公民核心价值观教育评价机制是公民核心价值观教育效果的反馈机制，它不仅仅是对公民核心价值观教育活动进行的价值判断和价值评价，同时还是公民核心价值观教育实践的一部分；它是一个监督公民核心价值观

---

① 《邓小平文选》第二卷，人民出版社 1994 年版，第 333 页。

教育是否达到其教育目的过程，同时又是促进公民核心价值观教育工作、提高其有效性的一种手段。科学合理的公民核心价值观教育评价机制有利于引导公民个体做出正确的价值判断和价值选择；有利于完善公民核心价值观教育管理的决策机制，提高公民核心价值观教育的有效性；有利于动态把握公民核心价值观教育的发展。公民核心价值观教育评价同时又受到公民核心价值观教育实际发展水平和实践探索状况的制约。

科学的教育评价和督导机制有助于形成公民核心价值观教育有效的“计划——反馈——改善”机制。公民核心价值观教育评价具有导向性，通过考察和检验公民核心价值观教育的全过程及效果，及时总结反馈，从而保障公民核心价值观教育始终沿着正确的轨道运行。它具有连续性，公民核心价值观教育和公民的价值观变化是动态发展的过程，其效果的表现形式也是多样复杂，需要用发展的、动态的观点来考察和评价，从纵向的对比和横向的对比中来获得对效果的判断；它具有系统性，公民核心价值观教育评价要运用系统分析的方法，对影响效果的各种因素加以分析；它具有综合性，公民核心价值观教育评价的标准和指标设计上要多元化与整合化相结合，建构多层指标系统；它具有人本性，人的全面发展是公民核心价值观教育的出发点和归宿。公民核心价值观教育评价必须以人为本，以关注人的全面发展为终极目标。

（三）完善条件建设，搭建支持平台

公民核心价值观教育的实施需要有充足的条件支持。条件建设的完善是公民核心价值观教育保障渠道建构和拓展的必需条件。

进一步完善人员保障机制，提供人才支持。针对我国公民核心价值观教育中的问题，我们需要加强专业化人员队伍建设，重视对公民核心价值观教育专业化、学者化教师和辅助教育人员的培养。提高专业教育人员的入职门槛，致力于打造学术型高水平的专业化育人队伍。对思想政治理论课教师、专职学生辅导员、班主任、心理咨询人员、政工干部、核心价值观教育理论研究人员等专业人员的教育、教学、科研素质要全面强化和提高;注重对兼职或相关领域人员的培训,增强其教育能力,以应对复杂多变的公民核心价值观教育形势。同时,加强对以上人员的核心价值观教育,提高自身其核心价值观素养。

健全公共服务体系,提供服务支持。不断探求适应公民核心价值观教育和时代、社会发展需求的服务平台,统筹多方优秀文化资源、教育资源,打造现代公共文化服务体系,为公民核心价值观教育提供更丰富的网络和现实教育支撑。加强专门的管理机构的建设,如政府专门的管理部门、民间组织、研究机构等。

优化投入机制,提供物质支持。加大对公民核心价值观教育的财力支持,强化教育“硬实力”建设,保障各类公民核心价值观教育实践活动的开展;提高公民核心价值观教育“软实力”,加大对公民核心价值观及教育专项研究项目或教育项目的经费投入。

结　　语

多元文化的潮流是世界历史发展的客观进程。多元文化的兴起和发展推动了世界文化的多样性和丰富性,为人类文明创造了前所未有的文化繁荣和精神财富。但是,与此同时,伴随文化全球化而来的文化多元化也打破了民族文化的壁垒,在文化的交流、交锋、交融中极大地冲击了民族文化,伴随而来的是对其以核心价值观为核心的意识形态的挑战,对民族文化在多元文化中的文化自信、文化自强和文化自觉提出了理论和实践的新课题。这是任何一个国家或民族都难以逃避的。尤其是中国正处在国际和国内都面临重大变革的时代,在世界文化多元大潮中,国内文化和价值观的多元化进程也在不断加快,因而对公民的核心价值观影响更加深远。

在百家争鸣的文化百花园中,中华文化能否把握机遇博采众长而又保持民族文化独特的印记,关系到中国文化的发展和繁荣,是中国文化软实力提高的重要环节。这不仅仅是国家治理的一项重要任务,更是渗透于我们日常社会文化生活中而值得每一个国人思考的问题。文化的问题归根结底是价值观尤其是核心价值观的问题。公民核心价值观是一个国家最基本的核心价值观,公民核心价值观教育任重而道远。

马克思主义经典作家虽然没有直接完备地做出关于公民核心价值观的论述,但是字里行间留给了我们许多值得借鉴的宝贵的思想火花和指导我们达到研究彼岸的诸多有益的方法论原则。本书着重立足于公民核心价值观教育的马克思主义哲学基础和现实出发点,对公民核心价值观教育的境遇进行了剖析。在论述过程中,也结合了近年来国内对社会主义核心价值体系和社会主义核心价值观研究和实践中的有益经验、中华民族传统文化中的优秀因子和西方文化中的积极成果。虽然研究最初的目的不是界定在建立一个完整的公民核心价值观教育体系,但是研究结果也大致勾勒了一个公民核心价值观教育的框架。笔者也期待这些研究能够对公民核心价值观教育和公民核心价值观的培育有所助益。

虽然本书至此已经结束,但是对于这一问题的探索仍旧需要继续。由于选题的宏观性、重大性和课题本身内部逻辑关系的复杂性,尤其是自身研究能力和学术视野的局限,虽然做出了很大的努力,但是对课题的把握尚存在许多不够完备之处,这也是下一步研究的主要方向。一方面,在研究过程中,查阅借鉴了大量外文文献,在写作中也有所体现,但是由于卷帙浩繁的文献并未集中在公民核心价值观教育领域,而是散落于教育学、心理学、社会学等不同的学科,给全面占有材料带来了一定难度,而且世界上各个国家和地区的具体实践也是千差万别,因此在具体研究中出现对一些领域把握不到位的情况,这是本书的一大遗憾,也将成为后续研究中一个重要方向,以期待对公民核心价值观教育整体有一个更为科学、客观的把握。另一方面,在实证研究上,文章没有使用直接的实证数据,但受到了很多实证研究的启发,笔者在相关课题研究中也试图做出对公民核心价值观及其教育发展情况的追踪调查,由于调查周期的原因,至此还没有实现数据对比。在接下来的研究中,争取弥补这一不足。

主要参考文献

一、经典著作及文献

《马克思恩格斯选集》第1—4卷,人民出版社2012年版。

《马克思恩格斯全集》第1、2、3、11、19、21、26、30、32、40、42、46、49卷,人民出版社1956、1995、1957、1960、1995、2008、2003、1974、1995、1998、1982、1979、1979、1982年版。

《马克思恩格斯文集》第1—10卷,人民出版社2009年版。

《列宁选集》第1—3卷,人民出版社2012年版。

《列宁全集》第38、40、55卷,人民出版社1959、1986、1990年版。

《列宁专题文集》,人民出版社2009年版。

《斯大林文集》,人民出版社1985年版。

《斯大林选集》(上卷),人民出版社1979年版。

《毛泽东选集》第1—3卷,人民出版社1991年版。

《毛泽东文集》第7—8卷,人民出版社1999年版。

《邓小平文选》第二—三卷,人民出版社1994,1993年版。

《十八大以来重要文献选编》(上),中央文献出版社2014年版。

《十八大以来重要文献选编》(中),中央文献出版社2016年版。

《关于培育和践行社会主义核心价值观的意见》,人民出版社2014年版。

《习近平总书记系列重要讲话读本》,学习出版社、人民出版社2014

年版。

《习近平谈治国理政》,外文出版社2014年版。

《中共中央关于全面推进依法治国若干重大问题的决定》,人民出版社2014年版。

《习近平总书记在同全国劳动模范代表座谈时重要讲话学习读本》,中国工人出版社2014年版。

习近平:《出席第三届核安全峰会并访问欧洲四国和联合国教科文组织总部、欧盟总部时的演讲》,人民出版社2014年版。

习近平:《在纪念孔子诞辰2565周年国际学术研讨会暨国际儒学联合会第五届会员大会开幕会上的讲话》,人民出版社2014年版。

习近平:《在联合国教科文组织总部的演讲》,《学习活页文选》2014年第12期。

《"四个全面"学习读本》,人民出版社2015年版。

习近平:《在文艺工作座谈会上的讲话》,人民出版社2015年版。

习近平:《在哲学社会科学工作座谈会上的讲话》,人民出版社2016年版。

《习近平总书记系列重要讲话读本(2016年版)》,学习出版社、人民出版社2016年版。

《习近平在全国宣传思想工作会议的讲话》,《学习活页文选》2016年第41期。

习近平:《在庆祝中国共产党成立95周年大会上的讲话》,人民出版社2016年版。

习近平:《加强文化交流　促进世界和平(2009年10月13日法兰克福)》,《人民日报》2009年10月14日。

《习近平在中央党校秋季开学典礼上强调:领导干部要读点历史》,《人民日报》2011年9月2日。

《习近平在中央党校建校80周年庆祝大会暨2013年春季学期开学典礼上的讲话》,《人民日报》2013年3月3日。

习近平:《携手合作　共同发展——在金砖国家领导人第五次会晤时的主旨讲话(2013年3月27日南非德班)》,《人民日报》2013年3月28日。

《习近平在全国组织工作会议上强调:建设一支宏大高素质干部队伍　确保党始终成为坚强领导核心》,《人民日报》2013年6月20日。

《习近平在会见第四届全国道德模范及提名奖获得者时强调:深入开展学习宣传道德模范活动　为实现中国梦凝聚有力道德支撑》,《人民日报》2013年9月27日。

《习近平在山东考察时强调:认真贯彻党的十八届三中全会精神　汇聚起全面深化改革的强大正能量》,《人民日报》2013年11月29日。

习近平:《建设社会主义文化强国　着力提高国家文化软实力》,《光明日报》2014年1月1日。

《习近平在省部级主要领导干部学习贯彻十八届三中全会精神全面深化改革专题研讨班开班式上发表重要讲话强调:完善和发展中国特色社会主义制度　推进国家治理体系和治理能力现代化》,《人民日报》2014年2月18日。

《习近平在中共中央政治局第十三次集体学习时强调:把培育和弘扬社会主义核心价值观作为凝魂聚气强基固本的基础工程》,《人民日报》2014年2月26日。

习近平:《青年要自觉践行社会主义核心价值观——在北京大学师生座谈会上的讲话》,《人民日报》2014年5月5日。

习近平:《中国国际友好大会暨中国人民对外友好协会成立60周年纪念活动上的讲话》,人民日报2014年5月16日。

习近平:《在纪念全民族抗战爆发七十七周年仪式上的讲话(2014年7月7日)》,《人民日报》2014年7月8日。

《中央外事工作会议在京举行　习近平发表重要讲话》,《人民日报》2014 年 11 月 30 日。

习近平:《关于〈中共中央关于全面推进依法治国若干重大问题的决定〉的说明》,《人民日报》2014 年 10 月 29 日。

习近平:《在福建调研时的讲话》,《人民日报》2014 年 11 月 3 日。

习近平:《在庆祝澳门回归祖国 15 周年大会暨澳门特别行政区第四届政府就职典礼上的讲话(2014 年 12 月 20 日)》,《人民日报》2014 年 12 月 21 日。

习近平:《在省部级主要领导干部学习贯彻十八届四中全会精神全面推进依法治国专题研讨班开班式上发表的重要讲话》,《人民日报》2015 年 2 月 3 日。

习近平:《人民有信仰民族有希望国家有力量　锲而不舍抓好社会主义精神文明建设》,《人民日报》2015 年 3 月 1 日。

习近平:《深刻把握全面深化改革关键地位　自觉运用改革精神谋划推动工作》,《人民日报》2015 年 4 月 2 日。

《习近平同党外人士共迎新春时强调:形成最大公约数,画出最大同心圆》,《新华每日电讯》2016 年 1 月 31 日。

《习近平在党的新闻舆论工作座谈会上强调:坚持正确方向创新方法手段　提高新闻舆论传播力引导力》,《人民日报》2016 年 2 月 20 日。

习近平:《在网络安全和信息化工作座谈会上的讲话》,《人民日报》2016 年 4 月 26 日。

《习近平谈文化自信》,《人民日报海外版》2016 年 7 月 13 日。

《习近平在北京市八一学校考察时强调:全面贯彻落实党的教育方针努力把我国基础教育越办越好》,《人民日报》2016 年 9 月 10 日。

《习近平在全国高校思想政治工作会议上强调:把思想政治工作贯穿教育教学全过程　开创我国高等教育事业发展新局面》,《人民日报》2016

年12月9日。

《习近平在会见第一届全国文明家庭代表时强调:动员社会各界广泛参与家庭文明建设推动形成社会主义家庭文明新风尚》,《人民日报》2016年12月12日。

刘淇:《在社会主义核心价值观建设与学雷锋志愿服务工作座谈会上的讲话》,《陕西日报》2015年3月25日。

二、中文著作

敖洁等:《大学生公民教育的理论与实践》,湖南大学出版社2010年版。

白暴力、朱明光:《文化生活》,人民教育出版社2008年版。

北京大学哲学系外国哲学史教研室:《西方哲学原著选读(上卷)》,商务印书馆1981年版。

北京大学哲学系外国哲学史教研室:《古希腊罗马哲学》,商务印书馆1982年版。

岑国桢:《青少年主流价值观:心理学的探索》,上海教育出版社2007年版。

陈来:《冯友兰选集》,吉林人民出版社2005年版。

陈立思:《当代世界的思想政治教育》,中国人民大学出版社1999年版。

陈越:《哲学与政治——阿尔都塞读本》,吉林人民出版社2003年版。

陈序经:《中国文化之出路》,载罗荣渠主编:《从"西化"到现代化》,北京大学出版社1990年版。

陈亚杰:《建设社会主义核心价值体系》,人民出版社2007年版。

陈章龙等:《价值观研究》,南京师范大学出版社2004年版。

陈章龙:《论主导价值观》,江苏人民出版社2006年版。

陈志军等:《社会主义核心价值体系融入大学生思想政治教育全过程研究》,光明日报出版社 2009 年版。

陈致远:《多元文化的现代美国》,四川人民出版社 2003 年版。

程立显:《社会公正论:当代青年的新道德观》,北京大学出版社 1998 年版。

程燎原等:《权利及其救济》,山东人民出版社 1997 年版。

戴茂堂等:《传统价值观念与当代中国》,湖北人民出版社 2001 年版。

戴世平:《东方社会的思想与历程——从马克思到邓小平》,云南人民出版社 2000 年版。

邓正来、[英]J.C.亚历山大主编:《国家与市民社会》,中央编译出版社 2002 年版。

范俊军:《联合国教科文组织关于保护语言与文化多样性文件汇编》,民族出版社 2006 年版。

费孝通:《乡土中国》,北京大学出版社 1998 年版。

冯建军:《差异与共生——多元文化下学生生活方式与价值观教育》,四川教育出版社 2010 年版。

傅华:《生态伦理学探究》,华夏出版社 2002 年版。

高清海:《高清海哲学文库(第 4 卷)》,吉林人民出版社 1997 年版。

高占祥:《文化力》,北京大学出版社 2007 年版。

郭齐家等:《中外教育名著评介(第 3 卷)》,山东教育出版社 1992 年版。

郭建宁:《社会主义核心价值观基本内容释义》,人民出版社 2014 年版。

何新:《中国文化史新论》,黑龙江人民出版社 1987 年版。

何锡蓉等:《核心价值体系构建与价值观研究》,上海社会科学院出版社 2008 年版。

贺善侃:《当代中国转型期社会形态研究》,学林出版社 2003 年版。

韩庆祥:《马克思人学思想研究》,河南人民出版社 1996 年版。

韩雪:《从多元到和谐——和谐社会的构建》,中央编译出版社 2005 年版。

郝立忠:《作为哲学形态的唯物主义辩证法》,山东大学出版社 2002 年版。

侯惠勤:《马克思的意识形态批判与当代中国》,中国社会科学出版社 2010 年版。

黄凯锋:《当代中国价值观研究新取向》,学林出版社 2007 年版。

黄楠森等主编:《人学词典》,中国国际广播出版社 1990 年版。

黄希庭:《当代中国青年价值观与教育》,四川教育出版社 1994 年版。

金炳华主编:《马克思主义哲学大辞典》,上海辞书出版社 2003 年版。

李德顺:《价值论》,中国人民大学出版社 2007 年版。

李淮春主编:《马克思主义哲学全书》,中国人民大学出版社 1996 年版。

李建平:《当代国外思想政治教育比较》,社会科学文献出版社 2009 年版。

联合国教科文组织国际教育发展委员会:《学会生存:教育世界的今天和明天》,教育科学出版社 1996 年版。

梁漱溟:《东西文化及其哲学》,商务印书馆 2006 年版。

林崇德等主编,李春生分卷主编:《中国成人教育百科全书(心理·教育)》,南海出版公司 1994 年版。

刘济良:《价值观教育》,教育科学出版社 2007 年版。

刘明君等:《多元文化冲突与主流意识形态建构》,中国社会科学出版社 2008 年版。

刘佩弦主编:《马克思主义与当代辞典》,中国人民大学出版社 1988

年版。

刘小枫:《现代性社会理论绪论》,上海三联书店 1998 年版。

卢之超等主编:《马克思主义大辞典》,中国和平出版社 1993 年版。

陆扬、王毅:《文化研究导论》,复旦大学出版社 2006 年版。

罗国杰等:《西方伦理思想史(下卷)》,中国人民大学出版社 1985 年版。

吕元礼:《新加坡为什么能(下卷):和谐社会是怎样建成的?》,江西人民出版社 2007 年版。

马立诚:《最近四十年中国社会思潮》,东方出版社 2015 年版。

梅荣政:《用马克思主义引领社会思潮》,武汉大学出版社 2008 年版。

欧阳康健:《文化反思与价值建构——全球化与民族精神》,人民出版社 2009 年版。

潘自勉:《论价值规范》,中国社会科学出版社 2006 年版。

庞朴:《浅说一分为三》,新华出版社 2004 年版。

逄锦聚:《马克思主义基本原理概论》,高等教育出版社 2007 年版。

石刚等:《核心价值面面观》,社会科学文献出版社 2009 年版。

石中英:《教育哲学》,北京师范大学出版社 2009 年版。

孙伟平:《价值差异与社会和谐——全球化与东亚价值观》,湖南师范大学出版社 2008 年版。

汤一介:《和而不同》,辽宁人民出版社 2001 年版。

唐克军:《比较公民教育》,中国社会科学出版社 2008 年版。

陶行知:《中国教育改造》,东方出版社 1996 年版。

童世骏:《文化软实力》,重庆出版社 2008 年版。

万光侠:《思想政治教育的人学基础》,人民出版社 2006 年版。

万明刚:《多元文化视野:价值观与民族认同研究》,北京民族出版社 2006 年版。

王成兵:《当代认同危机的人学解读》,中国社会科学出版社 2004 年版。

王继全:《马克思主义利益观视阈中的思想政治教育》,浙江大学出版社 2013 年版。

王鉴等:《多元文化教育比较研究》,民族出版社 2006 年版。

王徕:《价值观教育的合法性》,北京师范大学出版社 2009 年版。

王列、杨雪冬编译:《全球化与世界》,中央编译出版社 1998 年版。

王伟光:《利益论》,人民出版社 2001 年版。

王学风:《新加坡基础教育》,广东教育出版社 2003 年版。

王学风:《多元文化社会的学校德育研究——以新加坡为个案》,广东人民出版社 2005 年版。

王永贵:《经济全球化与中国特色社会主义》,黑龙江人民出版社 2003 年版。

吴新文:《社会主义核心价值观》,重庆出版社 2009 年版。

吴云霞:《新加坡小学教育考察》,南京师范大学出版社 2001 年版。

新民晚报社主编:《扣好人生第一粒扣子　社会主义核心价值观篆刻读本》,上海人民出版社 2016 年版。

熊晓红等:《价值自觉与人的价值》,人民出版社 2007 年版。

熊伟:《问题及阐释——现代法之合法性命题研究》,中国政法大学出版社 2012 年版。

徐少锦、温克勤主编:《伦理百科辞典》,中国广播电视出版社 1999 年版。

徐永利主编:《新编思想政治工作词典》,中国经济出版社 1990 年版。

杨岚、张维真:《中国当代人文精神的建构》,人民出版社 2002 年版。

杨思远等:《荣辱观——社会主义荣辱观研究》,河北人民出版社 2008 年版。

叶松庆:《当代未成年人价值观的演变与教育》,安徽人民出版社 2007 年版。

俞可平等:《马克思主义理论研究论丛》,中央编译出版社 2006 年版。

俞吾金:《意识形态论》,上海人民出版社 1999 年版。

袁贵仁:《价值学引论》,北京师范大学出版社 1991 年版。

袁贵仁:《价值观的理论与实践》,北京师范大学出版社 2006 年版。

张楚廷:《高等教育哲学》,湖南教育出版社 2004 年版。

张岱年:《文化与哲学》,教育科学出版社 1988 年版。

张岱年:《张岱年全集》,河北人民出版社 1996 年版。

张康之:《寻找公共行政的伦理视角》,中国人民大学出版社 2003 年版。

张兴国等:《当代中国社会转型与价值观嬗变》,中国社会科学出版社 2012 年版。

张耀灿、郑永廷:《现代思想政治教育学》,人民出版社 2006 年版。

张再兴:《网络思想政治教育研究》,经济科学出版社 2009 年版。

赵士发:《世界历史与和谐发展》,人民出版社 2006 年版。

赵士林:《国学六法》,江苏文艺出版社 2010 年版。

赵庆寺:《讨论式教学与大学生社会主义核心价值观认同》,上海人民出版社 2016 年版。

郑大华:《梁漱溟与胡适——文化保守主义与西化思潮的比较》,中华书局 1994 年版。

郑金洲:《多元文化教育》,天津教育出版社 2004 年版。

郑永年:《中国模式及其未来》,世界科技出版社公司 2011 年版。

周辅成:《西方伦理学名著选辑》(下卷),商务印书馆 1987 年版。

周向军等主编:《全球化与当代文化发展研究丛书》,山东大学出版社 2009 年版。

朱晓宏:《公民教育》,教育科学出版社 2003 年版。

朱颖原:《社会主义核心价值观多维研究》,人民出版社 2013 年版。

三、译著

[德]费尔巴哈:《费尔巴哈哲学著作选集》(下卷),荣震华等译,商务印书馆 1984 年版。

[德]黑格尔:《小逻辑》,贺麟译,商务印书馆 1980 年版。

[德]黑格尔:《哲学史讲演录》(第一卷),贺麟等译,商务印书馆 1983 年版。

[德]黑格尔:《历史哲学》,王造时译,上海书店出版社 2001 年版。

[德]孔汉思、库舍尔:《全球伦理世界宗教议会宣言》,何光沪译,四川人民出版社 1997 年版。

[德]莱布尼茨:《人类理智新论》,陈修斋译,商务印书馆 1982 年版。

[德]雅斯贝尔斯:《什么是教育》,邹进译,三联书店 1991 年版。

[德]尼采:《扎拉图斯特拉如是说》,黄明嘉等译,华东师范大学出版社 2009 年版。

[古希腊]柏拉图:《理想国》,郭斌和等译,商务印书馆 1986 年版。

[古希腊]亚里士多德:《形而上学》,吴寿彭译,商务印书馆 1959 年版。

[古希腊]亚里士多德:《尼各马科伦理学》,苗力田译,中国人民大学出版社 2003 年版。

[法]埃德加·莫兰:《超越全球化与发展:社会世界还是帝国世界?》,南黛居译,上海文化出版社 2005 年版。

[法]费尔南·布罗代尔:《文明史纲》,肖昶等译,广西师范大学出版社 2003 年版。

[法]古斯塔夫·勒庞:《乌合之众:大众心理研究》,戴光年译,中央编译出版社 1998 年版。

［法］拉法格:《思想起源论》,王子野译,三联书店 1963 年版。

［法］卢梭:《爱弥儿:论教育》,李平沤译,人民教育出版社 2001 年版。

［法］涂尔干:《道德教育》,陈光金等译,上海人民出版社 2001 年版。

［法］R.舍普:《技术帝国》,刘莉译,三联书店 1999 年版。

［加］查尔斯·泰勒:《自我的根源:现代认同的形成》,韩震等译,译林出版社 2001 年版。

［加］查尔斯·泰勒:《现代性之隐忧》,程炼译,中央编译出版社 2001 年版。

［美］A.班杜拉:《思想和行为的社会基础:社会认知论》(上册),林颖等译,华东师范大学出版社 2001 年版。

［美］A.J.赫舍尔:《人是谁》,隗仁莲译,贵州人民出版社 1988 年版。

［美］阿尔温·托夫勒:《第三次浪潮》,朱志焱等译,三联书店 1982 年版。

［美］艾森斯塔特:《反思现代性》,旷新年等译,三联书店 2006 年版。

［美］埃里希·弗罗姆:《占有还是生存:一个新社会的精神基础》,关山译,三联书店 1989 年版。

［美］班克斯:《文化多样性与教育:基本原理、课程与教学》,荀渊等译,华东师范大学出版社 2010 年版。

［美］贝思·J.辛格:《实用主义、权利和民主》,王守昌等译,上海译文出版社 2001 年版。

［美］丹尼尔·贝尔:《资本主义文化矛盾》,赵一凡等译,商务印书馆 1989 年版。

［美］丹尼尔·贝尔:《意识形态的终结》,张国清译,江苏人民出版社 2002 年版。

［美］道格拉斯·C.诺斯:《制度、制度变迁与经济绩效》,刘守英译,上海三联书店 1994 年版。

[美]杜威:《民主主义与教育》,王承绪译,人民教育出版社 2001 年版。

[美]法里德·扎卡里亚:《文化决定命运李光耀访谈录》,载刘军宁:《经济民主与经济自由》,三联书店 1997 年版。

[美]赫尔穆特·施密特:《全球化与道德重建》,柴方国译,中国社会科学出版社 2001 年版。

[美]亨廷顿:《文明的冲突与世界秩序的重建》,周琪等译,新华出版社 2002 年版。

[美]亨廷顿、哈里森主编:《文化的重要作用》,程克雄译,新华出版社 2002 年版。

[美]吉姆·柯林斯、杰里·波勒斯:《基业长青:企业永续经营的准则》,真如译,中信出版社 2002 年版。

[美]劳埃德·雷诺兹:《微观经济学》,马宾译,商务印书馆 1984 年版。

[美]鲁斯·本尼迪克特:《文化模式》,王炜等译,社会科学文献出版社 2009 年版。

[美]路易斯·拉思斯:《价值与教学》,谭松贤译,浙江教育出版社 2003 年版。

[美]加里·斯坦利:《家庭论》,王献生等译,商务印书馆 2005 年版。

[美]马文·哈里斯:《文化·人·自然:普通人类学导引》,顾建光等译,浙江人民出版社 1992 年版。

[美]马斯洛:《人性能达的境界》,林方译,云南人民出版社 1987 年版。

[美]尼克松:《1999 不战而胜》,杨鲁军等译,中国人民大学出版社 1988 年版。

[美]欧文·拉兹洛:《意识革命:跨越大西洋的对话》,朱晓苑译,社会科学文献出版社 2001 年版。

[美]P.K.博克:《多元文化与社会进步》,余兴安等译,辽宁人民出版社 1988 年版。

[美]罗伯特·达尔:《民主理论的前言》,顾昕译,东方出版社 2009 年版。

[美]罗洛·梅:《人寻找自己》,冯川等译,贵州人民出版社 1991 年版。

[美]罗尔斯:《政治自由主义》,万俊人译,译林出版社 2000 年版。

[美]罗尔斯:《正义论》,何怀宏等译,中国社会科学出版社 2009 年版。

[美]泰勒·考恩:《创造性破坏全球化与文化多样性》,王志毅译,上海人民出版社 2007 年版。

[美]托马斯·里克纳:《美式课堂:品质教育学校方略》,刘冰等译,海南出版社 2001 年版。

[美]约书亚·科兰兹克:《中国的魅力攻势:中国的软实力如何改变世界》,陈平译,中央编译出版社 2014 年版。

[美]约瑟夫·奈:《美国霸权的困惑:为什么美国不能独断专行》,郑志国等译,世界知识出版社 2002 年版。

[美]约瑟夫·奈:《硬权力与软权力》,门洪华译,北京大学出版社 2005 年版。

[美]约瑟夫·奈:《软实力:世界政坛成功之道》,吴晓辉等译,东方出版社 2005 年版。

[日]筑波大学教育学系研究会编:《现代教育学基础》,钟启泉译,上海教育出版社 1986 年版。

[瑞士]荣格:《荣格文集》,冯川等译,改革出版社 1997 年版。

[苏]斯托洛维奇:《审美价值的本质》,凌继尧译,中国社会科学出版社 1984 年版。

[苏]苏霍姆林斯基:《少年的教育和自我教育》,姜励群等译,北京出版社 1984 年版。

[苏]图加林诺夫:《历史唯物主义范畴的相互关系》,汤侠生译,三联书店 1957 年版。

[苏]伊·谢·科恩:《自我论》,佟景韩等译,三联书店1986年版。

[意]G.萨托利:《政党与政党体制》,王明进译,商务印书馆2006年版。

[英]安东尼·吉登斯:《现代性与自我认同》,赵旭东等译,三联出版社1998年版。

[英]安东尼·吉登斯:《第三条道路:社会民主主义的复兴》,郑戈译,北京大学出版社2000年版。

[英]布莱恩·马吉:《开放社会之父:波普尔》,南砚译,湖南人民出版社1988年版。

[英]C.W.沃特森:《多元文化主义》,叶兴艺译,吉林人民出版社2005年版。

[英]戴维·赫尔德:《民主的模式》,燕继荣等译,中央编译出版社2004年版。

[英]弗雷德·英格利斯:《文化》,韩启群等译,南京大学出版社2008年版。

[英]马修·阿诺德:《文化与无政府状态:政治与社会批评》,韩敏中译,三联书店2002年版。

[英]迈克尔·欧克肖特:《政治中的理性主义》,张汝伦译,上海译文出版社2003年版。

[英]卢瑟福:《经济学中的制度》,陈建波等译,中国社会科学出版社1999年版。

[英]雷蒙·威廉斯:《文化与社会》,吴松江等译,北京大学出版社1991年版

[英]雷蒙·威廉斯:《关键词:文化与社会的词汇》,刘建基译,三联书店2005年版。

[英]泰勒:《原始文化》,连树生译,上海文艺出版社1992年版。

[英]特里·伊格尔顿:《马克思为什么是对的》,李杨等译,新星出版社

2011 年版。

［英］约翰·B.汤普森:《意识形态与现代文化》,高铦等译,译林出版社 2005 年版。

［美］约翰·古得莱得:《一个称作学校的地方》,苏智欣等译,华东师范大学出版社 2005 年版。

［英］约翰·洛克:《教育漫话》,傅任敢译,教育科学出版社 1999 年版。

［英］约翰·洛克:《家庭学校》,张小茅译,京华出版社 2001 年版。

四、学术论文

艾森斯特塔、旷新年等:《反思现代性·导言》,《国外理论动态》2006 年第 4 期。

艾文礼:《深入把握和坚持文化自信》,《红旗文稿》2015 年第 5 期。

柴华丽:《从相对主义到核心价值观》,南京师范大学 2008 年硕士学位论文。

戴木才、田海舰:《论社会主义核心价值体系与核心价值观》,《中国党政干部论坛》2007 年第 2 期

德怀特·艾伦、任中棠等:《高等教育的新基石》,《求是学刊》2005 年第 3 期。

段立国:《国家治理现代化与社会主义核心价值观的内在关联》,《湖北社会科学》2015 年第 4 期。

董军明:《社会主义核心价值观与中国梦的内在逻辑论析》,《内蒙古社会科学》(汉文版)2014 年第 3 期。

方世南:《全球化与文化本土化的多元并存与双向构建》,《马克思主义研究》2001 年第 4 期。

方章东、侯惠勤:《文化整合与社会主义核心价值观》,《安徽大学学报》(哲学社会科学版)2009 年第 3 期。

房广顺、张宏伟:《社会主义核心价值观的传统文化意蕴探析》,《理论探讨》2015 年第 1 期。

费孝通:《反思 · 对话 · 文化自觉》,《北京大学学报》(哲学社会科学版)1997 年第 3 期。

费孝通:《关于“文化自觉”的一些自白》,《群言》2003 年第 4 期。

冯平:《重建价值哲学》,《哲学研究》2002 年第 5 期。

付静静:《多元文化背景下大学生社会主义核心价值观培育问题及对策研究》,华中师范大学 2014 年硕士学位论文。

付秀荣:《从冲突到和谐:马克思的多元文化观》,《学习与探索》2011 年第 3 期。

高兆明:《社会和谐:契约精神与历史精神》,《哲学动态》2005 年第 6 期。

公方彬:《大国博弈:以核心价值观为支点》,《中国青年报》2008 年 2 月 3 日。

耿静波:《“第二十六届全国社科哲学大会暨中华文化与社会主义核心价值观高端论坛”综述》,《哲学动态》2016 年第 2 期。

顾钰民:《深化社会主义核心价值观研究的几个问题》,《中国特色社会主义研究》2013 年第 4 期。

郭建宁:《文化全球化的可能、现实与应对》,《社会科学》2003 年第 4 期。

郭建宁:《全球化与当代中国的文化选择》,《学习与实践》2006 年第 6 期。

郭建宁:《马克思主义中国化的文化解读》,《北京行政学院学报》2007 年第 1 期。

郭建宁:《传统“和”文化与现代新思维——文化哲学视野中的和谐社会》,《理论参考》2007 年第 2 期。

郭建宁:《提高文化软实力与建设共有精神家园》,《中国特色社会主义研究》2008 年第 1 期。

郭建宁:《马克思主义中国化与建设共有精神家园》,《北京大学学报》(哲学社会科学版)2010 年第 4 期。

郭建宁:《当前理论研究热点的冷思考》,《前线》2011 年第 3 期。

郭祖炎:《论社会主义核心价值观及其意义》,《延安大学学报》(社会科学版)2007 年第 6 期。

韩庆祥:《关于“四个全面”思想内涵的哲学思考》,《北京日报》2015 年 3 月 16 日。

韩振峰:《社会主义核心价值体系与核心价值观是一回事吗?》,《光明日报》2011 年 1 月 24 日。

韩振峰:《习近平关于社会主义核心价值观的十个基本思路》,《前线》2015 年第 4 期。

何怀宏:《寻求共识——从〈正义论〉到〈政治自由主义〉》,《读书》1996 年第 6 期。

何中华:《多元文化时代的价值困境及其出路》,《烟台大学学报》(哲学社会科学版)2004 年第 2 期。

胡玲、雷德鹏:《“中国—越南核心价值观国际学术研讨会”综述》,《哲学动态》2015 年第 5 期。

胡一:《全球多元文化发展中的文化自觉》,《闽江学院学报》2010 年第 1 期。

黄鹏红:《马克思交往实践观视域下的社会主义核心价值观教育》,《现代教育科学》2011 年第 2 期。

季正聚:《全面把握社会主义核心价值观的特点》,《思想政治工作研究》2012 年第 12 期。

贾海丽:《经济利益多元化视角下思想政治教育创新研究》,河北师范大学 2009 年博士学位论文。

姜辉:《进一步增强当代中国主流意识形态自信》,《人民论坛》2015 年第 3 期(上)。

李静:《中国梦与社会主义核心价值观相关性探析》,《人民论坛》2015 年第 11 期(中)。

李艳容、翟奎凤:《“社会主义核心价值观与中华优秀传统文化”学术研讨会综述》,《光明日报》2014 年 4 月 7 日。

李慎明:《培育践行社会主义核心价值观要从基础抓起》,《红旗文稿》2015 年第 6 期。

梁鹰:《认清我国依宪治国、依宪执政与西方宪政的本质区别》,《求是》2015 年第 1 期。

林坚:《党风政风与社会风气》,《瞭望》新闻周刊 2013 年 11 月 11 日第 45 期。

刘亚男:《多元文化背景下青少年社会主义核心价值观教育研究》,沈阳师范大学 2011 年硕士学位论文。

鲁言:《意识形态工作关乎党和国家前途命运》,《红旗文稿》2016 年第 6 期。

牟岱:《多元文化概论》,《社会科学辑刊》1996 年第 6 期。

庞朴:《要研究“文化”的三个层次》,《光明日报》1986 年 1 月 17 日。

钱逊:《弘扬儒学核心价值,培育民族精神》,载《国际儒学研究(第十六辑)》,九州出版社 2008 年版。

秋石:《革命理想高于天——学习习近平同志关于理想信念的重要论述》,《求是》2013 年第 21 期。

曲青山:《从哲学高度认识和把握“四个全面”》,《光明日报》2015 年 4 月 1 日。

人民论坛问卷调查中心:《2013 值得关注的十大思潮》,《人民论坛》

2014 年第 2 期。

人民论坛问卷调查中心:《2015 值得关注的十大思潮调查报告》,《人民论坛》2016 年第 1 期(上)。

人民日报评论员:《培育昂扬向上的公民品格——四论弘扬社会主义核心价值观》,《人民日报》2014 年 2 月 17 日。

人民日报评论员:《大力弘扬社会主义核心价值观——四论学习贯彻习近平在省部级专题研讨班重要讲话》,《人民日报》2014 年 2 月 22 日。

人民日报评论员:《引领民族复兴的战略布局——一论协调推进"四个全面"》,《人民日报》2015 年 2 月 25 日。

人民日报评论员:《让全面小康激荡中国梦——二论协调推进"四个全面"》,《人民日报》2015 年 2 月 26 日。

人民日报评论员:《改革让中国道路越走越宽广——三论协调推进"四个全面"》,《人民日报》2015 年 2 月 27 日。

人民日报评论员:《法治让国家治理迈向新境界——四论协调推进"四个全面"》,《人民日报》2015 年 2 月 28 日。

人民日报评论员:《从严治党锻造坚强领导核心——五论协调推进"四个全面"》,《人民日报》2015 年 3 月 1 日。

汝信:《人道主义就是修正主义吗?——对人道主义的再认识》,《人民日报》1980 年 8 月 15 日。

上海市中国特色社会主义理论体系研究中心:《对历史的自觉自信是抵制历史虚无主义的基石》,《求是》2013 年第 1 期。

沈壮海:《涵养中华民族最持久最深层的力量》,《前线》2015 年第 3 期。

宋惠昌:《意识形态:政治无意识》,《中共中央党校学报》2002 年第 4 期。

宋英俊:《培育和践行社会主义核心价值观需要处理好几个关系》,《科学社会主义》2016 年第 1 期。

王沪宁:《作为国家实力的文化——软权力》,《复旦学报》1993年第3期。

王桂芬、张国宏:《社会主义核心价值体系与多元文化时代价值观培育》,《扬州大学学报》(人文社会科学版)2008年第2期。

王学俭、李东坡:《社会主义核心价值观研究述要》,《思想政治教育研究》2013年第4期。

王学俭、郭绍均:《关于社会主义核心价值观的几个重点问题——学习理解习近平总书记关于社会主义核心价值观的系列讲话》,《社会主义核心价值观研究》2016年第1期。

王小凤,朱会莉:《"全球化语境中的价值观教育国际学术研讨会"综述》,《教学与研究》2011年第1期。

王永贵:《新自由主义思潮的真实面目》,《红旗文稿》2015年第5期。

王泽应:《论承继中华优秀传统文化与践行社会主义核心价值观》,《伦理学研究》2015年第1期。

魏恩政:《从全球文化发展态势看我国文化建设的战略地位》,《理论学刊》2003年第1期。

温雪梅:《文化全球化与文化多元化的辩证关系》,《天津市工会管理干部学院学报》2003年第4期。

吴莉等:《大学生社会主义核心价值观教育心理接受机制研究文献综述》,《重庆交通大学学报》(社会科学版)2010年第2期。

吴潜涛:《社会主义核心价值体系的科学内涵》,《道德与文明》2007年第1期。

项久雨、吴海燕:《论社会主义核心价值观与中国梦的内在联系》,《思想政治教育研究》2016年第4期。

肖巍:《为全面深化改革凝聚价值共识》,《中国青年报》2014年5月5日。

许海:《培育践行社会主义核心价值观的方法论探》,《前线》2014 年第 9 期。

徐金超:《当代中国主流价值观教育探析》,《湖北社会科学》2011 年第 4 期。

徐金超:《浅论社会主义核心价值观教育应遵循的原则》,《学校党建与思想教育》2014 年第 23 期。

徐金超:《社会主义核心价值观教育方法探析》,《人民论坛》2014 年第 34 期。

徐金超:《社会主义核心价值观教育中的情感因素探析》,《人民论坛》2015 年第 21 期。

徐求真:《“习近平德育思想与社会主义核心价值观”综述》,《教学与研究》2016 年第 7 期。

杨桂华:《习近平关于核心价值观的论述》,《学习时报》2014 年 11 月 24 日。

杨金保:《多元文化背景下大学生价值观教育的创新》,《武汉理工大学学报(社会科学版)》2013 年第 6 期。

杨金玲:《如何正确认识全球化下的文化多元化》,《理论界》2007 年第 11 期。

杨昕:《论当代大学生价值观的教育》,《文教资料》2009 年第 17 期。

杨雪英、朱凌云:《论文化的多元化与高校思想政治教育》,《中国高教研究》2006 年第 6 期。

杨增岽:《聚焦社会主义核心价值观研究的若干前沿问题——“全国思想政治教育高端论坛(长春)暨社会主义核心价值观学术研讨会”综述》,《社会主义核心价值观研究》2015 年第 1 期。

姚顺良:《论马克思关于人的需要的理论——兼论马克思同弗洛伊德和马斯洛的关系》,《东南学术》2008 年第 2 期。

禹国峰:《社会主义核心价值观研究述评》,《道德与文明》2008 年第 2 期。

余伟:《“社会主义核心价值观”管窥》,《理论导报》2009 年第 12 期。

袁贵仁:《关于价值与文化问题》,《河北学刊》2005 年第 1 期。

云杉:《文化自觉　文化自信　文化自强:对繁荣发展中国特色社会主义文化的思考》,《红旗文稿》2010 年第 17 期。

张红霞:《论文化多元化的特点、实质和意义》,《国外社会科学》2010 年第 4 期。

张利华:《试析中国特色社会主义核心价值体系的结构与内涵》,《中国特色社会主义研究》2007 年第 4 期。

张潇文:《以高度的理论自觉占领意识形态制高点》,《红旗文稿》2014 年第 9 期。

翟澜杰:《浅谈社会主义核心价值观建设的困境及未来趋势》,《改革与开放》2016 年第 10 期。

郑永年:《中国需要核心价值观》,《南方人物周刊》2009 年 7 月 16 日。

中国驻美国大使馆教育处:《美国青少年“素质教育”的内涵分析及启示》,《基础教育参考》2009 年第 5 期。

周文彰:《核心价值观关键是“落地”》,《学习时报》2012 年 11 月 25 日。

祝爱武、冯建军:《当代西方社群主义与和谐社会道德教育》,《比较教育研究》2008 年第 4 期。

[美]爱德华·格拉泽:《社会资本的投资及其收益》,罗建辉译,《经济社会体制比较》2003 年第 2 期。

[美]James A.Banks:《多元文化国家的多样性及公民教育》,《湖南师范大学教育科学学报》2013 年第 3 期。

[美]亚历山大·斯蒂尔:《国家富不富文化最重要》,《国外社会科学文摘》2001 年第 4 期。

五、外文著作

Amitai Etzioni, *The Essential Communitarian Reader*, Lanham Md: Rowman & Littlefield, 1998.

Ariel Dorfman, Armand Mattelart, *How to Read Donald Duck: Imperialist Ideology in the Disney Comic*, New York: International General, 1975.

Banks J.A., *Multiethnic Education: Theory and Practice* (3rd ed.), Boston: Allyn & Bacon, 1991.

Benedikt M, *Cyberspace: First Steps*, Cambridge MA: Mit Press, 1992.

Carl Rogers, *On Becoming a Person: A Therapist's View of Psychotherapy*, Boston MA: Houghton Mifflin, 1961.

Clyde Kluckhohn, A. L. Kroeber, Alfred G. Meyer, Wayne Untereiner, *Culture: A Critical Review of Concepts and Definitions*, Cambridge MA: Peabody Museum, Harvard University Press, 1952.

Joseph S. Nye. Jr, "The Challenge of Soft Power", *Time Magazine*, Feb. 22, 1999.

Joseph S. Nye. Jr, "Hard Power, Soft Power", *The Boston Globe*, Aug. 6, 1999.

Joseph S.Nye.Jr, "The Power We must not Squander", *New York Times*, Jan. 3, 2000.

Joseph S.Nye.Jr, *The Paradox of American Power: Why the World's Only Superpower Can't Go It Alone*, New York: Oxford University Press, 2002.

Joseph S.Nye.Jr, *Soft Power: The Means of Success In World Politics*, New York: Public Affairs, 2004.

Joseph S.Nye.Jr, "In Mideast, the Goal is 'Smart Power'", *The Boston Globe*, Aug. 19, 2006.

Joshua Kurlantzick. *Charm Offensive: How China's Soft Power Is*

Transforming the World, New Haven: Yale University Press, 2007.

Lawrence E. Harrison, Samuel P. Huntington (eds), *Culture Matters: How Values Shape Human Progress*, New York: Basic Books, 2000.

L. Kohlberg. *The Philosophy of Moral Development*, San Francisca: Harper Collins, 1981.

L. Kohlberg. *The Philosophy of Moral Education*, San Francisca: Harper Row, 1984.

Macedonia M.R., Zyda M.J., et al. "NPSNET: A Network Software Architecture for Large Scale Virtual Environments", *Teleoperators and Virtual Environments*, Vol. 3, No. 4, 1994.

Margaret Thatcher, *Statecraft: Strategies for a Changing World*, New York: Harper Perennial, 2003.

Micheal Sandel, *Liberalism and the Limits of Justice*, Cambridge MA: Cambridge University Press, 1982.

Milton Rokeach, *Beliefs, Attitudes and Values: A Theory of Organization and Change*, San Francisco: Jossey-Bass, 1968.

Milton Rokeach, *The Nature of Human Values*, New York: free press, 1973.

Peter L. Berger, Samuel P. Huntington. *Many Globalizations: Cultural Diversity in the Contemporary World*, New York: Oxford University Press, 2002.

Rosman, Rubel, *The Tapestry of Culture: An Introduction to Cultural Anthropology*, New York: Newbery Award Records, 1985.

Samuel P. Huntington. *The Clash of civilizations and the Remaking of World Order*, New York: Simon & Schuster, 1996.

T. Lickona, "The Eleven Effective Principles of Character Education", *Journal of Moral Education*, 25(1), 1996.

后　记

本书在博士论文基础上修改完善而成,写作期间频得诸位良师益友扶携,感铭至深。借此书定稿之机,致以谢忱。

首先感谢我的导师周向军教授。感谢周老师多年以来的关心、教诲及在我博士论文写作及本书定稿过程中所倾注的心血与汗水,从选题立意、框架构建到观点提炼、遣词造句等每一环节,无不凝聚着周老师的学识智慧和辛勤付出;导师亦师亦父,谦和儒雅,治学严谨,在一宽一严中体现着人格的力量,深深地感染着我,使我于做学问与做人等诸多方面获益良多;同时感谢恩师和师母在生活上的悉心点拨与鼓励,让我倍感前行的力量。有师如此,幸莫大焉。

衷心感谢山东大学马克思主义学院王韶兴教授、徐艳玲教授、方雷教授、费利群教授、徐国亮教授、朱贵昌教授、刘明芝教授、张士海教授等,衷心感谢北京大学马克思主义学院孙熙国教授和山东师范大学马克思主义学院马永庆教授,他们严谨的治学精神和虚怀若谷的处世态度让我敬仰,在论文开题、撰写和答辩过程中他们提出的宝贵意见和建议,令我受益匪浅。

特别感谢山东大学哲学与社会发展学院傅有德教授、新加坡南洋理工大学哲学系李晨阳教授、新加坡国立大学东亚研究所郑永年教授,在新加坡做访问学者期间他们给予了大力的支持、关心和指导,使我开阔了学术视野。特别感谢中央编译局季正聚研究员,为我完成博士论文后的进一步深入研究打开了新的思路,同时感谢中央编译局博士后流动站的梅岚、刘成军等，我们相互激励，共同踏上了科研道路新的征程。

诚挚感谢诸位同窗和同事好友。感谢同学好友刘艳、郭鹏、杨海波、孙成豪、王铁、何萌、韩风兰、许艳华等，学弟学妹张传泉、许慎、刘文杰等，他们都在生活、学习上给予我许多无私的帮助，求学路上相伴而行的厚谊深情，丰富了我的学习生涯。诚挚感谢山东建筑大学各位领导、同事、好友特别是马克思主义学院各位同人的理解及在工作上的帮助与支持，这个温暖的大家庭里既有关心关注教师成长的领导还有更多的辛勤付出的职能部门同人；既有教学科研上志同道合的伙伴也有生活上志趣相投的挚友，正是他们让我有更多的时间专注于学习和研究，得以顺利完成写作，恕不一一道谢。

深情感谢家庭的港湾。我生长在一个温馨的大家庭，无论祖辈还是父辈，兄弟姊妹都不少，成员虽多却和美融洽。无论身在何处，都不会忘记已过世的祖父母曾常言的“忠厚传家远”，不会忘记外婆常常念叨的“吃亏即吃福”，也不会忘记亲人们暖暖的笑容和殷殷的关怀，一言一行、一粥一饭中代代传承的淳美家风让我学会了诚实做人、踏实做事。父母及家妹以他们博大宽容的胸怀和默默无私的奉献，承担起照料家庭、抚育孩子的任务以及所有的琐事，给了我莫大的温暖和无限的力量，促使我在学业追求上无忧而行却又不敢丝毫懈怠。感谢我的先生多年以来给予的依靠和担当，永远不会忘记深夜灯下相伴而读的身影，虽然研究创作之路艰难，但有彼此一路的陪伴与守候，却也不觉辛苦。尤其感谢我九十多岁的外婆和不到十岁的女儿，在我求学期间尤其是博士论文与书稿写作期间，年龄相加一百多岁的一老一小用她们特有的方式给了我无可替代的理解和鼓励，砥砺我不断前行。对家的情感千言万语难以述说，但它带给我的烙印都将永远追随，亦如寒冬深夜里等待归人的那盏昏黄而温暖的灯，是永远令人心安的依靠。在此向所有的家人致以我最深情的谢意！

需要特别说明的是，本书出版得到了周向军教授主持的教育部哲学社会科学重大课题攻关项目“马克思主义文化理论发展研究”（11JZD003）的资助,在此予以衷心感谢。此外,在研究过程中,参考了很多学界的研究成果,受到了很多专家学者的启发,借此向他们一并表示深深的感谢！尽管有各位老师的指导和帮助,但由于本人精力与能力所限,书稿仍有不少纰漏和不足之处,恳请各位专家学者批评指正。

本书行将付梓之际,谨向人民出版社鲁艳芳老师、赵圣涛老师及相关工作人员的大力支持深表谢意!

感荷高情,非只语片言所能鸣谢。

大恩不谢,大爱无言。唯有德业双修,精勤不倦以报。

治学之路,漫漫修远。我愿不断求索,倍道兼程而行。

丁　燕　于泉城

2017 年 3 月

责任编辑:赵圣涛
封面设计:王欢欢
责任校对:吕　飞

图书在版编目(CIP)数据

当代中国公民核心价值观教育研究/丁　燕　著. —北京:人民出版社,2017.6
ISBN 978 - 7 - 01 - 017642 - 0

Ⅰ.①当…　Ⅱ.①丁…　Ⅲ.①社会主义建设-价值论-公民教育-研究-中国
Ⅳ.①D616

中国版本图书馆 CIP 数据核字(2017)第 095034 号

当代中国公民核心价值观教育研究

DANGDAI ZHONGGUO GONGMIN HEXIN JIAZHIGUAN JIAOYU YANJIU

丁　燕　著

人民出版社 出版发行
(100706　北京市东城区隆福寺街 99 号)

北京中科印刷有限公司印刷　新华书店经销

2017 年 6 月第 1 版　2017 年 6 月北京第 1 次印刷
开本:710 毫米×1000 毫米 1/16　印张:17. 25
字数:239 千字

ISBN 978 - 7 - 01 - 017642 - 0　定价:60. 00 元

邮购地址　100706　北京市东城区隆福寺街 99 号
人民东方图书销售中心　电话 (010)65250042　65289539